유학의
문장을
읽는다

동양
고전 다시
읽기
02

# 유학의
# 문장을
# 읽는다

論語, 孟子, 大學, 中庸

유교문화연구소 엮음

사람의무늬

# 유학의 문장을 읽는다

論語, 孟子, 大學, 中庸

『논어』『맹자』『대학』『중용』은 학자만이 아니라 시민들이 꾸준히 좋아하는 책입니다. 좋은 책은 보물처럼 혼자 숨겨서 읽을 것이 아니라 공유물처럼 함께 읽는 것이 좋습니다. 유교문화연구소에서는『논어』등에 나오는 좋은 구절을 널리 알리기 위해「전통의 향기」라는 엽서 글을 발행해왔습니다. 2004년 11월부터 지금까지 한 달에 두 번 고전의 원문을 번역하고 해설한 글을 성균관대학교의 온라인과 오프라인에 게시해 온 것입니다. 엘리베이터 안이나 홈페이지 등에서 고전의 짧은 구절을 보고 그 의미를 되새기며 바쁜 일상 중에 호흡을 고를 수 있었습니다.

이제 그간에 쌓였던 원고 중 2004년에서 11월부터 2011년 8월까지 원고를『유학의 문장을 읽는다』라는 제목으로 책을 엮어 내게 되었습니다. 글을 쓰신 분은 모두 79명이고 원고는 모두 149편입니다.

원고는 게재 순서가 아니라 학문, 처세, 정치, 인생, 인륜, 의리, 사랑, 수양, 도덕 등 모두 9장으로 재편집하여 수록했습니다. 그 덕분에 글 읽기가 한결 일목요연하고 간명해졌습니다. 간혹 고전에서 뽑은 구절이 중복이 되는 경우도 있습니다만, 필자마다 해석과 풀이가 다르기 때문에 함께 실었습니다. 곁에 두고 수시로 읽으면 유학의 명문장에 녹아 있는 번뜩이는 통찰, 넉넉한 인정, 날카로운 비평, 따뜻한 마음을 공유할 수 있을 것입니다.

필자는 성균관대학교 구성원에 한정되지 않고 공고를 통해 여러 대학의 훌륭한 분들을 모셨습니다. 따라서 유교 연구를 대표하는 분들의 글이 모두 모여 있다고 해도 과언이 아닙니다. 또 필자가 많은 만큼 고전에 대한 다양한 목소리와 지혜를 들을 수 있습니다. 「전통의 향기」는 지금도 진행 중이고 앞으로도 계속 피어날 것입니다. 그리하여 일정한 분량이 쌓이면 또 그 향기가 널리 퍼질 수 있도록 속편을 낼 예정입니다.

책이 나오기까지 귀한 시간을 내서 좋은 글을 써주신 필자 여러 분들에게 감사를 드립니다. 아울러 「전통의 향기」의 원고 청탁, 교열, 게시, 관리에 수고하신 여러 분들의 노고에 감사드립니다. 원고가 그냥 파일로만 있지 않고 책의 모양을 갖추도록 애를 쓴 모영환 연구원, 설준영 · 정균선 조교의 헌신도 잊을 수 없습니다. 그리고 원고를 좋은 책으로 내놓을 수 있게 기회를 주신 성균관대학교 출판부 박광민 부장님, 현상철 팀장님에게도 감사드립니다.

유교문화연구소 소장 신정근 씁니다

# 목차

1

학문

# 배우고서 생각하지 않으면 어둡고, 생각하고 배우지 않는다면 위태롭다.

學而不思則罔 思而不學則殆*

높은 교육열을 지닌 우리 사회에서 배움의 길은 끝이 없다는 말은 더 이상 낯설지 않다. 어렸을 때부터 주변으로부터 적극적인 학습기회를 제공받고, 정규과정 이외에도 남들과의 경쟁에 뒤처지지 않기 위해 끊임없이 노력한다. 그러나 갈수록 넘쳐나는 배움의 양에 지치고, 그것이 나의 삶에 어떠한 의미를 지니는가에 대한 물음은 쉽게 떠나지 않는다. 타성에 젖어 습관적으로 해 왔거나 경쟁에 이기기 위해서 혹은 폼나는 삶을 살아가기 위해 어쩔 수 없이 해야만 하는 공부였다면, 그에 따른 마음의 공허함은 커져 갈 것이다.

전통시대 지식인들은 현대에 비하여 배우는 양은 적었지만 내용만은 알차게 채우고자 노력하였다. 그들은 배운다는 것이 의미를 지니기 위해서는 학문과 그것을 배우는 학습자가 항상 일대일로 마주해야 한다고 생각하였다. 배운 내용과 그 속에 담긴 이치를 곰곰이

---

* 罔: 어두울 망. 殆: 위태로울 태.

따져 보면서 자신의 경우에 비추어 생각하고 이해했던 것이다. 맞고 틀림 혹은 그것이 내포하고 있는 의미들을 능동적으로 생각하지 않는다면 단순한 지식의 축적에 불과하다. 앵무새처럼 수동적으로 따라가는 그러한 배움이란 자신에게 분명한 인상으로 남는 것이 없으므로 막막하고 여전히 어두운 상태로 남게 되기 때문이다. 이와는 달리 스스로 생각만 할 뿐 적극적이고 지속적으로 배우는 과정을 소홀히 하는 경우에도 문제는 있다. 검증받지 못한 주장은 때로는 주관적 편견이거나, 학문적 체계가 결핍되어 있기 때문에 위태롭기는 마찬가지이다. 그러므로 우리는 배움과 생각함이 어느 한쪽으로 치우칠 경우에 생기기 쉬운 어둡거나 위태로운 폐단에서 벗어나도록 해야 할 것이다. 마치 두 날개로 하늘을 날고 있는 새처럼 두 가지를 균형 있게 유지해 나가는 학문자세는 오늘날에도 여전히 유효한 지침돌이 될 것이다.

이제 배움이라는 쾌속열차를 타면서도 편안하고 여유로운 여행을 시작해 보자. 이를 통해 전통문화에 대한 이해의 폭을 넓히고 오늘 여기에 서 있는 우리 자신의 모습을 확인해 보는 계기가 되었으면 한다.

::**출전**:: 『논어』 「위정」
::**내용소개**:: 이천승(성균관대 교수)

# 인을 좋아하되 배움을 좋아하지 않으면 그 폐단은 어리석음이다.

好仁不好學 其蔽也愚*

유교의 인은 종교적으로 말하는 사랑과 비슷하면서도 다르다. 공자는 인(사랑)만 알고 지(지성)가 없다면 어리석게 되는 폐단이 있다고 했다. 우리는 주위에서 종교적 미혹에 빠져 그 종교의 원리는 잊어버리고 아전인수격으로 자신의 출세와 욕망을 위한 수단으로 악용하는 것을 많이 본다. 이런 의미에서 공자가 "인을 좋아하되 배움을 좋아하지 않으면 그 폐단은 어리석음이다."라고 말한 것은 지성 없는 사랑의 결함을 지적한 것이라 하겠다.

인은 유교의 가장 중요한 덕목이다. 하지만 공자는 이 사랑의 감성과 학문의 연마를 동시에 가져야 한다고 말하고 있다. 여기서 배운다는 말은 비판정신을 기른다는 의미이다. 공자는 배우고 때때로 익히면 기쁘지 않은가, 학문에 재미를 느껴 밥 먹는 것도 잊고 늙어 가는 줄도 몰랐다 등의 학문하는 즐거움에 대하여 여러 가지로 말하였

---

* 蔽(폐): 가리우다(폐단). 愚(우): 어리석다.

다. 공자의 이러한 학문 애호 정신은 동아시아 문화의 기본 역량이 되었다. 그러나 이 학문의 주체가 지배 계급을 형성하고 하층민에게 학문이 내려가지 못했을 때 지나친 인문학 편중이 일어났음도 생각해야 할 것이다. 오늘날 우리 국민의 학문에 대한 열정은 끝이 없다. 사회 시스템의 문제이기도 하지만 이것이 문화적 침전물이 되어 국민 의식을 형성하였음도 사실이다. 하지만 이러한 학문에 대한 열정이 혹 출세를 위한 것은 아닌지 한 번쯤 반성해 보아야겠다.

::**출전**:: 『논어』「양화」
::**내용소개**:: 이동희(계명대 명예교수)

# 학문하는 이 즐거움 무엇으로 바꾸랴!

$$學而時習之 不亦說乎*$$

『논어』의 제일 처음에 나오는 "배우고 때맞게 익히니 또한 기쁘지 아니한가!"라는 말은 조금의 식견을 가진 사람이라면 누구나 아는 말이다. 배우고 익힌다는 사실이 정말 기쁜 일인가? 만약 그렇다면 모두가 열심히 공부했을 것이고, 모두 원하는 대학에 무사히 합격했을 것이다. 그러나 사실은 그렇지 않았다. 배우는 일은 지겨운 일이기도 했다. 대학에 합격하기 위해 그 고통을 참으면서 억지로 한 공부가 대부분이었다. 그렇다면 공자의 이 말은 거짓된 것으로 일고의 가치도 없을 것이다.

공자가 말한 배움은 우리들이 고등학교 때까지 해 왔던 그런 배움은 아니었을 것이다. 배움 중에는 대학과 소학이 있는데, 공자가 말한 배움의 내용은 대학을 말한다. 소학은 예의범절이나 글자를 익히는 것이고, 대학은 인생에 관한 심오한 진리를 탐구하는 학문이다. 우리들이 고등학교 때까지 해 왔던 배움은 소학에 해당한다. 그마저도

---

＊時(시): 때(상황)에 맞게 또는 언제든지. 說(열): 기쁘다.

대체로 대입을 위한 수단으로 했다. 수단은 목적을 달성했을 때만 의미가 있다. 수단 그 자체는 의미가 없으므로 재미도 없다. 그래서 억지로 끌려가는 피동적인 공부를 했다. 그런 공부는 고등학교 때까지 한 것으로 끝내야 한다.

그러므로 대학생이 되면 대학을 해야 한다. 이제 스스로의 인생을 되돌아보고 자기의 삶의 본질적인 문제가 무엇인지 짚어 보아야 한다. 그리고 그 해결책으로서의 학문에 매진해야 한다. 그러한 학문을 하는 과정은 기쁘다.

대학생은 대학생다워야 한다. 대학에 다니면서도 대학생답지 못하면 겉모양은 대학생이라 하더라도 실제로는 대학생이 아니다. 대학생은 공부를 하는 것이 아니라 학문을 하는 것이다. 이제 더 이상 수단으로서의 공부를 하지 말아야 한다. 학점을 잘 받기 위해서 공부를 하고 출석 점수를 의식해서 출석을 하는 식의 태도는 버려야 한다. 기쁘게 공부를 했더니 결과적으로 좋은 학점이 나오는 식이 되어야 한다. 이제부터는 삶의 방식에 대전환이 일어나야 한다. 그렇지 않으면 나중에 사회생활을 할 때도 끌려다니는 피곤한 삶이 되고 말 것이다. 대학생 시절은 자신의 삶의 방식을 바꾸어야 하는 참으로 중요한 시기이다.

:: **출전**:: 『논어』「학이」
:: **내용소개**:: 이기동(성균관대 교수)

# 아는 것을 안다고 하고 모르는 것을 모른다고 하는 것, 이것이 아는 것이다.

知之爲知之 不知爲不知 是知也

고인들은 경전공부를 진실되게 했으므로 새소리를 통해서도 성인의 가르침을 들었다. 예컨대 산비둘기가 구슬프게 '구구~구구, 구구~구구' 하며 우는 것에서 『논어』 「옹야」 편의 '고, 불고, 고재! 고재!(觚, 不觚, 觚哉! 觚哉!)'를 떠올렸고, 제비가 '지지배배, 지지배배, 지지배~' 하는 울음소리를 통해 표제어인 '지지위지지, 부지위부지, 시지야(知 之爲知之, 不知爲不知, 是知也)'를 떠올렸다.

고인들이 제비의 울음소리에서 들었던 성인의 말씀은 '아는 것' 에 대한 것이었다. 이것은 공자가 자로를 가르치던 과정에서 나온 것 이다. 『사기』에 의하면 "자로는 성격이 강퍅한 데다가 용맹과 힘쓰기 를 좋아하였다. 처음 공자를 만났을 때 능멸하고 폭력을 행사하려 했 다."고 한다. 이 같은 자로에게 공자는 예의를 차려 가르쳐서 마침내 자신의 제자로 삼았던 것이다. 가르침이란 얼마나 위대한가?

공자는 자로에게 사람을 네 등급으로 나누어 가르쳤다. 아는 것을 안다고 하는 사람, 모르는 것을 모른다고 하는 사람, 알면서도 모른다고 하는 사람, 모르면서도 안다고 하는 사람이 그것이다. 첫 번째가 지혜로운 사람이라면, 두 번째는 솔직한 사람이다. 그리고 세 번째는 숨기는 사람이며, 네 번째는 어리석은 사람이다. 공자는 여기서 지혜로우면서도 솔직한 사람이 참된 선비임을 자로에게 말하려 했던 것이다.

우리가 사는 이 세상에는 모르면서도 아는 척하는 사람이 가장 많다. 일찍이 노자도 『도덕경』71장에서 "알지 못하는 것을 아는 것이 가장 훌륭하며, 알지 못하면서도 안다고 하는 것은 병통이다."라고 하지 않았던가? 자신의 무지를 깨닫는 것이야말로 공자가 그토록 강조했던 '배움'의 세계로 나아가는 첫걸음일 터이다. 그러나 우리는 자신의 무지를 감추기 위하여 얼마나 많은 가식을 덮어쓰고 괴롭게 웃고 있는가! 제비의 울음소리를 통해 진정한 앎의 세계가 무엇인가를 곰곰이 생각해 보자.

::**출전**:: 『논어』「위정」
::**내용소개**:: 정우락(경북대 교수)

# 썩은 나무는 조각할 수 없다.

◇◇◇◇◇◇◇◇◇◇◇◇◇◇◇◇◇◇◇◇◇◇◇◇◇◇◇◇◇◇◇◇◇◇◇◇◇◇◇◇◇◇◇◇◇◇◇◇◇

朽木不可雕也*

공자의 제자 중에 재여라고 하는 제자가 있었다. 그런데 어느 날 재여는 공부가 하기 싫었던지 선생님 몰래 숨어서 낮잠을 자고 있었다. 이 모습을 본 공자는 제자들 앞에서 "썩은 나무는 조각할 수 없고, 썩은 흙으로 쌓은 담장은 흙손질을 할 수가 없다."라고 혹평하였다.

제자에 대한 스승의 평가가 너무 가혹한 것은 아닐까? 낮잠을 잔 것이 정말 이런 평가를 들을 만큼 잘못한 것일까? 공자는 무슨 생각을 가지고 재여를 꾸짖었을까? 사람이 피곤하면 낮잠을 잘 수도 있을 것이다. 더구나 우리나라와 같은 상황에서 학생들은 자신들의 의지와 관계없이 학교와 학원을 전전하며 대학까지 진학하게 된다. 그 사이에 얼마나 많은 시간을 졸음과 싸워야 했으며, 얼마나 많은 고통을 참고 살았겠는가? 생각해 보면 가슴이 아픈 일들이다.

공자가 재여를 꾸짖은 이유는 사람이라면 정신력으로 육체적 피로를 이겨 낼 수 있다고 생각했기 때문일 것이다. 더구나 공자는 학

---

* 朽(후): 썩다. 雕(조): 새기다.

문을 중요하게 생각하여 죽을 때까지 학문에 전념해도 시간이 부족하다고 생각한 대표적 인물이다. 그렇기 때문에 학문을 게을리한 제자에게 이러한 혹평을 하고도 남는다는 생각이 든다. 만약 재여가 수업 도중에 고개를 떨구고 졸았다면 이런 혹평을 하지 않았을지도 모른다. 그런데 재여는 안타깝게도 처음부터 의도적으로 잠을 잤던 것으로 보인다.

가끔 강의실에서 수업시간에 처음부터 엎드려 잠을 자는 학생을 보거나, 꾸벅꾸벅 고개를 떨구며 조는 학생을 보게 된다. 졸음이 오는 것은 생리적 현상이라 어쩔 수 없는 일이지만, 책상에 엎드려 편하게 잠을 자는 모습은 결코 좋은 모습은 아니다. 재여와 같이 학문을 게을리하는 사람이 되기보다 잠을 이겨 내려 애쓰는 아름다운 모습을 보고 싶다. 썩은 나무가 아니라 아름다운 조각품으로 태어날 수 있는 나무가 교정에 많았으면 좋겠다고 생각해 본다.

::**출전**:: 『논어』 「공야장」
::**내용소개**:: 최영갑(사단법인 범국민예의생활실천운동 이사장)

# 남이 자신을 알아주지 않는 것을 걱정하지 말고 자신이 남을 알아주지 못함을 걱정하여야 한다.

不患人之不己知 患不知人也*

공자는 "옛사람은 자신을 위하여 공부를 하지만 요즘 사람들은 남을 위해 공부한다[古之學者爲己, 今之學者爲人]."라고 말한 바 있다. 자신을 위하여 공부한다는 것이 자신만의 이익을 위해 이기적인 측면에서 출발하여 공부하는 것을 말하는 것이 아니다. 학문이란 남의 평판이나 남으로부터 얻어지는 명예 때문에 하는 것이 아니고 자기 스스로 올바른 삶을 영위하기 위하여 하는 것이라는 말이다. 위에서 "남이 자신을 알아주지 않는 것을 걱정하지 말고 자신이 남을 알아주지 못함을 걱정하여야 한다."는 것은 이러한 공자의 언급과 관련된 구절이다. 또한 『논어』에 "남이 나를 알아주지 않는 것을 걱정하지 말고 내가 참으로 알려질 수 있기를 구하여라[不患莫己知, 求爲可知也]."라는 구절이 있는데 이 구절과 일부 상통하는 면이 있다.

　공자가 주장하는 학문의 기본자세는 내면적 성찰을 근거로 하고

---

＊ 患(환): 근심하다. 병으로 여기다.

그것을 통해 사회적 실현을 중시한다. 사실 현대사회에서 학문을 한다고 할 때 자기 자신을 위해서, 즉 내면적 성찰을 하기 위해서 학문을 한다는 것은 거의 불가능할지도 모른다. 또 남이 알아주거나 말거나 관계치 말아야 한다는 것이 잘못하면 남의 평가를 무시하고 자신만을 위한 학문을 하는 방식으로 될 가능성이 있고 이럴 경우 이기적인 학문태도라는 비난을 피하기 어려운 점도 있다. 뿐만 아니라 현실사회에서는 눈앞의 이익을 완전히 무시한 채 인문학이나 기초학문에만 매달릴 수도 없는 노릇이며, 어느 정도 남이 알아주고 자신에게도 이익이 되는 학문을 좇는 경향을 부정만 할 수도 없다.

그러나 기초학문, 모든 학문의 기반이 되는 기초에 대한 경시는 결국 응용학문의 발전에도 장애가 될 것은 분명하다. 따라서 사회적으로 그러한 학문에 대한 지속적인 관심과 배려를 해 주는 것이 중요하다고 할 것이다. 이러한 측면에서 학문은 자신에서부터 시작해서 성찰하고 발전을 도모하지 않는다면 궁극적으로 자신이 속한 공동체에도 기여하지 못할 가능성이 크다고 할 수 있다.

::**출전**:: 『논어』「학이」
::**내용소개**:: 이강재(서울대 교수)

## 【007】

# 사람의 병폐는
# 남의 스승 노릇하기 좋아하는 데에 있다.

人之患 在好爲人師

우리는 타인을 가르칠 만한 능력이나 학식이 있어서 타인을 가르치는 것에 대해 좋은 일이라는 생각을 하고 있다. 그런데 맹자는 다른 사람의 스승이 되기를 좋아하는 것은 사람의 잘못된 폐단에 속한다고 말한다. 이는 무엇을 말하는 것인가? 주희(朱熹)의 『맹자집주(孟子集註)』에는 다음과 같은 왕면(王勉)의 말이 인용되어 있다. "학문에 남은 것이 있을 정도로 풍족하다면 다른 사람이 나에게 물었을 때 어쩔 수 없이 대답해 줄 수는 있다. 그러나 만약 남의 스승 노릇하기를 좋아하면 스스로 충분하다고 생각하여 다시는 앞으로 나아가려고 하지 않을 것이니, 이것이 사람의 큰 병폐이다."

사실 우리는 대부분 타인에게서 무엇인가를 배우려고 하기보다 남을 가르치기 좋아하는 경향이 있다. 학생을 가르치는 직업에 종사하는 필자 역시 이 점에서 예외가 아닌 듯하다. 그런데 이 가르치기 좋아한다는 것이 때로는 객관적 상황이나 논리를 떠나 타인의 조언을 무시하고 그저 나의 생각만을 강요하게 되는 경우가 있을 수 있다. 이는 장기적으로 자신의 발전을 이룰 수 없을 뿐더러 사회적인 해악 또한 적지 않을 것이다. 이런 측면에서 위 구절에서 맹자가 하고자 하는 말은, 결국 항상 남의 말을 귀담아듣고 그것을 통해 자신을 더더욱 발전시켜야 한다는 것이다.

타인의 조언을 귀담아듣지 않고 무조건 자신의 생각만을 고집하는 것도 남의 스승 노릇하기 좋아하는 병폐가 심하게 나타나는 경우에 속한다. 자신의 가까이에 자신이 무엇인가 가르칠 수 있는 사람을 아랫사람으로 두려고 할 뿐 자신이 배울 수 있는 뛰어난 사람을 가까이에 두지 않으려고 하는 경향 역시 이 구절에서 말하는 가르치기만 좋아하는 폐단에서 나온 것이다. '교학상장(敎學相長)'이라는 말이 있다. 가르치는 과정에서 배워 간다는 의미일 것이다. 항상 남에게 배우려는 자세를 강조한 위 글과도 일맥상통하는 말이다.

:: **출전** :: 『맹자』「이루 상」
:: **내용소개** :: 이강재(서울대 교수)

【008】

# 학문의 도는 다른 것이 없다. 그 잃어버린 마음을 구할 따름이다.

學問之道無他 求其放心而已矣*

겨우내 움츠린 어깨를 활짝 펴고 다닐 수 있는 봄이다. 개나리 꽃망울이 하나둘 터지기 시작하고, 목련은 자신의 자태를 한껏 뽐내고 있다. 이제 거리를 두었던 산을 찾아 풀내음 꽃내음을 맡아 보는 것도 좋겠다. 그러나 낮은 산이라도 산행길은 '방심'하면 안 된다. 운동시합에서 아무리 약한 상대라도 얕잡아 보면 안 된다고 하는데, 그래서 감독은 선수들에게 '방심하지 말라'고 한다.

　이처럼 우리는 일상생활 속에서 '방심'이라는 말을 많이 사용하고 듣는다. 국어사전에서는 '방심'을 "마음을 다잡지 아니하고 풀어놓아 버리는 것."이라고 풀이한다. 아마 국어사전을 보지 않아도 '방심'의 뜻은 대부분 잘 알고 있을 것이다. 맹자는 '방심'을 학문의 방법으로 삼았다. 왜 그랬을까? 맹자가 말하는 '방심'의 '심(心)', 즉 '마음'은 무슨 의미일까?

---

\* 求(구): 구하다. 放(방): 잃어버리다. 而已(이이): …일 뿐이다.

맹자는 "인은 사람의 마음[仁, 人心]"이라고 했고, "의는 사람이 가야 할 바른 길[義, 人之正路]"이라고 했다. 등산로를 벗어나면 길을 잃어버리게 된다. 같은 이치로 마음[心]을 잃어버리면 사람으로서 가야 할 길을 잃어버리는 것이다. 마음은 바로 인간의 궁극적인 본질이다. 인간의 궁극적 본질인 마음을 잃어버릴 수 있을까? 사실 '마음'은 잃어버릴 수 있는 물건이 아니다. 따라서 '잃어버리다'의 '방(放)'은 '욕망에 빠지다'는 의미이다.

학문은 다른 것이 아니다. 학문은 욕망에 빠진 인간의 궁극적인 본질을 구하는 것이다. 잃어버린 애완견을 찾아 주면 적지 않은 사례비를 준다는 광고를 가끔 본다. 애완견이 중요한가, '마음'이 중요한가? '잃어버린 마음[放心]'을 찾아 주면 얼마의 사례비를 받을 수 있을까? 담배꽁초나 쓰레기를 함부로 버리는 것도 '방심'이다. 강남에서 방심하면 안 된다. 과태료를 낼지도 모르니까. 그러나 더욱 중요한 것은 인간의 본질을 버리는 것이 바로 '방심'이라는 사실이다.

:: **출전**:: 『맹자』「고자 상」
:: **내용소개**:: 천병돈(대진대 교수)

# 군자가 가르치는 방법이 다섯 가지이니, (그중에) 때에 맞게 오는 비가 변화시키는 것 같음이 있다.

君子之所以教者五 有如時雨化之者

맹자는 좋은 교육방법 다섯 가지를 제시하면서, 때맞추어 내리는 비가 변화시키듯이 하는 것을 그 첫 번째로 꼽는다. 그렇다면 때맞추어 내리는 비[時雨]가 변화시키는 것[化之]는 무엇인가? 주자(朱子)는 이것을 사람들이 초목을 파종하여 아무리 지성으로 보살피더라도 수분이 부족하면 자라지 못하는데, 이때 적당한 비가 내리면 초목이 빨리 잘 자라는 것이라고 설명하였다.

학생이 배우려고 열심히 노력하면서 의문을 품고 있을 때 때맞추어 내리는 비와 같은 선생의 말 한 마디가 필요한 것이다. 그 한 마디에 학생의 학문은 크게 성장한다. 여기에서 학생은 자라려고 몸부림치는 초목이고, 선생의 가르침은 때에 맞추어 내리는 비이다. 교육의 주체는 학생이다. 선생은 단지 그것을 돕는 사람일 뿐이다.

그러나 우리 교육의 현실을 보면 학생이 단순한 교육 대상일 뿐이다. 정답 맞추기만을 가르치는 입시교육에서는 말할 것도 없거니와, 학생들에게 잘 전달하는 것만을 최선으로 알고 '첨단교육기법'을 운운하는 대학 당국자들이 추구하는 교육에서도 학생은 '다 구워 놓은 비둘기 고기를 입만 벌리고 받아먹는' 바보일 뿐이다.

나는 이번 학기 수업계획서에도 이렇게 썼다. "학생들에게 의문을 던져서 …… 혼란스러움을 경험하게 한다. 해답은 학생 스스로가 찾는 것을 원칙으로 한다. 교수는 도움을 주는 데에 그친다."

::**출전**:: 『맹자』「진심 상」
::**내용소개**:: 박승희(성균관대 교수)

【010】

공자께서 말씀하셨다.
"배움은 따라가지 못할 듯이 하면서도
행여 때를 잃을까 두려워하여야 한다."

子曰 學如不及 猶恐失之

이 글은 공자가 제자들에게 공부하는 자세를 말씀하신 것이다. 물론 공자의 평소 학문에 대한 태도도 엿볼 수 있다.

모름지기 사람은 공부를 할 적에 이미 배운 것을 미처 따라가지 못하는 듯이 해야 한다는 것이다. 그 이유는 배운 내용을 제대로 이해하려면 반복해서 복습을 해야 할 뿐만 아니라 마음속에 깊이 되새기는 노력이 필요하기 때문이다. 그보다 더욱 중요한 것은 공부를 많이 한 사람일수록 자신의 지식이 늘어남에 따라 자칫 교만에 빠질 수 있음을 경계한 것이기도 하다. 게다가 오늘 공부할 것을 내일로 미루어 공부하는 데 진전이 없을까 염려한 것이다.

현대의 공부 중에는 그때그때 빨리 이해하고 지나가야 하는 것도 있다. 물론 이런 경우에도 되새기는 시간이 필요한 경우가 많다. 그렇지만 사람이 어떻게 살아야 하는가와 같이 근원적인 질문이나, 어떻게 행동해야 올바른 행동인지, 또 자신의 행동이나 생각을 반성해야 하는 경우에는 좀 더 다른 태도가 필요하다. 반성적이고 근원적인 것에 관련된 공부에 있어서는 그것을 이해함에 있어 좀 더 신중한 노력이 요구될 것이다.

공부가 깊어질수록 가끔 교만에 빠지는 경우가 있다. 벼는 익을수록 머리를 숙인다고 하듯이 학문이 깊어질수록 겸손해져야 한다. 자신이 다른 사람과 비교하여 지식이 많다거나 학벌이 좋다는 것을 자랑으로 여기거나 특별한 것으로 뽐내서는 안 된다. 그럴수록 사회에 대한 책임의식과 사적인 것보다는 공적인 것을 드높이는 자세가 필요하다.

공부를 하려면 적극적인 자세로 제대로 해야 한다. 오늘 공부할 것을 내일 할 수 있다는 안일한 태도로 임한다면 공부에는 진전이 없을 것이다. 이 글은 이런 점에서 공부를 하는 사람은 마땅히 이렇게 해야 함을 공자께서 일깨워 주신 것이다. 우선 나 자신부터 마음을 가다듬게 하며, 반성을 하게 하는 글이다.

::**출전**:: 『논어』「태백」
::**내용소개**:: 허종은(성균관대 연구원)

【011】

# 컴퍼스나 자를 줄 수는 있어도
# 정교하게 할 수 있도록 할 수는 없다.

◇◇◇◇◇◇◇◇◇◇◇◇◇◇◇◇◇◇◇◇◇◇◇◇◇◇◇◇◇◇◇◇◇◇◇◇◇◇◇◇◇◇◇◇◇◇◇◇

能與人規矩 不能使人巧

학문을 글이나 말로 전할 수는 있지만 그 의미를 깨닫고 자기 것으로 만드는 것은 배우는 사람의 몫이다.

『맹자』는 다음과 같이 말했다. "목수[梓匠]나 수레바퀴 만드는 사람[輪輿]이 남에게 컴퍼스[規]나 곱자[矩]를 넘겨줄 수는 있어도 그가 정교하게 할 수 있도록 할 수는 없다[梓匠輪輿 能與人規矩 不能使人巧]."

컴퍼스나 곱자는 동그라미와 네모를 그리는 도구이다. 장인들이 이를 가지고 일을 맞추는 데서 법도(法度)라는 의미가 생겼다. 때문에 사람들은 이 법도를 잘 숙지하면 그 일을 할 수 있으리라 여긴다. 하지만 이는 겉으로 드러난 규칙일 뿐, 실제 일이 그렇게 이루어지는 것은 아니다. 그 안에는 설명서로 만들 수 없는 자기만의 것이 있다. 우리는 이를 '솜씨'라고 한다. 솜씨는 빌릴 수 있는 것이 아니다.

『장자』에도 비슷한 우화가 나온다.

환공(桓公)이 당(堂)에서 책을 읽고 있었다. 수레바퀴 깎는 편(扁)

◇◇◇◇◇◇◇◇◇◇◇◇◇◇◇◇◇◇

이 당 밑에서 수레바퀴를 깎다가 망치를 내려놓고 물었다. "읽고 계신 게 뭡니까?" "거룩한 분들의 말씀이다." "그분들이 살아 계십니까?" "다 돌아가셨지." "그럼 임금님께서 읽고 계신 건 옛날 사람들이 남긴 찌꺼기 아닙니까?" "과인이 책을 읽는데 수레바퀴나 깎는 놈이 이러쿵저러쿵하다니! 그럴듯한 소리를 한다면 살려 주겠지만 헛소리를 했다간 죽여 버릴 테다."

수레바퀴 깎는 편이 대답했다. "제 일이 그렇습니다. 수레바퀴를 깎을 때 느슨해도 안 되고 빡빡해도 안 됩니다. 손에 익어 자연스레 하는 것이라 말로 하기가 어렵습니다. 치수야 정해져 있지만 제가 제 자식 놈을 깨닫게 할 수도 없었고, 제 자식 놈이 제게 배울 수도 없었습니다. 이러다 보니 일흔이 다 되도록 이 짓을 하고 있습니다. 옛날 분들도 아마 전하지 못하고 돌아가셨을 터이니, 그리고 보면 임금께서 읽고 계신 것은 결국 옛 분들이 남기신 찌꺼기 아니겠습니까!"

학문도 마찬가지다. 학문의 의미를 바로 알고 현실에서 제대로 쓰려면 배움을 넘어서는 자기 이해가 있어야 한다. 더 나아가 수많은 학문이 자기 삶으로 일관되고 그 속에 담긴 보편의 목소리를 들을 수 있게 되려면 자기 세계가 있어야 한다. 이는 배우기만 해서 될 일이 아니다. "일상의 학문이야 말로 전하지만 그것을 넘어서는 것은 마음으로 깨우침이 있어야 한다."는 주석이 달린 이유도 이 때문이다.

:: **출전** :: 『논어』 「태백」
:: **내용소개** :: 정도원(성균관대 연구원)

【012】

# 공자께서 말씀하셨다.
## "옛날에 배우는 자들은 자신을 위한 학문을 하였는데,
## 지금에 배우는 자들은 남을 위한 학문을 한다."

子曰 古之學者爲己 今之學者爲人

유학에서 공부의 목적은 '위기지학(爲己之學)'이다. 즉 자신의 수양을 목적으로 한다. 『대학』에서 말하는 '수신제가치국평천하(修身齊家治國平天下)'라는 덕목에서도 자신의 수양[修身]을 바탕으로 외연(外延)을 확대하여 천하 평정까지 이르고자 한다. 그러나 오늘날 우리 사회에서의 공부는 개인의 출세를 위한 주요 수단으로 변모하였다. 이로 인해 입시 위주로 변해 가는 학교 교육현장에서 인성교육은 차츰 우선순위에서 밀려나고 있다. 심지어 중·고등학교에서 인성교육의 일부분을 담당했던 도덕 교과마저 이른바 집중 이수제라는 이름으로 1년만 배우면 되는 게 현실이다.

이렇게 '위기지학(爲己之學)'보다 '이기지학(利己之學)'을 중시하는 교육현장과 사회현상으로 인해 결국 개인의 도덕성은 약화되고 사회 병리 현상은 심각한 수준에 이르고 있다. 학교에서는 교사에게까지

폭언과 폭력을 행사하는 학생들이 나타나고 있으며, 사회나 가정에서도 예의범절을 모르는 청소년들을 만나는 일이 다반사가 되어 버렸다.

이러한 현상은 단순히 학교나 청소년들에게서만 나타나고 있는 것이 아니다. 얼마 전 우리 사회는 국무총리·장관 등의 인사청문회 문제로 홍역을 치렀다. 우리나라 최고의 국립대학 총장 출신의 인사가 국무총리 지명을 받아 간신히 인사청문회를 통과했지만 위장전입과 병역, 논문 이중게재 등의 문제로 곤욕을 치러야 했다. 그런데 그 다음에 등장한 국무총리 후보자는 젊고 유능하다는 하마평이 있었음에도 온갖 거짓말과 공(公)과 사(私)를 구분 못하는 행실로 인해 인사청문회의 벽을 넘지 못하고 낙마하였다. 이러한 문제들의 근원은 개인의 능력에서는 부족함이 없을지 몰라도 출세만을 위해 살아온 사람들의 개인 수양 부족이 가장 큰 원인일 것이다.

공자께서 이미 2,500여 년 전에 '위기지학'을 통해 이러한 사회적 병폐를 치유하고자 하셨던 말씀이 오늘날에도 진부하게 들리지 않는 현실이 씁쓸할 따름이다.

::**출전**:: 『논어』「헌문」
::**내용소개**:: 허익현(아주대 라이프케어사이언스랩 책임연구원)

## 하늘을 원망하지 않고 사람을 탓하지 않으며, 아래에서부터 배워나가 위로 통달하니, 나를 알아주는 이는 하늘인가보다.

不怨天 不尤人 下學而上達 知我者其天乎

이 내용은 학문의 요체가 어디에 있으며 이를 실천에 옮기는 일이야 말로 올바른 학문의 길이라는 점을 피력하고 있다. 덕성의 함양은 일 상적인 삶에서 시작해야 하며 구체적인 실천을 떠나 공허하게 학문을 해서는 안 된다는 취지와 그 의의를 강조한 것이다. 이는 사물의 이치가 구체적인 사물을 떠나서 파악될 수 없듯이 도덕수양의 최고 경지도 인간의 실제적 삶과 그 속에서의 실천을 통해 이루어져야 한 다는 말이다.

학문은 반드시 현실 생활에서 스스로의 의지와 노력을 통해 추구 되어야 한다. 그렇지 않으면 학문의 성과는 단지 공중누각에 지나지 않게 된다. 이는『중용』에서 "군자는 덕성을 존중하고[尊德性], 학문을 묻는다[道問學]."라는 구절과 일맥상통하는 것이다.

학문의 진실성 혹은 진정성이란 존덕성(尊德性), 즉 덕성을 높이는

일이며 도문학(道問學), 즉 일상적인 공부에 바탕을 두어야 한다. 학문
은 지식을 넓히는 일이요 이는 바로 덕성을 쌓는 일이다. 유학자들이
수기치인(修己治人)의 원리를 구현하려는 근거가 바로 여기에 있다.
이를 현대적으로 해석하면, 선을 행하려는 마음이라도 그것을 실천
에 옮기는 말과 행동의 체험이 중요하다는 것이다. 이러한 입장이 유
가의 윤리도덕적 강령인 것이다. 여기에는 유가의 자아완성 혹은 자
아실현(self-realization)의 궁극적 경지가 함유되어 있다.

　　도덕수양은 일상적인 삶에서 자연스레 수반되는 결과이며, 그렇
다면 인격의 완성을 위한 교화(教化) 혹은 교육의 합당성의 문제는 자
연스레 해소될 수 있을 것이다. 이러한 해소의 단계가 자율적이고도
능동적인 인간으로서의 이상적인 인간상(人間像), 즉 미(美)와 선(善)
이 일치하는 최종적인 목표이다. 미와 선의 일치를 추구함으로써 자
율적이고도 능동적인 인간을 위한 윤리적 교화가 실현되는 것이다.
그러므로 덕성의 함양과 그 실천의 조화는 도덕수양의 궁극적 단계
라고 할 수 있는 것이다.

:: **출전** :: 『논어』「헌문」
:: **내용소개** :: 김연재(공주대 교수)

# 공자가 말하였다.
## "군자는 일정한 용도로만 쓰이는 그릇처럼 국한되지 않는다."

子曰 君子不器

위의 내용은 군자가 어떻게 학문해야 하는지를 말해 주고 있다. 위의 내용에 대해 주자(朱子)는 "그릇은 각각 그 용도에만 적합하여 서로 통용될 수 없는 것이다. 덕을 갖춘 선비는 진리를 갖추지 않음이 없으므로, 그 쓰여짐 또한 두루 걸쳐 있다. 단지 한 가지 재주, 한 가지 기예에 국한되는 것이 아니다."라고 해석하고 있다. 이와 같이 그릇의 의미는 바로 어느 특정한 분야의 기능인 또는 전문인으로 해석될 수 있다. 그래서 공자는 여기에서 군자는 결코 특정한 분야에 갇혀 여타 영역과 소통하지 않는 기능인과 전문인이 되어서는 안 된다는 메시지를 전해 주고 있다.

최근 한 TV 방송국에서 방영된 〈성균관 스캔들〉에서 성균관 스승인 정약용이 제자들에게 강의하는 내용 중에 '군자불기(君子不器)'에 대한 내용이 한국 사회에서 회자되고 있다. 공자의 이러한 학문관은 전문인과 기능인만을 강조하는 현대 사회에 부합될 수 없는 것처럼 보인다. 현대 한국 사회는 서구 근대성의 영향으로 인해 효율성과 경쟁의 논리가 절대적 가치로 간주되고 있다. 이러한 현실 속에서 현대인은 다양한 영역에 대한 폭넓은 이해보다는 자신의 분야에만 전념해야 비로소 효율성을 담보할 수 있다고 생각한다. 그래서 대부분 지식인들은 특정한 분야에만 전념하고 있으며, 학교의 교육 내용 또한 특정한 분야의 지식만을 강요하고 있다. 그러다 보니 절친한 친구나 형제일지라도 상대방의 전문영역에 대해 전혀 무지할 뿐만 아니라 주변인들과의 대화와 소통도 점점 단절되고 있다. 대학 또한 특성화해야 한다는 최근의 이야기는 이제 식상할 정도로 보편적인 코드가 되어 버렸으며, 그래서 많은 대학에서 'Only-1' 인재육성을 강조하고 있다. 이는 어느 특정한 분야에서 최고의 전문인을 양성하겠다는 발상이다. 이와 같은 현대 사회의 효율성 논리에는 '군자불기(君子不器)'의 학문관이 분명 부합되지 않는다. 그럼에도 이 구절이 현대인의 마음에 와 닿는 이유는 무엇일까?

인간은 결코 하나의 기구나 기계와 같이 특정한 영역의 기능만을 수행하는 일차원적 존재는 아니다. 인간은 타인들에 대한 애정, 한 떨기 꽃을 통한 미적 감정, 건강한 신체, 그리고 자신의 삶을 반성하고 사회를 비판할 수 있는 냉철한 이성 등을 갖춘 다차원적 존재이다. 실제로 유가전통에서의 선비들은 예(禮)·악(樂)·사(射)·어(御)·서(書)·수(數)의 육예(六藝)를 두루 익혔을 뿐만 아니라 고전·역사·철학을 통해서 사회의 비판능력과 타인에 대한 배려심을 함양하고자 노력하였다. 이러한 전인격적인 존재가 바로 공자가 추구한 군자의 모습이다.

공자의 전인격적 학습이 현대 사회와 같은 전문성을 부정하였다고 볼 필요는 없다. 문제는 현대의 전문직종에서와 같이 그 자체의 범위에만 갇혀 있기 때문인 데에서 찾을 수 있다. 옛 속담에 "우물을 깊게 파고자 한다면 넓게 파라."는 말이 있다. 이 말은 진정한 전문인이 되기 위해서라도 특정한 분야뿐 아니라 좀 더 폭넓은 분야에 대한 이해가 필요함을 암시해 주고 있다. 모든 직종은 인간이 하는 일이면서 사회적 실천성을 지니고 있어야 하는 이상, 모든 영역의 근본적인 문제는 바로 인간 · 사회 · 세계에 대한 보편적인 이해가 전제될 때 비로소 진정한 'Only-1'이 될 수 있을 것으로 본다. 그래서 공자의 '군자불기(君子不器)'는 현대 사회에서 진정한 전문인이 무엇이며 어떻게 해야 하는가를 숙고하게 해 주는 명언이라 할 수 있다.

::**출전**:: 『논어』「위정」
::**내용소개**:: 권상우(신라대 교수)

【015】

# 실천하고도 남은 힘이 있거든 글을 배워야 한다.

◇◇◇◇◇◇◇◇◇◇◇◇◇◇◇◇◇◇◇◇◇◇◇◇◇◇◇◇◇◇◇◇◇◇◇◇◇◇◇◇◇◇◇◇◇◇◇◇◇◇◇◇

行有餘力 則以學文

공자가 말했다. "젊은이들이여! 들어가서는 효도하고 나와서는 공경하며, (자신을) 삼가 낮추고 미덥게 행동하라. 무릇 많은 사람들을 사랑하되 어진 사람을 가까이하여라. (이렇게 모든 것을) 실천하고도 (혹시) 남은 힘이 있거든 (그때 가서) 글을 배워야 한다[弟子 入則孝出則弟, 謹而信, 汎愛衆而親仁. 行有餘力, 則以學文]."

공자는 만세사표(萬世師表)라 불릴 정도로 한평생을 교육자의 모습으로 마감하였다. 혹자는 그를 봉건사회에서 지배계층을 옹호한 정치인이라고 평가하기도 한다. 그러나 그는 지금의 법무장관에 해당하는 '대사구'의 관직에서 일한 경험이 1년도 채 안 될 만큼 정치적 행보와는 거리가 먼 인물이었다. 『논어』 전편을 헤아려 보아도, 아니 『논어』의 머리[首篇]에 해당하는 「학이」의 본지만 살펴보아도, 그는 호학(好學) 정신과 효제충신(孝悌忠信)에 관한 가르침으로 일관하고 있음을 알 수 있다.

위에서 인용한 원문에서 입(入)과 출(出)은 춘추시대 당시의 가옥

구조로 고증해 보았을 때 위정자들의 생활상에 국한된다고 한다. 따라서 위 문장은 공자가 위정자와 지배계층의 자제들을 불러다가 강력하게 꾸짖는 어조로 훈계하고 있는 모습임을 예상할 수 있다. 계급에 상관없이 인간됨이 바르지 못한 자들에 대한 엄중한 가르침의 메시지인 것이다. 가장 기본적인 인간의 참된 모습은 집안에서의 효도[愛]가 사회에서의 공경[愛]으로 확대되어 가는 모습이다. 그 가운데 나 자신을 낮추라[謹: 言+堇] 함은 말을 삼가 조심하여 남에게 미더움을 보이라는 경고이다. 이후 모든 사람들을 측은히 여길 줄 알되, 인자한 사람을 더욱 가까이하여 자신을 돌이켜 보라는 뜻이다. 이러한 일련의 실천을 모두 몸으로 옮기고 난 이후에, 비로소 글자를 배워도 좋다는 의미다. 아마도 공자는 지배층의 자제들에게 이 뒤 구절을 가슴에 새겨 주기 위하여 앞의 덕목들을 나열했을지 모른다.

부유함도 있고, 권력도 가진 지배층의 자제들이 공부깨나 한다며 으스대는 모습을 본 공자는 인간됨이 되어 있지 않은 녀석들에게 지위고하를 막론하고 엄중히 타이르며 주의시키고 있다. 배움[學]도 중요하고 지식[知]도 중요하며, 더욱이 글자를 알아가는 과정[學文]도 중요하지만, 인간이라면 당연히 지켜야 할 준칙을 몸으로 실천하는[行] 것만큼 중요한 일은 없다. 혹 실천하지 않고서 무작정 문자를 배우고 공부만 하며 온갖 지식을 습득했다손 치더라도, 그러한 사람은 교언영색(巧言令色)의 혐오스러움만 낳을 뿐이기 때문이다.

::**출전**:: 『논어』 「학이」
::**내용소개**:: 김용재(성신여대 교수)

# 군자는 도를 걱정하고
# 가난함을 걱정하지 않는다.

君子 憂道不憂貧*

얼마 전 학력위조 사건으로 우리 사회가 시끄러웠다. 최고 지식인이라고 추앙받는 대학교수는 물론 문화계·연예계까지 온통 허위학력으로 뉴스를 장식했다. 그들은 좀 더 나은 대접을 받기 위해 학력을 위조하며, 지위와 돈과 명예를 얻기 위해 학력을 위조하고 들통이 날까 봐 미리 고백하는 등 천태만상이었다.

S씨는 학력을 위조하여 D대 교수가 되었다. 명예와 돈을 위해 그렇게 했지만 위조 사실이 드러나 교수직에서 해고되었고, 설상가상으로 법원으로부터 파산선고까지 받았다. 또한 청소년들의 우상인 연예계 인사들도 성공을 위해 학력위조를 했다. 그 대표적인 사례가 방송계에서 MC로 왕성하게 활동했던 J씨인데 그것이 들통이 나는 바람에 활동을 중단하게 되었다.

학력위조로 지위와 돈과 명예를 얻으려다가 거짓임이 밝혀지면

---

* 우(憂): 근심하다.  빈(貧): 가난하다.

서 그들에게 찾아온 손님은 망신과 굶주림이었다. 찾아온 손님은 언젠가는 떠나기 때문에 시간이 지나면 그들에게 찾아온 망신과 굶주림도 조만간에 떠날지도 모른다.

『논어』에 "밭을 갊에 굶주림이 있다."고 했는데 돈과 명예를 얻으려다 한꺼번에 잃어버렸던 그들에게 해당되는 말이다. 따라서 "학문을 함에 봉록이 그 가운데 있다."라고 했던 것이다. '봉록'이란 오늘날 지위와 돈과 명예에 해당되는 말로서 진정으로 학문을 하면 그것이 모두 따른다는 것이다. 그들이 이 구절을 마음속에 새겨 두었다면 지금같이 험한 꼴을 당하지는 않았을 것이다. 물론 그들이 진정으로 학문을 했다면 학력위조는 생각조차 하지 않았을 것이다.

그러나 학력위조를 그들만의 책임으로 돌릴 수는 없다. 그들이 그렇게 할 수밖에 없게끔 분위기를 조장한 사회도 문제가 크다. 학력위조를 권한 장본인은 바로 사회이다. 사회의 실체는 사회라는 용어가 아니라 각 개인이다. 따라서 각 개인에게 문제가 있고, 그중에서도 이미 지위와 돈과 명예를 갖고 있는 개인에게 책임이 더욱더 크다고 할 수 있다. 또한 그들의 마당굿에 장단을 맞추는 출세지향적인 개인도 책임이 크다. 다만 저조한 학력으로 인해 불이익을 당하면서도 성실하게 살아가는 개인만이 그 책임을 면할 수 있다. "군자는 도를 걱정하고 가난함을 걱정하지 않는다."라는 구절에서 말하는 군자는 바로 그들이 아닐까?

::**출전**::『논어』「위령공」
::**내용소개**:: 이종우(성균관대 연구교수)

# 학문을 염두에 두며, 학문을 닦으며, 학문으로 쉬며, 학문으로 놀 것이니라.

藏焉 修焉 息焉 遊焉*

우리는 흔히 '장수(藏修)'라는 용어를 만난다. 이것은 대체로 정치 현실에 나아가지 않고 초야에 숨어서 몸을 닦는 것 정도로 이해된다. 옛 선비들은 엄격한 출처관에 입각하여 도(道)가 실행되면 조정으로 나아가서 자신이 그동안 쌓았던 경륜을 펼치고, 도가 실행되지 않으면 초야로 물러나 그 몸을 깨끗이 하며 지조를 지켰다. 이것을 그들의 사명으로 여겼던 것이다. '장수'는 바로 초야로 물러나서 몸을 닦는 것을 의미한다.

그러나 이를 『예기』에 근거하여 좀 더 적극적으로 이해하면, 학문을 항상 '마음에 두고[藏]' '닦는다[修]'는 것이다. 여기서 더욱 나아가 이것으로 '쉬며[息]', 이것으로 '논다[遊]'고 하였다. 학문은 마음에 축적해 두더라도 무겁지 않으며, 아무리 닦더라도 닳아 없어지지 않는다. 그와 함께 쉴 수 있으며 또한 노닐 수 있다. 이것으로 인하여 우리

---

* 藏(장): 간직하다.  遊(유): 놀다

의 의식에 평화가 깃들기도 하고 높은 평정의 정신 경계가 찾아오기도 한다.

'장수'와 '식유'는 이처럼 진중한 학문적 자세와 그 과정을 말한다. 이 때문에 퇴계 이황도 도산 남쪽에 서당을 고쳐 지으면서 이렇게 읊지 않았던가? "계당에 비바람 부니 침상조차 가리지 못하고, 거처를 옮기려고 빼어난 곳 구하여 숲과 언덕을 찾아다녔네, 어찌 알았으리? 평생토록 염두에 두고 학문을 닦을 곳이, 바로 평소에 나무하고 고기 낚던 그곳이었다는 것을[風雨溪堂不庇床 卜遷求勝徧林岡 那知百歲藏修地 只在平生采釣傍]." 이처럼 퇴계는 도산서당을 지으면서 그곳을 '장수'하고 '식유'할 수 있는 곳으로 생각했던 것이다.

가수 현철은 '앉으나 서나 당신 생각'이라는 노래를 불렀다. 이 노래를 한 번쯤 들어보지 않은 사람은 드물 것이다. 대중가요가 으레 그렇듯이 이것은 떠나가 버린 님에 대한 사무치는 그리움을 노래한 것이다. 학문을 향한 자세야말로 이러해야 할 것이다. '앉으나 서나, 자나 깨나' 그것을 생각하며 갈고 닦으며, 또한 그와 함께 쉬고 그와 함께 놀아야 한다. 학문을 사무치게 그리워하고 그것으로 행복한 사람, 오늘날 그 사람이 문득 그립다.

∷**출전**∷ 『예기』 「학기」
∷**내용소개**∷ 정우락(경북대 교수)

# 인에 처해서는
# 스승에게도 양보하지 않는다.

當仁 不讓於師*

스승은 어둠을 밝혀 주는 등불과 같은 존재다. 책을 통해 지식을 가르쳐 주고, 선현의 지혜를 가르쳐 주며, 삶의 도리를 일러 주는 소중한 존재다. 이 때문에 우리 민족은 예로부터 부모형제 다음으로 스승을 중요한 존재로 생각했던 것이다.

하지만 스승이라고 항상 옳을 수는 없다. 공자와 같은 성인도 제자와 대화할 때 실수를 하고 스스로 자신의 잘못을 인정하기도 하였다. 공자와 같은 위대한 인물도 제자를 통해 자신을 돌아보고 배움의 기회를 삼는데, 하물며 평범한 인간이야 더 말해 무엇하겠는가?

따라서 '인'을 실천하는 경우에 있어서는 그 누구에게도 양보하지 않아야 한다. 여기에 스승이라고 해서 예외가 될 수는 없다. 만일 제자된 자의 도리를 다하지 못하고 스승의 잘못에 동조하거나 오히려 그것을 조장하는 경우가 있다면, 이러한 사람은 공자의 죄인일 것이다.

---

* 當(당): 당하다. 讓(양): 사양하다. 師(사): 스승

근래는 스승에 대한 제자의 충심 어린 존경 혹은 제자에 대한 스승의 각별한 사랑이 간절해 보이지 않는다. 그저 자신이 낸 학비만큼 배우면 된다는 잘못된 자본주의의 병폐를 습득하여 스승의 존재를 지나가는 범부처럼 여기는 경우가 허다한 듯하다. 또한 제자에 대한 애정이 결핍되어 그저 월급쟁이로 전락한 스승도 너무 많은 것이 현실이다.

　　사람에게 스승이 없다면 평생 어둠 속에서 헤매야 한다. 이와 마찬가지로 제자가 없다면 과연 학문을 누구에게 전수할 수 있겠는가? 스승과 제자가 서로 인을 양보하지 않는 마음으로 서로를 성장시킨다면 우리의 미래는 지금보다 조금 더 행복하게 되지 않을까?

::**출전**:: 『논어』「위령공」
::**내용소개**:: 최영갑(사단법인 범국민예의생활실천운동 이사장)

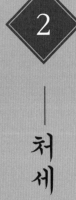

2

처
세

# 어떤 것을 좋아하는 것은
# 그것을 즐기는 것만 못하다

好之者不如樂之者*

이 말은 "어떤 것을 아는 것은 그것을 좋아하는 것만 못하다[知之者不如好之者]."는 공자의 언급에 이어지는 구절이다. 무엇인가를 안다는 것은 쉬운 일이 아니다. 그런데 공자는 우리에게 알려고만 하는 것은 중요한 것이 아니니 그것을 좋아하라고 가르친다. 또 더 나아가 좋아하는 것보다 즐기는 것이 더욱 중요하다고 가르친다.

여기서 말하는 안다는 것과 좋아한다는 것 그리고 즐긴다는 것은 무엇을 말하는 것일까? 가령 선한 일을 비유하자면, 그것을 행해야 한다는 사실을 단순히 아는 것이 안다는 것이고, 좋아한다는 것은 선한 일을 해야 한다는 것을 알 뿐 아니라 구체적인 상황에서 그것을 실천하는 것을 말한다. 내가 그것을 좋아하기 때문에 그러한 상황이 되면 착한 일을 행하기 좋아한다는 것이다. 즐긴다고 하는 것은 어떤 상황이 되면 그것이 선한 것인지에 대한 생각 없이 아주 당연하고 적

---

* 樂(락): 즐기다.

극적으로 행동에 옮기는 것이다. 즉 자신이 만나는 작은 일 하나부터 마지못해 억지로 하는 것이 아니라 기꺼운 마음으로 즐겁게 행하는 것, 이것이 바로 공자가 말하는 즐긴다는 것이다.

우리는 자신의 일에 대해 마지못해 하고 있는 사람을 쉽게 발견할 수 있다. 그런데 공자는 어느 것을 좋아하기보다 즐기는 것이 낫다고 하면서 모든 일에 대해 즐기면서 행동하라고 강조한 것이다. 우리나라에서 '즐긴다'라는 표현은 마치 사회적인 책임을 방기한 채 멋대로 놀고 먹는다는 느낌을 주기도 한다. 그러나 '즐긴다'는 것은 대단히 멋있고 중요한 것이다. 이는 내가 하는 일을 즐기는 것 속에서 그 일을 행하는 힘과 창조력이 솟아날 수 있기 때문이다. 물론 이러한 상태가 처음부터 쉬운 것은 아니지만, 자신에게 주어진 일을 피하지 말고 적극적으로 해 나간다면 처음에는 '의도적'으로 즐기려는 마음에서 출발하였지만 나중에는 '진정으로' 즐기는 단계에 이를 수 있으리라.

:: **출전** :: 『논어』 「옹야」
:: **내용소개** :: 이강재(서울대 교수)

# 바로 그 안되는 줄 알면서도
# 그것을 하고 있는 분 말이군요!

是知其不可 而爲之者與

공자의 제자인 자로가 노나라 성문 밖에서 묵은 적이 있었다. 그때 그곳의 문지기가 자로에게 누구인지를 물었다. 위 글은 자로가 공자의 제자임을 밝히자 문지기가 자로에게 공자를 평가하면서 한 말이다. 우리가 흔히 성인으로 칭송하는 공자를 당시 사람들이 어떻게 평가하였는지를 알 수 있는 구절이다.

사실 안 되는 줄 알면서도 그것을 하고 있다는 평가는 공자를 어느 정도 비꼬는 듯한 느낌을 준다. 그러나 필자는 이 글을 읽을 때면 언제나 가슴 아픔과 동시에 통쾌함을 느끼곤 한다. 그것은 공자가 살았던 시대에 이미 공자의 행동은 다른 사람이 보아도 가능성이 없는 일이었고, 그럼에도 공자는 그것을 해 보겠다고 발버둥치고 있었다는 점 때문이다. 또 다른 한편으로는 그러한 공자가 오랫동안 많은 사람으로부터 성인으로 존경을 받아 왔다는 사실 때문이기도 하다.

대학에서 인문학을 연구하고 강의하는 학자로서 필자는 항상 위의 공자에 대한 문지기의 평가를 잊지 않고 살아간다. 세상이 모두 무력의 확충을 통한 국력 신장에 힘을 쏟을 때 인의(仁義)를 이야기했던 공자를 생각해 보면, 사람들이 온통 물질만능의 사유에 경도되어 있는 듯한 이 시대에 인문학을 한다는 것 역시 비슷한 처지라는 생각이 든다. 이는 공자가 살아 있던 당시에 이미 안 되는 줄 알면서도 무엇인가를 해 보겠다고 발버둥쳤다는 평가에서 동병상련의 포근함을 느끼기 때문일 수 있다.

사실 어느 분야에서든 눈앞에 보이는 평가나 이익에만 연연해서는 큰 일을 할 수 없다. 완전히 타인을 무시하고 자기 멋대로 살아갈 수는 없지만, 때로는 타인의 평가에 얽매이지 않고 자신이 옳다고 생각하는 바를 묵묵히 실천하는 것 속에서 더 위대한 업적을 남길 수 있다는 점을 잊어서는 안 될 것이다.

::**출전**:: 『논어』「헌문」
::**내용소개**:: 이강재(서울대 교수)

# 021

# 선비는 마음이 넓고 굳세지 않으면 안 된다.
# 짐은 무겁고 갈 길은 멀기 때문이다.

士不可以不弘毅 任重而道遠*

선비[士]는 그저 한 가지 전문지식에만 능통한 테크노크라트를 의미하지 않는다. 선비란 학문과 더불어 원대한 포부와 굳센 도의감을 두루 갖춘 '시대의 등불'을 가리킨다. 그러기에 조선시대에 선비는 나라의 '원기(元氣)'로 간주되었다. 선비가 없으면 그 나라의 도의와 양심은 바닥에 떨어지게 된다. 그래서 명나라 말의 황종희는 자기 나라가 청(淸)이라는 이민족에게 망하게 된 것은 국력이 약해서가 아니라 선비정신이 사라졌기 때문이라고 보았다.

선비는 모름지기 뜻이 넓고 굳세지 않으면 안 된다. 좁은 지식만 소유한 테크노크라트는 인간과 사회에 대한 원대한 청사진을 그려주기에는 시야가 너무 좁고 도의감도 부족하다. 요즘의 지식인들은 오로지 자신의 성공과 가족의 안위만을 위해 지식을 상품화하여 시장에 내놓는 지식 판매꾼들이다. 자신의 영달만을 위해서가 아니라

* 弘(홍): 넓다, 포용력이 크다.  毅(의): 굳세다, 강인하다.

자신을 둘러싼 이웃과 사회를 위하여 바람직한 방향과 비전을 제시해 줄 수 있는 선비가 많아져야 한다.

선비는 우선 뜻이 넓어야 한다. 모든 대립되는 의견과 주장을 너그럽게 포용할 수 있는 도량이 필요하며, 갖가지 전문지식과 세분화된 사회영역을 하나로 관통할 수 있는 종합적인 안목이 필요하다. 그러나 넓음[弘]만으로는 안 된다. 내면에 도의와 양심을 간직하고 어떠한 불의와 유혹에도 흔들리지 않으려는 굳셈[毅]이 있어야 한다. '굳셈'이 없다면 '넓음'은 그저 무골호인(無骨好人)식의 '사람 좋음'으로 그치게 될 것이다. 넓음과 굳셈, 그리고 강인함과 부드러움은 음과 양처럼 더불어 공존하면서 서로를 지탱하게 해 주는 선비의 덕목이다. 선비의 어깨는 무겁다. 짐은 무겁고 갈 길은 멀기 때문이다.

::**출전**:: 『논어』「태백」
::**내용소개**:: 이승환(고려대 교수)

# 022

# 선비가 도리에 뜻을 두고서도
# 나쁜 옷이나 나쁜 음식을 부끄러워한다면
# 더불어 의논할 사람이 못 된다.

士志於道 而恥惡衣惡食者 未足與議也*

공자는 어떤 일이든 큰 뜻을 품고 있는 사람이라면 자신의 외부적인
조건에 대해 크게 신경을 쓰지 않아야 된다고 말한다. 만약 큰 도리
에 뜻을 두고 있다는 선비가 자신이 입고 있는 옷이 누추하다거나 먹
는 음식이 좋지 못하다고 부끄러워한다면 이것은 진정 큰 뜻을 품고
있는 사람이 아니며, 따라서 이러한 사람과 함께 삶의 도리에 대해
논의할 수 없다는 것이다. 현재 자신에게 가장 크게 생각되는 일이나
가장 중요한 일이 있을 때 나머지 다른 문제는 사소한 것이 된다. 학
창 시절을 보내는 학생의 입장에서 볼 때, 자신의 학업에 열중해야
한다는 큰 목표 앞에 자신의 얼굴 등의 외모나 옷차림, 그리고 남보
다 얼마나 좋은 음식을 먹고 있느냐 하는 외부적인 조건은 모두 사소
한 것일 수 있다는 가르침이라 할 것이다.

---

\* 恥(치): 부끄럽다. 與(여): 함께, 더불어. 議(의): 의론하다.

물론 현대 사회에서 이처럼 자신이 큰 뜻을 품었다고 해서 주변의 모든 조건을 무시해 버리고 지내기가 쉬운 일은 아니다. 특히 일의 성격에 따라서는 자신을 외부에 알리는 것 자체가 중요한 경우도 있고 외형적인 품위 유지가 생존에 필요한 수단이 되는 경우도 있기 때문이다. 그러나 진정으로 자신이 하는 일의 성패 여부는 자신이 하는 일에 대해 얼마나 전문적인 식견을 가지고 얼마나 큰 성과를 만들어 내는가에 달려 있다. 실상 외형이 그럴 듯하게 보인다면 처음에는 관심을 가지고 눈을 줄 수 있겠지만 자세하게 접근해 보았을 때 깊이가 없고 전문적인 식견이 부족하다는 것을 발견하게 되면 상대는 금방 나에 대해 별 볼일 없다는 반응을 보일 것은 자명하다. 그렇다면 외부적인 조건이란 그야말로 조건의 하나일 뿐 결정적인 요소일 수는 없는 것이며, 가장 중요한 자신이 추구하고자 하는 도리에 대해 좀 더 마음을 쓰는 것만이 최선의 길이라 할 것이다.

::**출전**:: 『논어』「이인」
::**내용소개**:: 이강재(서울대 교수)

# 023

# 오직 술만은 양을 제한함이 없었으되
# 언행이 어지러운 데에는 이르지 아니하셨다.

唯酒無量 不及亂*

공자는 어떤 음식도 다 양을 정해 놓고 그 정량을 넘지 아니하였으나, 오직 술만은 예외였으니 참으로 애주가였던 듯하다. 그러나 언행(言行)이 어지러운 데에는 이르지 아니하였으니, 그 절제함이 또한 자연스러운 경지에 이르렀던 듯하다. 한문에 비교적 익숙한 사람들은 술자리에서 이 마지막 구절을 자의적으로 해석하여 마음껏 먹지 않으면 난동을 부린다고 농담하기도 한다.

　술은 예로부터 그에 대한 찬반이 극명하였다. 술은 대체로 사람 사이의 관계를 소통시켜 함께 어울리게 하는 기능이 있다. 뿐만 아니라 중국의 대문호인 도연명(陶淵明)이 술을 망우물(忘憂物)이라 한 것에서 알 수 있듯이 일시적으로 근심을 잊게 해 주기도 한다. 또한 이백(李白)을 주선(酒仙)이라 하였으니 술은 문학 창작의 원동력이 됨도 알겠다. 이와 같은 것들은 모두 술의 순기능적 역할이라 하겠다.

---

＊ 量(량): 분량, 헤아리다.  及(급): 이르다.  亂(란): 어지럽다.

그러나 그 반론도 만만치 않다. 성왕(聖王)으로 꼽히는 우(禹) 임금은 의적(儀狄)이 만든 술을 먹어 보고, "후세에 반드시 이 술로써 나라를 망하게 하는 자가 있을 것이다." 하고서 드디어 의적을 멀리하고 맛있는 술을 끊었으며, 끝내는 "선한 말을 좋아하고 맛있는 술을 미워하는 데[好善言而惡旨酒]"에 이르렀다. 그리고 퇴계(退溪)는 〈주계(酒戒)〉에서 "아아, 술이여, 사람에게 재앙을 끼치는 게 혹심하네, 장을 썩게 하여 병을 일으키며, 본성을 혼미하게 하여 덕을 잃게 하네[嗟哉麴蘖, 禍人之酷, 腐腸生疾, 迷性失德]."라고 하여 술을 엄히 경계하였다. 이상은 술의 역기능적 측면을 간파하고 삼간 것이라 하겠다.

어쨌든 술을 마시되 언행이 어지러운 데 이르지 않는다면 그 얼마나 좋으랴마는 그게 결코 쉬운 일은 아닌 듯하다. 요즘처럼 새롭게 출발과 만남이 어우러지는 신학기는 술을 마실 기회가 많다. 술로 인한 탈이 나지 않도록 즐기되 지나침이 없는 절제의 미덕을 지니는 것도 새로운 출발점에서 되새겨 볼 점이다.

::**출전**:: 『논어』「향당」
::**내용소개**:: 이성호(성균관 한림원 강사)

# 024

# 과거의 잘못은 되돌릴 수 없지만,
# 미래에 잘못하려는 것은 아직도 쫓아가 말릴 수 있다.

往者不可諫 來者猶可追

이 구절은 비록 초나라의 광인(狂人) 접여(接輿)가 공자의 수레 앞을 지나가면서 공자로 하여금 들어 보도록 불렀던 노래 가사 중에 나오는 말이다. 『사기(史記)』「공자세가(孔子世家)」에도 보인다.

"봉(鳳)이여! 봉이여! 너의 덕이 어찌 이리도 쇠해 버렸느냐?

지난 일은 간할 수 없으나, 앞일은 추구할 수 있으리라.

아서라! 아서라! 지금의 위정자는 위험천만인 것을."

이 노래를 듣고 공자는 바로 (그가 범상한 사람이 아닌 것을 알아차리고) 나아갔으나 그가 재빨리 몸을 피해 버려 이야기를 나누지 못했다. 접여는 이인(異人)이고, 봉새는 공자를 가리킨다. 가사의 내용은 난세에 조용히 은거하지 못하고 그 위험한 정치판에 왜 나서느냐는 일종의 충고 또는 비방하는 뜻을 내포하고 있다. 공자는 이때 자신이 왜 여러 나라를 돌아다니면서 유세를 해야만 하는지를 설명하려고 했지만 그는 말조차 들어 보려고도 하지 않고 피해 가 버렸다.

현대 감각으로는 관료가 되어서 국가와 사회를 위해 일하는 것을 반드시 나쁜 일로만 보아서도 안 되고, 그렇다고 전원으로 물러나서 사회와 등지고 사는 것을 좋게만 생각해서도 안 된다. 구태여 결신난 윤(潔身亂倫)의 이론을 내세우지 않더라도, 현대인은 이웃과 더불어 사회의 일원으로 책임을 다하면서 살아야 한다.

　　중국 동진(東晉)의 도연명(陶淵明)은 그의 〈귀거래사(歸去來辭)〉에서, 자신이 지난날 한동안 벼슬했던 일을 뉘우치면서 "이미 지나간 것은 간할 수 없음을 깨달았고, 미래에는 그런 잘못을 범하지 않을 수 있음을 알았다[悟己往之不諫, 知來者之可追]."라고 자기 나름대로의 출처(出處)의 철학을 분명히 하고 있다.

　　사람이 어떤 삶을 택하는 것은 자유에 속하고 그 자유를 아무도 말리거나 비판할 수 없다. 그렇지만 공직에 임하는 사람이라면 그 마음가짐은 반드시 청렴결백해야 하고 공명정대해야 하며 민중의 공복(公僕)이 되어야 한다. 그것이 바로 오늘날 출처에 대한 자기 나름대로의 근거를 분명히 하는 올바른 정신이요 자세일 것이다.

　　인간이 사회생활에서 혹 본의 아니게 잘못 저지른 일이나 또는 잘못 생각한 것이 있었다면, 그때는 "잘못이 있을 때는 그 잘못을 고치기를 꺼려 하지 말라[過則勿憚改]."고 한 성현의 말씀을 지켜서 바로 개과천선해야 한다.

::**출전**:: 『논어』「미자」
::**내용소개**:: 정범진(전 성균관대 총장)

# 025

# 그 지위에 있지 않으면
# 그 정치에 간섭하지 않는다.

不在其位 不謀其政*

공자 서거 후 여러 제자들에 의해 편찬된 『논어』에는 중복된 구절들도 있다. 예를 들어 남들이 알아주지 않는 것을 걱정하지 말라거나, 자기 자리가 아니면 나서지 말라는 등 반복된 어구들이 그러하다. 이러한 기록은 우연한 실수가 아니라 공자가 평소 즐겨 쓰거나 살아가는 데 꼭 필요하다는 판단에서 거듭 수록했을 것이다. 그중 "그 지위에 있지 않으면 그 정치에 간섭하지 않는다."는 것은 이미 자신이 실제로 담당하고 있는 자리에 있지 않는다면 이러쿵저러쿵 상관하지 않는다는 말이다.

세상을 구제하려는 열망으로 가득 찼던 공자와 같은 성인이 민생에 직접적인 영향을 끼치는 정치에 간섭하지 않을 수 없었을 것이다. 이 때문에 전국을 돌면서 도덕과 예의를 바탕으로 하는 덕치(德治)의 실현을 역설하고 다니기도 하였다. 그러한 공자였지만 위의 구절처

---

\* 位(위): 위치, 지위. 謀(모): 꾀하다, 논의하다.

럼 현실정치에 직접 참여할 수 있는 자리에 있지 않다면 함부로 나서지 말라는 권고 또한 빠트리지 않았다. 그 정도가 지나치면 오히려 혼선만을 불러오고, 쓸데없는 참견으로 그칠 수도 있기 때문이다.

어떤 일에 애정을 갖는 것은 좋은 일이지만, 자칫 지나치면 자리에 연연하거나 자아도취에 빠지게 마련이다. 권력의 달콤한 유혹에서 벗어나기 어렵기 때문에 점차 추한 모습으로 전락하게 되는 경우를 흔히 본다. 상황에 익숙하고 그를 통해 자신의 영향력을 더 넓히고 싶은 욕망을 자제하는 것은 어려울 것이다. 그러나 때로는 물러서야 할 때 물러나는 용기가 필요하다. 공자를 성인으로 평가하는 맹자의 기준 역시 나설 때 나서고 물러설 때 물러서는 유연하면서도 단호한 결단에서 찾고 있다. 적실한 상황판단과 책임 있는 역할수행은 자신이 속한 조직에 힘을 실어 주고 다 같이 발전하는 계기를 가져온다.

사거리에 집 못 짓는다는 속담이 있다. 이 사람 저 사람 간섭을 듣다 보면 오히려 일이 안 되는 경우가 있다는 말이다. 불필요한 참견을 자제하면서 자신이 처한 위치에서 최선을 다하는 자세, 이것이 나아감과 물러남의 내공을 키워 가는 한 방법일 것이다.

::**출전**:: 『논어』 「태백」
::**내용소개**:: 이천승(성균관대 교수)

【026】

# 인하지 않은 자는 오랫동안 곤궁함에 처하지 못하며 오랫동안 즐거움에 처하지 못한다.

不仁者 不可以久處約 不可以長處樂

인(仁)하지 못한 사람이 가난하고 어려운 상황에 오래 머무르지 못한다는 것은 이해할 수 있으나 즐거움에 오랫동안 처하지 못한다는 것은 무슨 말인가? 누구나 즐거운 곳에서 살기를 바라는 것 아닌가?

어렵게 얻은 성취에 감사하고 기뻐하기보다는 그 이상을 위해 욕망을 불태우는 것이 사람이다. 우리 삶은 어쩌면 비인간적 인간관계와 이익을 중심에 둔 투쟁의 상황이다. 또한 자신에게 도움이 될 만하면 누구라도 교제하고, 이익을 위해 남의 권리를 묵살하기 십상이다. 이렇게 볼 때, 안회가 누추한 곳에서 나오지 않은 것은 가난을 벗어나기 위해 비도덕적 사회와 연합해야 하기 때문이었으리라.

모세를 따라 이집트를 탈출한 이스라엘 사람들에게 가나안으로 가는 길은 멀고 험했다. 그러나 그들이 어렵게 얻은 자유는 얼마나 큰 기쁨인가? 그저 아무 걱정 없이 모세를 따라가기만 하면 되는 그들은 매일 먹는 만나에 점점 싫증을 느끼게 되었다. 마침내 모세가 계율을 받으러 산에 올라가 있는 동안 그들은 금송아지를 만들어 신으로 섬기는 파계를 자행한다. 결국 이 가여운 '부족한' 사람들은 하나님의 진노를 사서 끝내 살아서 가나안에 들어가지 못하고 만다.

사람들은 누구나 오늘보다 나은 내일을 꿈꾸며 살고, 그 내일의 영광을 위해 오늘을 희생하는 것을 미덕으로 생각한다. 하지만 사실 내일은 존재하지 않는다. 단지 지금 여기가 존재할 뿐. 성취한 사람들의 얼굴에 평화로움보다는 욕망이 가득한 이글거리는 눈빛이 도드라져 보이는 것은 우연이 아니다. 아직도 타인이 쓸모가 있는지 없는지를 따져 상대한다. 그들은 세상이 다 그렇기 때문에 자신들의 잘못이 아니라고 생각한다. 그래서 공자가 "인을 이루는 것은 자신을 바탕으로 삼는 것인데 어찌 남을 탓하겠는가?"라고 말했을 것이다.

그렇다면 사람은 모두 다 자신의 처지에 만족하면서 조금도 개선의 의지를 가지면 안 되는 것인가? 물론 그렇지 않다. 오히려 의욕을 불태워야 한다. 오늘보다 더 나은 내일의 나를 시도하여야 한다. 그것은 다름 아닌 오늘보다 더 인에 가까워져 가는 자신이어야 한다. 극기복례(克己復禮)가 인을 이룬다 하였으니, 자신의 내부에 있는 이익과 권력을 추구하는 못된 본성을 버리고 진정으로 도리에 맞는 방식으로 남과 교제하고 자신의 판단에 사리사욕이 앞서지 않았는가를 반성하는 것으로 내일을 맞아야 할 것이다.

::**출전**:: 『논어』「이인」
::**내용소개**:: 서준원(성균관대 교수)

# 027

# 말을 알지 못하면 사람을 알 수 없다.

不知言 無以知人也

지도자학에 관심을 가진 공자는 "남이 나를 알아주지 못할까를 염려하지 말고, 내가 남을 알아보지 못할까를 걱정해야 한다."는 것을 강조했다. 지도자에게 무엇보다 필요한 것은 인재의 발굴이다. '지인(知人)'의 중요성에 관한 공자의 관심은 제자 번지(樊遲)와 나눈 문답 중에 잘 나타난다.

번지가 '지(知)'에 대해 물으니, 공자는 '사람을 아는 것'이라고 대답했다. 무슨 뜻인지 알아듣지 못하자 공자는 "곧은 것을 들어 굽은 것에 두면 굽은 것이 반듯하게 된다."라고 설명했다. 더욱 선생의 말뜻을 알아듣지 못하자 곁에 있던 공자의 제자 자하(子夏)가 말했다. "순(舜) 임금이 천자가 되어 인재를 선발할 때 고요(皐陶)를 등용하니 불인(不仁)한 자들이 멀리 떠났고, 탕(湯) 임금이 천자가 되어 이윤(伊尹)을 등용하니 불인한 자들이 멀어졌다는 것을 두고 한 말씀이다."

사람을 알기 위해서는 말을 알아야 한다는 것은 무슨 뜻인가? 그것은 마음의 표현이 다름 아닌 말이기 때문이다. 공자는 교언(巧言)과

편녕(便佞)을 배척하고 눌언(訥言)과 신언(愼言), 인언(訒言)을 긍정하였다. 교언과 편녕은 듣기 좋게 잘 다듬어진 말로서 남을 기쁘게 하는 말이며, 또한 시비(是非)를 혼란하게 하는 말이므로 이러한 말을 들으면 사람들이 그 지킬 바를 상실하게 된다. 눌언은 느리고 둔한 말이며, 신언은 말을 삼가는 것, 인언은 말을 참는 것이다. 말은 이처럼 인격수양과 밀접한 관련을 갖는다.

지언(知言)의 예로 『맹자』와 「계사」의 말을 음미해 보자.

"치우친 말에 그 가린 곳이 있음을 알고, 방탕한 말에 그 빠진 곳이 있음을 알고, 사벽(邪辟)한 말에 그 이간(離間)하는 것이 있음을 알며, 도피(逃避)하는 말에 그 곤궁하고 굴욕적인 것을 안다. 이것은 마음에서 생겨서 그 정사(政事)를 해치고, 그 정사에 발휘되어 그 일을 해친다. 성인이 다시 일어나도 반드시 내 말을 따를 것이다."(『맹자』「공손추 상」)

"반역하려는 사람은 그 말이 부끄럽고, 마음에 의심이 있는 사람은 그 말이 갈라지며, 선인(善人)의 말은 적고, 조급한 사람의 말은 많고, 선인을 속이는 사람은 그 말이 종잡을 수 없이 떠다니고, 그 지킬 것을 잃은 사람은 그 말이 비굴하다."(『주역』「계사 하」)

피사(詖辭)·음사(淫辭)·사사(邪辭)·둔사(遁辭)가 횡행하는 정치의 계절이다. 지언을 잘하여 바른 판단, 올바른 선택을 해야 할 때이다.

:: **출전** :: 『논어』「요왈」
:: **내용소개** :: 곽신환(숭실대 교수)

# 028

# 자신의 신념을 굽히면서
# 상대를 옳게 만드는 사람은 없다.

枉己者 未有能直人者也

여기서 굽힌다는 말은 겸손이나 양보의 의미가 아니다. 주변 여건 때문에 자신의 의지나 신념을 꺾어서는 안 된다는 뜻이다. 현실에 타협하지 않고, 스스로에게 엄격하고 투철해야 한다. 그래야 자신의 말에 설득력을 갖출 수 있게 된다.

맹자가 활동했던 전국시대는 부국강병을 추구했던 각 나라들의 치열한 경쟁으로 다툼과 혼란에 휩싸여 있었다. 영토와 재화의 획득이 국가의 최우선적 가치였고, 이를 위해 모략과 전쟁 같은 비윤리적 수단도 가차없이 사용되었다. 이런 상황에서 맹자가 주장했던 인의(仁義)와 왕도정치(王道政治)는 지나치게 이상적이라는 이유로 받아들여지지 않았다. 이를 안타깝게 생각한 제자가 각 나라의 상황과 그들의 요구에 맞게 스승의 뜻을 조금 굽힌다면 좀 더 큰 성과를 낼 수 있지 않겠느냐고 묻자 맹자는 당당하게 대답한다.

"평범한 사람조차도 상대에게 아부하는 일을 부끄러워한다. 하물며 나는 상대가 국왕이라고 해도 추종은 질색이다. 너의 말은 이상하구나. 나는 아직까지 자신의 신념을 굽히면서 상대를 옳게 만드는 사람을 보지 못했다."

여기서 굽힌다는 말은 겸손이나 양보의 의미가 아니다. 주변 여건 때문에 자신의 의지나 신념을 꺾어서는 안 된다는 뜻이다. 상대방이 나보다 힘이 세다고 해서, 더 편안한 길을 선택할 수 있다고 해서 자신의 뜻을 굽혀서는 안 된다. 자신이 포기하는 영역이 아주 미미하고, 자신을 굽힘으로써 일의 실현 가능성이 높아진다면 그것이 더 합리적이지 않느냐고 물을지도 모른다. 하지만 여기서 말하고자 하는 것은 일의 방법론이 아니라 주체의 신념 문제다. 신념을 버리고 현실과 타협하는 것은 결국 스스로를 기만하는 일이 된다. 그러고서 다른 사람에게 옳음을 강조하고, 어떠하게 행동하라고 말할 수는 없는 일이다. 자신의 말에 설득력을 갖추려면 우선 스스로의 자세부터 바르게 해야 한다.

::**출전**:: 『맹자』 「등문공 하」
::**내용소개**:: 최일범(성균관대 교수)

【029】

# 공자께서 말씀하셨다.
# "사람이 멀리 생각하는 것이 없으면
# 반드시 가까운 근심이 있다."

子曰 人無遠慮 必有近憂

흔히 현대를 '불확실성의 시대'라고 한다. 빠르게 변화하고 복잡하게
전개되며 지금까지 진행되어 온 질서를 뛰어넘어 미래를 예측할 수
없다는 점에서 현대의 핵심 키워드로 자리 잡은 '불확실성'은 미래에
대한 불안까지 제공하고 있다. 하지만 불확실성은 '알 수 없다', '예측
할 수 없다'는 불안과 함께 새로운 꿈을 꿀 수 있고 새로운 세계를 개
척하고 창조할 수 있다는 희망을 제시하는 단어이기도 하다. 즉 불확
실성은 새로운 세계와 질서를 열어 주고 창조하는 에너지인 것이다.
그 조건이 '원려(遠慮)'이다.

　2천5백년 전 공자는 "사람이 먼 앞일을 헤아리는 깊이 있는 생각
이 없으면 반드시 눈앞에 닥치는 근심이 있게 된다."라고 하여 새로
운 질서를 꿈꾸는 존재라면 원려, 즉 멀리까지 헤아리는 깊이 있는
생각을 해야 한다고 주장했다. 미래의 계획을 의미하는 '원려'는 "멀

리까지 계획하여 깊이 생각한다."는 뜻의 '원모심려(遠謀深慮)'의 준말로, 새로운 질서, 새로운 세계를 창조하는 힘이다. 즉 불확실한 오늘을 사는 우리가 미래로 나아가기 위해 반드시 갖추어야 할 스펙이다.

현실과 미래를 가로막는 여러 근심들, 그 근심에서 벗어날 수는 없을까? 공자는 원려를 통해 자유인이 될 수 있음을 제시하였고, 맹자는 평생토록 지닐 걱정이 있어야 함[有終身之憂]을 말하였다. 넉넉하고 자유로운 삶을 위해 깊이 계획하고 생각하여 실천하는 것 그것이 원모심려이며, 그것이 불확실한 현대를 건널 수 있는 현명함이다.

『명심보감』에는 "일생의 계획은 어릴 때 세우고, 일 년의 계획은 봄에 세우며, 하루의 계획은 새벽에 세운다. 어려서 배우지 않으면 늙어서 아는 것이 없고, 봄에 밭 갈지 않으면 가을에 바랄 것이 없으며, 새벽에 일어나지 않으면 그날 할 일이 없다."라는 문장이 있는데, 이역시 때에 맞게 계획을 세우고 그 계획을 달성하기 위해 부지런하게 살 때 미래를 현실로 만들 수 있다는 것이다. 우리가 몸담고 있는 세상이 1년 앞을 예측할 수 없을 만큼 불확실하다고 할지라도 일생의 계획을 세우고 그것을 위해 한 걸음 한 걸음 앞으로 나아간다면 현재의 불확실 속에서 선명하게 떠오르는 미래를 만날 수 있을 것이다. 즉 '원려'가 불확실한 현대를 사는 방법이며 미래를 자신의 것으로 만드는 작업인 것이다.

::**출전**:: 『논어』「위령공」
::**내용소개**:: 권경자(성균관대 초빙교수)

【030】

# 가까이 있는 자들을 기뻐하게 하고,
# 먼 곳에 있는 자들을 오게 한다.

近者說 遠者來

내가 가고 있는 길이 바른 길인가 그렇지 않은가를 판단하는 기준은 무엇일까? 그 손쉬운 기준은 바로 '신명'이다. 내가 하는 일이 신명이 나는가? "예!"라고 답할 수 있다면 그는 바른 길을 가고 있는 사람이다. 한국인은 "신명이 나면 못하는 게 없다."라고 하는데, 유학에서 신명은 보통 '즐거움[樂]'이나 '기쁨[說]'으로 표현된다.

그런데 자기 욕심만 챙기려는 사람들은 자신도 신명이 날 수 없으며 주변 사람들도 신명이 날 일이 없다. 이기적인 사람이 자기 욕심을 채우면서 자기가 하는 일이 즐겁다고 말할 수도 있겠지만 그것은 진정한 즐거움이 아니다. 욕심이 채워지지 않으면 금방 괴로움으로 바뀌기 때문이다. 나와 남이 함께 즐겁고 함께 신명이 나야 진정한 즐거움이 된다.

함께 즐겁고 함께 신명나는 상황을 공자는 '근자열 원자래(近者說 遠者來)'로 표현하였다. 섭공이 정치에 대해서 묻자 공자가 "가까이 있는 이들을 기쁘게 하며, 멀리 있는 이들을 오게 하는 것이다."라고 답한 것이다. 경쟁으로 내몰린 현대인은 자신도 스트레스를 받고 가까이 있는 이들에게도 스트레스를 주기 쉬운데, 그러다 보니 멀리 있는 이들도 발길을 돌리는 상황이 벌어진다.

그렇다면 '근자열 원자래' 하려면 어떻게 해야 할까? 현대인은 인맥을 형성하거나 고객을 모으기 위해 커뮤니티를 만들고 홍보를 하고 마케팅을 하는 등 다양한 방법을 동원한다. 근래에 트위터나 페이스북과 같은 SNS가 유행하고 있는 것도 현대인이 인맥 형성과 고객 확보를 얼마나 중요시하고 있는지 그 단면을 보여 주고 있다.

그런데 공자는 그와 전혀 다른 방법을 알려 주고 있다. 공자는 "정치하기를 덕(德)으로써 하는 것은, 비유컨대 북극성이 제자리에 머물러 있는데 모든 별들이 그에게로 향하는 것과 같다."라고 하였다. 이때 '모든 별'은 근자(近者)와 원자(遠者)를 모두 포함하는 것으로 볼 수 있다. 모든 별들이 기쁜 마음으로 그를 향해 움직이는 것은 덕(德)으로써 관계를 유지할 때 가능한 일이다.

내가 하고 있는 일이 즐거운 일인지 아닌지, 사람들이 나로 인해 즐거워하는지 아닌지, 멀리 있는 사람을 억지로 불러들이는 것인지 아닌지를 항상 생각하면서 나의 덕(德)을 밝히면 행복도 성공도 저절로 따라올 것이다.

::**출전**:: 『논어』 「자로」
::**내용소개**:: 손기원(지혜경영연구소장)

# 031

# 말은 충실하고 믿음성 있게,
# 행동은 돈후하고 공손하게.

言忠信 行篤敬*

공자의 제자 자장(子張)이 인간이 세상을 살아가는 데 있어서 어떻게 행실을 해야 통할 수 있느냐고 물었다. 이에 대하여 공자가 "그 사람의 말이 충실하고 믿음이 있으며 행동이 돈후하고 공손하다면 비록 미개한 사람들이 사는 나라에서도 통하겠지만, 그렇지 못해서 말에 충실함과 믿음이 없으며 행동에 돈후함과 공손함이 없다면 자기의 고향 마을에선들 통하겠느냐? 서 있을 때는 그 네 가지가 눈앞에 나란히 서 있는 것처럼 생각하고, 수레를 타고 있을 때는 그 네 가지가 수레 앞 횡목에 걸려 있는 것처럼 생각한 연후에라야 비로소 통할 수가 있을 것이다."라고 일러 주었더니 자장은 그 말씀을 허리띠에다 적어 두었다고 한다.

사람이 세상을 바르고 훌륭하게 살아가는 방법은 예나 지금이나 달라진 게 없는 것 같다. 물론 아는 것은 없고 사람만 좋아서 남으로

* 篤(독): 충실하고 돈독히 함.

부터 업신여김을 당하는 것도 좋지는 않지만, 그러나 사람에게 있어서 덕이란 학문 못지않게, 아니 그 이상으로 중요하다. 그래서 '재승덕(才勝德)'이라고 해서 재주가 덕보다 뛰어나서 아는 것은 많으나 말에 신의가 없고 행실이 경박하고 오만하다면 그가 쌓은 학문 또는 예술상의 업적도 그 빛을 잃고 마는 경우를 우리는 흔히 보아 오지 않았는가? 그래서 성현들은 문질빈빈(文質彬彬: 내용과 형식이 어우러지는 삶)을 강조하는 것이다.

자고로 인물에 대한 평가는 그 사람의 말과 행동을 봐서 결정을 내린다고 보았을 때, 사람의 언행이야말로 얼마나 중요한 작용을 하는가를 알고도 남음이 있다. 그런 까닭에 충(忠)·신(信)·독(篤)·경(敬)은 우리가 잠시라도 잊어서는 안 될 사회의 필수적인 덕목이라고 하겠다. 근자에 우리 사회의 지도층에 있는 인사, 특히 정치지도자들의 언어와 행동이 충신독경과는 너무도 거리가 멀어져서 인륜도덕과 사회질서를 해치는 장애요소가 되고 있음은 참으로 안타까운 일이 아닐 수 없다. 아무쪼록 행복하고 평화로운 사회건설을 위해서 자장의 흉내를 내어 허리띠가 아니라 가슴에 명찰처럼 '충신독경'이라고 쓴 패찰을 붙이고 다니지는 못할지라도 우리 모두가 언행을 신중히 해야 할 것이다.

:: **출전** :: 『논어』 「위령공」
:: **내용소개** :: 정범진(전 성균관대 총장)

# 032

# 사람이 어찌 자신을 숨길 수 있겠는가?

人焉廋哉 人焉廋哉*

이 구절은 공자가 어떤 사람의 행위를 통해 그 사람에 대해 판단하는 방법을 언급하면서 한 말이다. 공자는 이렇게 말한다. "어떤 사람이 하는 행동을 살펴보고, 그 사람이 왜 그렇게 행동하는지를 잘 살펴보며, 그 사람이 그 행동에 대해 마음 편하게 여기는지를 잘 관찰한다면 사람이 어찌 자신을 숨길 수 있겠는가? 어찌 자신을 숨길 수 있겠는가?[視其所以, 觀其所由, 察其所安, 人焉廋哉, 人焉廋哉.]"

사람을 제대로 평가하기 위해 공자는 우선 어떤 사람이 무슨 행동을 하는지 살펴보아야 하며, 다음으로 그 사람이 왜 그러한 행동을 하게 되었는지 이유를 잘 살펴보아야 한다고 말한다. 이때 행동을 바라보는 것보다 이유를 살피는 것은 좀 더 세밀한 관찰이 필요하다. 혹 외견상 나타나지 않는 다른 이유가 있을 수 있기 때문이다. 여기까지는 일반적으로 우리가 사람을 파악하고자 할 때 관찰하는 방법과 크게 다르지 않은 것 같다. 그런데 공자는 여기서 더 나아가 그

---

* 焉(언): 어찌. 廋(수): 감추다. 哉(재): 문미의 어기사.

사람이 진정으로 자신이 한 행동에 대해 편안하게 여기는지를 살펴야 한다고 주장한다. 자신이 한 행동과 그 행동의 동기가 좋은 것이라 할지라도 그 행동에 대해 스스로 즐거워하는 마음이 없다면 그것은 위선적인 행동일 가능성이 크다는 판단 때문인 것으로 보인다. 만약 이처럼 세 단계를 거쳐 한 사람의 행동을 관찰하게 된다면 우리가 알아보고자 하는 사람은 자신의 생각을 감추려고 해도 그럴 수 없다는 것이 공자의 판단이다.

우리는 살아가면서 수많은 사람을 접하게 되고 그때마다 그 사람에 대해 나름대로 어떤 판단을 내리려고 애쓰는 경향이 있다. 선입견을 배제하고 정확하게 사람에 대한 평가를 내리려 해도 가끔 우리는 사람에 대한 평가에 있어서 실패하는 경우가 적지 않다. 그것은 아마도 공자가 이야기하는 세 번째 항목에 대한 고려가 부족하기 때문이 아닌가 생각한다. 또 이 구절은 자기 스스로 자신에 대해 평가를 내릴 때에도 동일하게 적용된다. 즉 자기 스스로 어떤 일에 대해 정말 즐거워하고 있는지를 본다면 그 일을 행하는 자신을 명확하게 파악할 수 있게 된다는 것도 알려 준다. 이 때문에 이 글은 항상 자신의 일에 대해 적극적이고 즐거운 마음으로 해 나가는 자세를 강조하는 말로 읽어도 좋을 것이다.

::**출전**:: 『논어』「위정」
::**내용소개**:: 이강재(서울대 교수)

# 033

# 중도를 실천하는 사람과 함께할 수 없다면, 반드시 광자·견자와 함께하리라. 광자는 진취적이며, 견자는 하지 않는 바가 있다.

不得中行而與之 必也狂狷乎 狂者進取 狷者有所不爲也\*

공자는 참된 인재상으로 중정(中正)한 도(道), 즉 대도(大道)를 실천하는 사람을 제시한다. 그러나 그런 인재와 함께할 수 없다면, 그 차선책으로 반드시 광자(狂者)·견자(狷者)와 더불어 함께하고자 하였다. 광자는 뜻이 원대하고 지향하는 바가 높아 거리낌이 없고 진취적이지만, 행동이 말을 가리지 못하는 사람으로 다소 빙퉁그러진 사람이다. 반면에 견자는 행동이 분명하고 절조가 있어서 매우 청렴한 사람으로 함부로 행동하거나 유혹에 빠지는 일이 없으나, 지혜롭지 못하고 고집이 세어 보수적인 면이 있는 인물로 해석할 수 있다.

　물론 중도를 행하는 참된 선비란 공자가 제시한 가장 이상적인 인재상, 즉 리더 모델이다. 그런데 광자나 견자는 한쪽에 치우쳐 지나치고 모자람이 있어서 중도를 행하지는 못하지만 나름대로 의미와

---

\* 狂(광): 뜻이 원대하고 높다. 狷(견): 고집스럽다. 지혜는 없으나 뜻이 굳다.

가능성을 가지고 있는 인물이기도 하다. 광자나 견자는 수양과 교육을 통해 크고 지나침을 잘 격려하고 인도하여 강화하도록 하고, 모자라고 부족한 역량을 보완함으로써 리더로 변화·발전할 수 있는 인재가 될 수 있다는 의미이다.

해마다 사회의 여러 지도계층이 내놓는 신년사를 살펴보면, 의례적인 덕담이나 격려성 발언은 거의 없다. 이제 '글로벌 경쟁력 강화'와 '창조적 발상과 혁신'을 기치로 내거는 도전적이고 공격적이며 강도 높은 독려가 큰 흐름이 되고 있다. 지금의 리더는 중도(中道)의 핵심가치, 광(狂)과 같은 적극성과 높은 전망, 그리고 견(狷)과 같은 견고한 의지를 재조명하고 조화와 절충의 입장에서 최선의 선택을 해야 할 때이다. 중행 리더십을 지향하는 리더라면 조직의 성과 향상과 구성원간의 올바른 소통과 역량강화를 위해 '최적(optimal)의 선택'을 해야 할 것이다.

::**출전**:: 『논어』「자로」
::**내용소개**:: 이경남(성균관대 연구교수)

# 034

# 함께 배울 수는 있지만
# 함께 도에 나아갈 수는 없다.

可與共學 未可與適道

공자가 말한 이 명제는 공부의 목적과 단계와 삶의 지혜가 무엇인지를 보여 주는 내용이다. 이 말은 공부의 최고 경지인 권도(權道)의 중요성을 지적함과 아울러, 권도에 이르기까지 성실하게 밟아야 할 단계가 있음을 강조한 것이다. 공자는 바른 뜻을 구해야 함께 배울 수 있고, 선한 생각을 해야 함께 의미 있는 일을 할 수 있으며, 뜻을 확고하게 정립해야 공평무사하게 일을 처리할 수 있다고 말한다.

　이때 공부의 최종 단계인 권도란 가벼움과 무거움을 측정하여 균형을 잡는 저울과 같은 의미이다. 만약 같은 무게의 추를 매단 저울이 어느 한 쪽으로 기운다면, 그 저울은 고장난 것으로 판명되어 더 이상 균형추의 역할을 할 수 없을 것이다. 저울은 균형을 찾을 때에만 가치를 인정받기 때문이다. 이처럼 균형을 맞추는 저울은 신용을 얻기 때문에 사람들의 기준이 될 수 있는 것이다. 그러나 균형을 맞추는 저울은 결코 조용한 상태에서 물건을 측정하지 않는다. 저울은 항상 움직이는 상태에서 균형을 찾아 고요함을 유지시킨다. 이것은 역동적으로 변화하는 구체적인 현실에 아랑곳하지 않고 원칙을 획일적으로 적용시키는 것을 뜻하지 않는다. 즉 권도의 실행이란, 자신이 옳다고 생각하는 원칙을 변화하는 현실에 관계없이 맹목적으로 적용시키는 것이 아니다. 또한 변화하는 현실에 집착하여 공통된 기준 없이 상황에 따른 원칙의 변경을 의미하는 것도 아니다.

저울을 의미하는 권도의 실행은 특수성을 중시하지 않는 초시공적인 원리주의나 제한적인 보편성조차도 거부하며 변화만을 강조하는 현상주의적 태도와도 구별된다. 결국 권도는 시대의 변화에 비례하여 융통성 있게 원칙을 발휘하여 균등한 공동체를 조성하는 데에서 드러난다.

이와 같이 바른 뜻을 가지고 공부를 시작하여 균등한 사회의 건설을 위해 권도를 실행해야 한다는 공자의 지적은 이기심을 토대로 한 배타적 경쟁의식의 확산으로 인해 사회적 갈등이 증폭되고 있는 오늘날의 문제를 해결하는 데에 하나의 대안이 될 수 있다는 점에서 의미가 있을 것이다.

::**출전**:: 『논어』「자한」
::**내용소개**:: 이철승(조선대 교수)

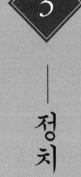

3

—

정치

# 035

# 나라의 윗사람과 아랫사람이
# 서로 이익을 다투면 나라가 위태롭게 된다.

上下交征利 而國危矣*

중국 고대 전국시대에 맹자가 양혜왕을 만났을 때 치국의 방법을 두고 주고받은 대화가 『맹자』 첫머리에 나와 있다. 아마 편저자가 『맹자』 전편의 사상을 대변한다고 보았기 때문에 처음에 실은 것 같은데, 오늘날 독자도 읽어 보면 수긍이 간다. 당시는 전국시대여서 부국강병이 제후들의 최대 관심사였다. 그러므로 양혜왕도 기금을 만들고 예를 갖추어 천하의 현자들을 초빙하였다. 좋은 방책을 자문받기 위해서였다. 맹자는 당시 세상이 어떠하다는 것을 알았지만, 양혜왕은 처음이라 잘 몰랐으므로 맹자는 한 가닥 희망을 갖고 만나러 갔다.

왕은 당시 제후임에도 천자가 칭하는 왕이라는 칭호를 참칭하고 있었다. 그의 욕심이 여기에 이미 드러나 있는데, 실은 양혜왕만이 아니었다. 왕은 물론 부국강병의 정책을 물었다. 이에 대해 맹자는 나라는 도덕으로 다스려야 한다고 말하였다. 왕이 이익을 좋아한다면 그

---

\* 交(교): 서로. 征(정): 가져간다.

아래 사람들도 다 그러하고, 나중에는 일반 백성들도 부를 탐내게 되는데 그렇게 되면 윗사람과 아랫사람이 서로 재물을 다투다 하극상이 일어나고 결국 나라가 망한다고 경고하였다. 천자의 부의 10분의 1이 제후(또는 대부)이며, 제후의 부의 10분의 1이 가신인데, 서로 부를 다투면 대부가 천자를, 가신이 제후를 죽인다고 하였다.

상하가 이익을 다툰다? 오늘날 자본주의 시대는 이익 다툼이 전국시대와 비교해 어떠할까? 자본주의 사회에서는 자본가와 노동자가 첨예하게 이익을 두고 대립한다. 그 의사 표시 방법이나 이익 쟁취 방식은 그야말로 정치적이고 폭력적이다. 노사관계만이 아니라 다른 단체의 이기주의적 다툼도 마찬가지다. 맹자의 이익은 오늘날 불로소득에 가깝다. 사회지도층 인사들이 부동산 투기와 탈세로 하나씩 추락하는 것을 본다. 사회지도층만 그럴까? 서민이 불로소득을 얻으면 노동의욕을 잃는다. 곧 전국민으로 퍼져 간다. 이것이 현대판 상하교정리(上下交征利)가 아니고 무엇일까? 그러나 자본주의는 건전한 부의 축적이 죄가 아니다. 정부가 통치철학을 가지고 장기적으로 입법활동을 통하여 국민이 건전한 자본주의적 생산활동을 하도록 해 주는 것이 오늘날의 민본정치다. 몇 해 전의 IMF체제나 아직도 여전한 부동산 투기는 결국 선량한 국민에게 부담을 주는데 경제적 부담뿐 아니라 윤리의식도 파괴한다는 데 문제가 있다.

::**출전**:: 『맹자』 「양혜왕 상」
::**내용소개**:: 이동희(계명대 교수)

# 036

# 적음을 근심하지 않고 고르지 않음을 근심하며,
# 가난함을 근심하지 않고 편안하지 않음을 근심한다.

不患寡而患不均 不患貧而患不安*

이 구절은 공자가 염유라는 제자에게 말한 것으로, 집안을 다스리는 가장이나 나라를 다스리는 통치자 등 사회의 지도층이 갖추어야 할 덕목에 해당하는 내용이다. 이 글은 한 나라의 지도자가 국민을 통치할 때에 외적인 성과주의의 추구보다 불균등한 정책의 시행으로 인해 국민들 사이에 상대적인 박탈감과 위화감 등이 나타나는 경우, 이러한 소외 현상의 치유가 더 중요함을 지적한 것이다. 즉 이 글은 국민의 수나 재산의 많고 적음이 정치의 방편은 될 수 있을지라도 정치를 좌지우지할 수 있는 핵심적인 근거가 되어서는 안 된다는 것을 지적한 것이다.

이것은 또한 가난함을 추구하는 것이 정치의 요체라고 말하는 것이 아니다. 일반적으로 대다수 국민들은 가난함보다 부유함을 선호한다. 이 때문에 부유함의 추구 자체가 나쁜 것은 아니다. 문제는 정당한

---

\* 患(환): 근심. 寡(과): 적다.

방법으로 형성된 부유함이 아닐 경우이다. 정당하지 않은 방법을 사용했음에도 부자가 될 수 있는 사회 구조와 정당한 노력을 했음에도 가난할 수밖에 없는 사회 구조가 문제인 것이다. 이러한 사회 구조가 개선되지 않고 지속된다면 국민들은 희망보다 절망에 친숙해질 수 있다. 이러한 사회에서는 인간이 인간을 목적으로 대하지 않고 수단으로 대하는 경우가 증가한다. 이러한 사회에서는 사회적 강자에 대한 혜택이 증가하는 것과 반비례해 사회적 약자에 대한 배려가 제한적이다. 따라서 이러한 사회는 약육강식의 동물적인 법칙이 사회의 보편적 가치로 여겨질 수 있다. 이 때문에 이러한 사회에서는 균등한 인간관계에 의한 평화로운 문화가 형성되기 어렵다. 공자는 이러한 사회는 우리가 추구해야 할 바람직한 사회가 아니라고 했다. 그는 지도자란 국민이 균등한 의식을 공유하며 각자의 역량에 맞는 일을 하면서 평화로운 관계가 지속될 수 있는 사회를 형성하기 위해 노력하는 사람이어야 할 것으로 생각했다.

이 주제는 이와 같은 내용을 함유하고 있기에 역사적으로 균등하면서도 평화로운 사회를 건설하고자 하는 세계 여러 나라에서 끊임없이 추구되었다. 따라서 이 주제는 무한한 경쟁력을 중시하는 신자유주의 이념의 확산으로 인해 경쟁력을 갖춘 유능한 소수와 경쟁의 대열에서 비켜설 수밖에 없는 다수의 소외층 사이에 나타나는 갈등 구조가 팽배한 오늘날의 문제를 치유하는 면에도 여전히 의미 있게 적용될 수 있다.

:: **출전** :: 『논어』「계씨」
:: **내용소개** :: 이철승(조선대 교수)

# 037

# 효도하며 형제간에 우애가 있어서
# 정사에 베푼다는 것도 정치를 하는 것이다.

惟孝 友于兄弟 施於有政 是亦爲政*

최근까지 우리나라 지도자들의 모습은 개인적 성향과 소양의 차이는 있겠지만, 하나같이 자기 주변의 인물들로 곤욕을 치르고 있다. 가까운 인척의 관리 소홀로 빚어진 일련의 문제들은 제가(齊家)가 나라를 다스리고 경영하는 것 못지않게 어려운 것임을 여실히 보여 주고 있다. 가정을 원만하게 이끄는 것도 정치라는 공자의 통찰이 우리에게 시사하는 바는 매우 크다. 맞벌이 부부가 상당 부분을 차지하는 현재의 상황을 감안해 본다고 하더라도 자녀교육은 어머니의 몫으로 돌리는 경우가 대부분이다. 여기에는 우리가 쉽게 접하는 선현의 일화와 무관하지 않다. 과거 맹자의 어머니가 그러했고, 퇴계와 율곡의 어머니가 그러했듯이 말이다. 남자는 바깥일을 하고 여자는 가정을 돌본다는 성 역할은 부부관계를 규정하는 덕목으로 자연스럽게 유비되었다.

---

\* 于(우): …에게, 於와 같은 의미. 施(시): 베풀다, 시행하다.

하지만 제가와 치국의 유기적인 결속을 그 누구보다도 잘 알고 있었던 과거 유학자들이 단지 자녀교육을 어머니의 몫으로만 치부하였을까? 퇴계 이황과 서애 유성룡 같은 대학자들도 바쁜 일과를 제쳐두고 자녀와 후손들의 교육에 세심하게 힘썼는가 하면, 다산 정약용은 오랜 세월을 유배지에서 보내면서도 자녀들을 위해 학업진도표를 꼼꼼히 작성하면서 그 진행 여부를 확인하기도 하였다.

사실 유학의 취약점 가운데 하나는 전통사회의 근간이 되었던 가부장 문화의 보수적 측면을 연상하게 한다는 것이다. 그리고 유학이 가지는 보수적·권위적 이미지의 정점에는 '아버지'가 존재한다. 그 권위적이고 보수적인 아버지를 그대로 방치할 수는 없는 일이고, 유행이 되어 버린 양성주의적 시각으로 그 '아버지'를 애써 부인하기만 할 수도 없는 일이다. 바람직한 사회는 정상적인 가정에서 출발한다는 평범한 진리를 곱씹어 볼 때, 가정의 주체로서 부모의 역할을 다시 한 번 점검해 보는 것은 그 무엇보다 시급한 과제이다. 그리고 그곳에 우리들의 아버지가 있다.

::**출전**:: 『논어』 「위정」
::**내용소개**:: 조장연(성균관대 연구교수)

【038】

## 군자의 덕은 바람이요 소인의 덕은 풀이다.
## 풀 위에 바람이 불면 반드시 바람에 따라 눕게 된다.

君子之德 風 小人之德 草 草上之風 必偃*

노나라 대부인 계강자가 정치에 대해 공자에게 물었다. "세태가 혼란
해져서 난폭한 사람이 많으니, 일벌백계하는 마음으로 한 사람을 처
벌하여 백성들에게 본때를 보여 주면 어떻겠습니까?" 공자가 대답하
였다. "백성을 교화하는 것은 임금의 바른 정치에 달려 있으니, 어찌
형벌만을 강조하는가? 그대가 선한 정치를 하면 백성들도 자연히 선
한 마음을 갖게 될 것이다. 군자의 덕은 바람과 같고 백성들은 풀과
같다. 풀 위에 바람이 불면 풀은 반드시 바람에 따라 엎드리는 것이
자연의 이치이다."

부국강병(富國强兵)이라는 말에서 '부국'이 한 나라의 경제력을 가
리킨다면, '강병'은 군사력을 가리킨다. 이러한 경제력과 군사력이 조
화를 이룸으로써 국력을 극대화하는 것이 바로 정치의 목적이다. 이
러한 목적을 달성하기 위해서는 무엇보다 국민들의 자발적인 참여가

---

＊偃(언): 쓰러지다. 넘어지다. 엎드리다.

중요하다. 이 자발적인 참여를 유도하기 위해서는 법과 힘에 의한 강압적인 방법이 아니라 설득과 이해를 통한 감화가 필요하다고 주장하는 사람이 바로 공자이다. 이것이 바로 소프트 파워(Soft Power)인 것이다. 힘과 법이 하드 파워(Hard Power)라고 전제했을 때, 소프트 파워의 원천은 리더의 솔선수범이라고 말할 수 있다.

독침을 가진 수만 마리의 꿀벌을 여왕벌 한 마리가 거느릴 수 있는 것은 여왕벌이 독침을 가지고 있지 않기 때문이라고 한다. 독침이 강력한 힘을 상징한다면 그 힘을 다스릴 수 있는 것은 바로 포용력이라는 것을 반증하는 셈이다.

말레이시아 밀림에 서식하는 반딧불이는 칠흑같이 어두운 밤에 공중에 날아올라 장관을 이루는데, 놀라운 것은 처음에는 각기 자신의 리듬으로 반짝이다가 어느 정도 시간이 지나게 되면 모두 같은 리듬으로 반짝인다고 한다. 이것을 동조현상(同調現象)이라고 하는데, 공자는 바로 이러한 동조현상을 바람과 풀로 비유한 듯하다. 위정자의 솔선수범과 포용력, 바로 이것이 진정한 리더십의 원천이 아닐까?

:: **출전** :: 『논어』「안연」
:: **내용소개** :: 진성수(전북대 교수)

# 039

# 정치술로 인도하고 형벌로 다스리면
# 백성들은 형벌을 면하려고만 하고 부끄러움은 없게 된다.

道之以政 齊之以刑 民免而無恥*

정치술이란 법제나 금령 등 제도적인 장치를 말한다. 다스림은 형벌을 가하여 백성들의 행동을 통일시키는 것이다. 정치란 국가라고 하는 공동생활의 틀 속에서 단순히 개개인의 풍습이나 도덕 등의 자율적인 규범만으로 유지되지 않는 질서에 대해 국가권력을 배경으로 법제나 금령 등 제도적인 장치 등을 동원하여 유지시키는 작용이다. 또한 사회적·경제적·이데올로기적 대립의 항쟁관계 속에서 상대방을 복종시키고 스스로의 주장을 관철시키는 활동을 정치의 본질로 보는 견해도 있다.

그런데 정치를 함에 있어 오로지 제도적 장치와 형벌에만 의존하는 경우, 정치는 기만으로 흐르기 쉽다. 특히 정치와 관련된 비자금 사건, 각종 로비 의혹, 탈세, 불법 증여 등 심각한 사건들이 정치적 수법을 통한 해결방법으로 어물쩍 넘어가는 경우가 오늘날에도 비일

---

＊政(정): 법제, 금령, 정치술. 齊(제): 인도해도 따르지 않는 자를 형벌을 가해 통일시키는 것.

비재하다. 이러한 수법으로 정치를 하게 되면 백성들 역시 정치에 대해 전혀 신뢰하지 못하고 오히려 정치를 따르는 것이 손해라는 생각을 갖게 되며, 결국은 자기 욕심을 차리기 위해 무슨 짓이든 하면서도 형벌에서 벗어날 궁리만 하게 될 것이다. 또한 설사 법에 저촉되어 형벌을 받게 되더라도 그 형벌이 정당하다고 생각하지 않으므로 자신의 잘못에 대해 전혀 부끄러워하지 않게 되고, 더 이상 스스로의 행위에 도덕적 기준을 세워 행동하지 않게 될 것이다.

성폭행 인사가 국정을 논의하고, 경제사범이 활개를 치는 작금의 현실을 볼 때, 덕(德)으로 인도하고 예(禮)로써 다스려 국민 모두가 염치를 알고 선(善)에 이르게 할 수 있는 신명나는 정치의 구현이 절실한 때이다.

::**출전**:: 『논어』「위정」
::**내용소개**:: 함현찬(성균관대 연구교수)

# 040

# 하늘의 때는 땅의 이로움보다 못하고,
# 땅의 이로움은 사람들의 화합보다 못하다.

天時 不如地利 地利 不如人和*

옛날 중국의 춘추전국시대는 제후국간 생존경쟁의 시대였다. 경쟁은 나라들 사이에 필연적인 전쟁을 유발했으며, 여기에서 이기는 방법은 통치자들의 큰 관심거리였다. 위의 문장은 맹자의 말로서 당시의 이러한 관심에 부응하는 것이었다.

　전쟁이 바람직하다는 뜻은 아니다. 그러나 현실에서 전쟁은 계속된다. 그리고 전쟁은 공격과 방어로 이루어진다. 맹자는 큰 성곽을 공격하는 것을 예로 들며 자신의 말을 증명하려 했다. 하늘의 때를 얻고도 성을 점령하지 못하는 경우가 그렇다는 것이다. 또한 수비 측의 성곽이 높고 무기와 장비, 보급이 좋지만 적에게 점령당하기도 한다. 대개 이 경우는 내부 반란의 결과라고 했다. 우리는 고구려가 망할 때 연개소문의 아들 남생과 그 아우들의 알력이 그 원인이 되었던 것에서 역사적 실례를 찾아볼 수 있다.

---

＊ 如(여): 같다. 和(화): 화합, 온화하다.

따라서 맹자는 제일 중요한 것이 인화(人和)라고 주장했다. 이 말은 당연한 것 같지만, 맹자가 살았던 당시에는 그렇게 생각하지 않았던 사람들이 많았다. 왜냐하면 전쟁을 시작하기 전에 제일 중요한 것은 점을 쳐 보는 일이었기 때문이다. 하늘의 뜻이 어떤지를 묻고, 언제 전쟁을 시작해야 하는지 등을 물어 보았기 때문이다. 이것은 운명이 중요하다고 믿었기 때문이다. 이 일은 믿음에 바탕을 둔 것이라서 쉽게 바뀌지 않았다. 심지어 오늘날 선거를 앞두고 선친의 묘소를 옮기는 일이 이와 다르다고 말할 수 있겠는가!

맹자는 운명보다 현실적인 환경, 즉 땅의 유리함을 강조했다. 전투장비 · 보급 등과 같은 여건은 전쟁에서 승리를 결정짓는 핵심적인 요소이다. 그러나 그가 가장 중시한 것은 인간들의 마음이었다. 이를 화합시키는 것은 정치의 몫이다. 결국 인간들의 노력 여부에 달려 있다는 의미이다.

주어진 운명과 불리한 환경을 극복하게 하는 것이 사람들의 단합된 노력이다. 사실 정치가 사람들을 이리저리 찢어 놓으면 그 나라가 제대로 갈 수 없다는 것, 그것은 오늘날 국가간 무한경쟁시대에 사는 우리에게도 진리가 아닐까!

::**출전**:: 『맹자』「공손추 하」
::**내용소개**:: 김인호(광운대 교수)

# 041

# 사람의 도는 정치에 민감하고,
# 땅의 도는 나무에 민감하다.

人道敏政 地道敏樹*

공자는 정치란 인간의 문제에 있다고 보았다. 즉 훌륭한 인물이 임금이 되고 신하가 되어야 훌륭한 정치가 가능하다는 것이다. 수기치인 (修己治人)의 진정한 의미가 여기에 있다.

『논어』에서 공자는 "윗사람의 몸가짐이 바르면 명령하지 않아도 백성은 행하고, 그 몸가짐이 바르지 못하면 비록 명령해도 백성은 따르지 않는다."라고 말한다. 정치를 하는 사람이 스스로 정도(正道)를 걸어야 백성들도 그를 따른다는 것이다. 어느 날 자로가 군자(君子)의 품성에 관해 물어 보자, 공자는 "경건한 마음으로 자기 수양을 해야 한다."라고 말했다. 자로가 다시 물었다. "그것뿐인가요?"공자가 대답했다. "수양을 한 다음에 남을 편안하게 하는 것이다." 자로가 물었다. "그것뿐인가요?" 공자가 대답했다. "수양을 하고 그 힘으로 모든 백성을 편안하게 하는 것이다. 모든 백성을 편안하게 하는 일은 요

---

* 敏(민): 민첩하다, 민감하다. 樹(수): 나무.

임금과 순 임금도 하기가 어려웠던 것이다." 이상의 대화를 통해 볼 때, 군자란 자신의 수양을 바탕으로 백성을 위한 정치를 해야 함을 알 수 있다.

아무리 훌륭한 조직체라 하더라도 그것을 운영하는 리더가 올바른 자세를 갖지 못한다면 그 조직의 목표는 성공적으로 달성되지 못할 것이다. 정치가 조직체를 운영하는 방식이라고 한다면, 이는 조직체를 운영하는 인간 개개인이 누구나가 확고한 의지를 가지고 자신의 의사를 적극적으로 표명하고, 이를 국민 전체의 뜻으로 개진하여 국정에 참여하는 포괄적인 활동을 의미한다고도 볼 수 있다. 그러므로 정치는 국민 모두에게 정의(正義)·정도(正道)와 관련된 인간학(人間學)의 종합적인 성격을 지닌다고 말할 수 있다. 따라서 위의 구절과 함께 나오는『중용』의 "정치를 하는 것은 사람에게 달려 있다."는 가르침은 현대를 살아가는 우리에게 정치가 지니는 진정한 의미를 새삼 일깨워 준다고 할 수 있다. 즉 오늘날 우리 개개인이 참다운 정치가로서 어떠한 자질을 갖추어야 하는가 하는 문제의식을 던져 주고 있는 것이다.

:: **출전** :: 『중용』
:: **내용소개** :: 김연재(공주대 교수)

# 042

# 백성이 귀하고,
# 사직은 그 다음이며, 군주는 가볍다.

民爲貴 社稷次之 君爲輕*

맹자는 제후에게 토지와 백성 그리고 정치라는 세 가지 보배가 있다고 하였다. 토지와 백성 그리고 정치 가운데 주체가 되는 것은 당연히 백성이다.

정치는 백성을 근본으로 삼아야 하고, 백성을 보호하는 것을 목적으로 삼아야 한다. 이를 위해 군주는 정치를 통해 백성을 가르치고 부양하기 위해 노력해야 하며, 백성을 가르치고 부양함에 있어서 가장 중요한 사항은 백성이 안정적으로 생산활동에 종사할 수 있도록 제도적으로 보호하는 것이다. 그러나 그 중요성으로 말하자면 가르침이 근본이지만, 실천의 순서는 먼저 편안하게 생업에 종사하도록 해 주어야 한다. 왜 그런가? 일반 사람들은 일정한 생활 근거[恒産]가 없으면 한결같은 마음[恒心]을 유지할 수 없다. 먼저 먹고 입는 등의 의식주 문제가 해결된 다음에라야 교육을 통해 사람의 도리를 가르

---

\* 社(사): 토지 신. 稷(직): 곡식 신. 輕(경): 가볍다.

칠 수 있는 것이다. 만약 경제적인 문제가 해결되지 않는다면 마음이 불안하게 되고, 마음이 불안하면 어떤 나쁜 일도 거침없이 하게 된다. 그들이 범죄를 저지른 후에 뒤늦게 그들을 잡아 형벌로 다스린다면 이는 그물을 미리 쳐 놓고 백성들을 잡는 것과 마찬가지이다. 그러므로 현명한 군주는 백성을 부양하고 가르쳐야 한다는 책임의식을 가져야 한다. 백성들을 위해 산업을 진흥시켜 반드시 그들로 하여금 위로는 넉넉히 부모를 섬길 수 있게 하고 아래로는 넉넉히 처자를 먹여 살릴 수 있도록 하는, 그것이 바로 인정(仁政)을 실천하는 길이다.

군주(정부)는 백성을 위하여 존재하는 것이고, 사직(국가) 역시 백성을 위하여 존재하는 것이며, 백성이 국가의 주체이다. 군주는 국가의 안전을 위협할 수 없고, 백성의 이익을 해치는 일은 더더욱 용납되지 않는다. 그러므로 군주가 실정하여 국가의 존망이 위태로우면 당연히 군주를 폐하고 새로운 현자를 군주로 옹립해야 한다. 이것이 바로 "백성이 귀중하고, 사직(국가)이 그 다음이며, 군주는 가볍다."는 말의 현대적 의미이다.

::**출전**:: 『맹자』「진심 하」
::**내용소개**:: 임홍태(영산대 교수)

# 043

# 어째서 이익만을 말씀하십니까!

何必曰利

위(魏) 나라 제후인 혜왕(惠王)은 맹자를 만나자마자 "선생께서 천리를 멀다 여기지 않고 오신 것은 우리나라에 이익이 될 책략을 가지고 오신 것이겠지요?"라고 묻는다. 이에 대해 맹자는 "왕께서는 어째서 이익만을 말씀하십니까? 오직 인(仁)과 의(義)가 있을 뿐입니다."라고 말하며, 한 나라의 왕으로서 갖추어야 할 기본적인 마음자세에 대해 자세하게 설명하였다.

전국시대라는 혼란한 시대에 한 나라의 최고 지도자로서의 절대적인 사명은 부국강병이었을 것이다. 따라서 맹자의 유세를 접한 혜왕이 국가 이익에 대해 질문한 것은 너무도 당연한 것이었다. 그러나 맹자는 이익에 대한 대답 대신에 윤리적 규범으로서 '인·의'를 강조하였다. 그 이유는 이익추구를 최우선 가치로 삼았을 때 나타나는 사회·국가적인 무질서와 혼란을 맹자 자신은 간파하고 있었기 때문이다.

현대 자본주의 사회에서 이루어지고 있는 적대적 인수합병이나 헤지펀드의 무차별 공략 등은 이익의 무한추구 양상을 잘 보여 주고

있다. 그러나 특정한 집단에 의한 이익추구의 극대화는 건전한 시장
경제 질서를 교란시키고, 나아가 한 사회와 국가의 전체 시스템을 무
력화시키는 결과를 초래하기도 한다.

사회는 사람과 사람의 관계망 속에서 유지·발전된다. 따라서 정
치·경제 시스템은 이 사회의 질서와 조화를 이루기 위해 작동되어
야 한다. 사회적 동물인 인간은 혼자서는 살아갈 수 없다. 집단과 조
직 속에서 자신을 실현하는 것이 인간의 본질이라고 규정할 때, 조직
을 움직이는 가장 근원적인 동력은 윤리적이어야 한다는 것이 바로
맹자의 생각이다. 강압적인 방법으로 만들어진 질서와 조화는 결코
오래갈 수 없다는 사실을 우리는 진시황의 통일과 멸망을 통해 잘 알
고 있다. 따라서 맹자는 리더십의 첫 번째 덕목으로 윤리의식을 제시
하면서 리더의 확고한 도덕의식이 한 사회와 국가 안정의 기초임을
주장하고 있는 것이다.

::**출전**:: 『맹자』「양혜왕 상」
::**내용소개**:: 전병술(건국대 연구교수)

## 【044】

# 군자는 중용을 하고,
# 소인은 중용에 위배된다.

---

君子 中庸 小人 反中庸*

유학에서 가장 중요한 것이 바로 중용(中庸)이다. 중용이란 어느 것에
도 치우치지 않는 것을 의미한다. 그러나 이것은 현실적으로 매우 어
려운 일이다. 따라서 공자 역시 "백성 중에 중용을 할 수 있는 사람이
없게 된 것이 오래되었다.", "천하 사람들도 평등하게 할 수 있고, 높
은 벼슬도 사양할 수 있으며, 시퍼런 칼날도 맨발로 밟을 수 있지만,
중용은 어려운 일이다."라고 말했다. 이처럼 중용은 어느 한 쪽으로
도 치우치지 않는 판단력을 수반하는 매우 어려운 일이다. 그러므로
유교적 전통에 따르면, 현명하고 공평무사(公平無私)한 사람을 군자(君
子)라고 부르며, 그들에게 위정자로서의 정당성을 부여한다. 반면, 군
자와 정반대로 행동하는 소인(小人)의 경우는 주로 비난의 대상이 되
어 왔다. 이는 소인이 치우친 판단과 행동을 하기 때문이다.

　몇 해 전 미국산 쇠고기 수입문제를 놓고 전국이 소란했었다. 일

---

＊ 庸(용): 쓰임, 평상.

부에서는 노무현 정부 시기에 소원해진 미국과의 관계를 무리하게 호전시키려다 역풍(?)을 맞은 것이라는 얘기도 있다. 어떤 전문가는 공산품의 수출을 늘리기 위한 어쩔 수 없는 조치라고 말하기도 한다. 어쨌든 이래저래 민생고에 시달리고 있는 국민들로 하여금 거리로 나서게 하는 정치는 분명 좋은 정치는 아니다.

일찍이 공자는 정치를 바람으로, 백성을 풀로 비유했다. 바람에 따라 풀이 눕는 것은 자연의 이치이다. 그렇다면 이러한 혼란은 분명 위정자들이 만든 것이다. 더구나 시위에 참가한 대다수 국민들은 선량한 시민들이고 일부 언론의 보도처럼 그렇게 폭력적이지도 않다. 그런데도 시위 진압으로 부상자가 생겨나는 상황은 너무나 안타깝다. 안전한 쇠고기를 먹자는 요구가 그렇게도 잘못된 것인가!

일부 정치인들이 말하는 대로 만일 국민들이 잘못된 정보에 의해 오해하고 있다면, 모든 문제를 명명백백(明明白白)하게 밝히면 그만이다. 그러나 현재 이 정부는 애초부터 그런 생각이 없어 보인다. 답답하기 그지없다. 그나마 한 가지 다행스러운 일은 여당 대표가 대통령을 면담하고, 권력 핵심부에서도 자성(自省)의 움직임이 생기기 시작했다고 하는 점이다. 부디 더 늦기 전에 현명한 판단을 내려 주기 바랄 뿐이다. 위정자로서 반중용(反中庸)이 아닌 중용의 모습을 기대하는 것은 비단 필자 한 사람만의 바람은 아닐 것이다.

::**출전**:: 『중용』
::**내용소개**:: 진성수(전북대 교수)

【045】

# 백성들이 좋아하는 것을 좋아하며
# 백성들이 미워하는 것을 미워함을 일러
# '백성들의 부모'라 한다.

民之所好 好之 民之所惡 惡之 此之謂民之父母

이 글은 군주 시대에 군주가 백성을 사랑하기를 자식같이 하면 백성들이 군주 사랑하기를 부모같이 할 것이라는 내용이다. 그렇다면 군주가 백성을 자식같이 사랑하려면 어떻게 해야 하는가? 백성의 마음을 자기의 마음으로 삼아야 가능하다. 백성의 마음을 자기의 마음으로 삼으려면 어떻게 해야 하는가? 학문과 수양을 통하여 자신의 인간다운 근본을 밝힐 수 있어야 비로소 가능하다. 편견과 욕심으로 마음이 가로막혀 있으면 그런 자신의 마음을 통해서 다른 사람을 헤아릴 수밖에 없다. 그렇게 되면 다른 사람의 마음을 이해하기 어렵게 된다.

공자는 자신이 살던 나라의 권력자가 정치에 대하여 묻자, "그대가 바름으로써 솔선수범한다면 누가 감히 바르지 않겠는가?"라고 대답하였다. 예나 지금이나 자신을 바르게 하지 않고서 다른 사람을 바르게 할 수 있는 경우는 없을 것이다.

몇 해 전 '쇠고기협상' 문제로 '촛불시위'가 시작되면서 나라가 어지러웠다. 촛불시위가 계속 이어졌지만 해결의 실마리는 멀고 멀었다. 급기야 종교계까지도 시민들과 함께하기 시작하였다. 서울시청 앞 광장에서 비상 '시국미사'를 마친 신부들은 마침내 광장에 천막을 치고 무기한 단식농성을 시작하였다. 대표 신부는 "촛불 민심의 진원지인 시청 앞 광장이 봉쇄되고 시민들이 공권력에 짓밟히는 모습을 보면서 사제들은 한국의 민주주의가 1987년 이전으로 후퇴하는 위기감을 느꼈다."며 "앞으로 탄압받는 촛불을 지키기 위해 광장을 지킬 것."이라고 말했다.

  대선도 민심이었고, 촛불시위도 민심이다. 군주 시대에도 백성의 마음을 자신의 마음으로 삼으려고 노력하였는데, 하물며 주권재민의 시대에 시민의 목소리에 귀를 기울여야 하는 것은 당연한 일이 아니겠는가?

::**출전**:: 『대학』
::**내용소개**:: 허종은(성균관대 연구원)

# 마음으로부터 참으로 구한다면
# 비록 꼭 맞지는 않아도 멀지는 않을 것이다.

心誠求之 雖不中 不遠矣

통치자가 어머니가 자식을 바라보는 애틋함과 간절함으로 국민의 믿음을 얻을 때 비로소 사회는 안정되고 즐거움은 배가 될 수 있다. 국가는 돈이나 힘이 아닌 바로 이런 바탕 위에서 성립하는 것이다.

"마음으로부터 참으로 구한다면 비록 꼭 맞지는 않아도 멀지는 않을 것이다."『대학』에 나오는 이 말의 원래 의미는 대략 다음과 같다. 「강고」에 '갓난아기를 돌보듯 하라.'라고 하였다. 마음으로부터 참으로 구한다면 비록 꼭 맞지는 않는다고 해도 멀지는 않을 것이니, 일찍이 자식 키우는 것까지 배우고 시집간 사람은 없었지만 진심으로 보살펴 탈 없이 키우지 않던가?

아이를 낳고 기르는 것까지 알고 시집가는 여자는 없다. 하지만 어머니는 아기의 옹알이를 알아듣고 치대는 것을 받아 준다. 아기의 말을 알아듣는 사람이 어디 있겠는가? 하지만 어머니는 알아듣는다. 딱 맞는 것은 아니지만 그리 틀리지도 않는다. 아이와 어머니는 말이전에 가슴으로 소통하기 때문이다. 어머니들이 아기를 바라보는 시선과 아기가 어머니를 바라보는 시선은 같다. 그 어떤 것도 사이에 넣지 않고 오로지 마주 보고 있다. 이 애틋함을 어떻게 말로 표현할 수 있을까? 그저 '갓난아기 돌보듯 하라. 마음으로 간절히 구하면 딱 맞지는 않아도 그리 틀리지 않을 것이다.' 하는 정도로 그릴 수밖에.

재미있는 것은 이것이 치국(治國), 즉 정치의 원리라는 것이다. 흔히 "간절히 원하면 이루어진다."는 말을 하곤 한다. 비슷한 말이다. 다만 그 참된 마음을 내가 아닌 남을 돌보는 데 쓰는 것이다. 온갖 권모술수와 염치없는 행동들이 난무하는 정치판에 이 무슨 말인가 싶기도 하지만, 국가는 돈이나 힘이 아닌 바로 이런 바탕 위에서 성립하는 것이다. 『논어』에는 다음과 같은 이야기가 있다.

자공이 정치에 대해 물었다. 공자께서 말씀하셨다. "경제를 충실하게 하고 군비를 갖추며 백성들이 믿도록 하라." 자공이 물었다. "어쩔 수 없이 버려야 한다면 셋 중 어떤 것부터 할까요?"

공자께서 말씀하셨다. "군비를 없애라."

자공이 여쭀다. "어쩔 수 없이 버려야 한다면 둘 중 어떤 것부터 할까요?" 공자께서 말씀하셨다. "경제를 없애라. 예로부터 죽음은 언제나 있었으나 백성들이 믿지 않는다면 나라가 있을 수 없느니라." (『논어』 「안연」)

통치자가 어머니가 자식을 바라보는 애틋함과 간절함으로 국민의 믿음을 얻을 때, 비로소 사회는 안정되고 즐거움은 배가 될 수 있다. 만약 국민들의 간절함을 무시하고 폭정을 계속한다면 이 간절함은 '너 죽고 나 죽자'는 마음으로 이어진다.

맹자는 말했다. "「탕서(湯誓)」에 보면 스스로 '태양'이라고 하는 폭군에게 백성들이 '이놈의 태양, 언제나 없어질고? 내 너와 함께 죽겠다.'고 하였다는데, 백성들이 '너 죽고 나 죽자.'고 한다면, 아무리 좋은 곳에 있다고 한들 혼자서 즐길 수 있겠습니까?"

국민이 통치자와 같이 죽겠다고 나서는데 온전할 정권이 있을 수 있을까? 지금 이 시대에 아기를 돌보는 어머니의 마음에서 우러나는 정치를 기대하는 것은 너무도 철모르는 소리라고 할지 모르겠다. 하지만 그러한 꿈도 꿀 수 없는 현실이라면 너무도 참혹하지 않을까?

::**출전**:: 『대학』
::**내용소개**:: 정도원(성균관대 연구원)

# 047

# 저의 죄는 세상 탓이 아니지만
# 세상의 잘못은 죄가 제게 있습니다.

朕躬有罪 無以萬方 萬方有罪 罪在朕躬

지도자라면 자신의 잘못을 세상에 미루지 말고, 세상의 잘못이 바로 자신의 허물에서 비롯되었음을 인정할 줄 알아야 한다.

『논어』「요왈」 편에 보이는 은나라 탕 임금의 말이다. 그는 하나라의 폭군 걸을 몰아내고 이렇게 말했다고 한다.

"저 소자 리(履)가 하느님께 아룁니다. 하늘에 죄 지은 사람을 제가 마음대로 봐줄 수 없사오며, 온 세상 사람들이 하느님의 신하이오니 제가 마음대로 가리지 못하옵니다. 오로지 하느님의 선택을 살필 뿐입니다. 저의 죄는 세상 탓이 아니지만 세상의 잘못은 죄가 제게 있습니다."

걸 임금의 죄는 단순히 정치를 잘못한 것이 아니라 세상의 생령(生靈)을 해친 것이므로 하늘에서 받은 천명을 거스른 것이다. 그러므로 그의 죄는 하늘을 거스른 죄, 즉 하늘에 지은 죄이기도 하다. 이를 탕 임금이 마음대로 용서할 수는 없다. 또한 온 세상 모든 사람들이 바로 하느님의 신하이니 그들의 잘잘못을 마음대로 덮어 줄 수도 없다. 오로지 하늘이 어찌 보느냐에 따를 뿐이다. 그러므로 탕 임금이 새로이 하늘의 명을 이어받은 자로서 하늘에 빌 수 있는 것은 모든 성원들의 잘못일랑 자신에게 돌리고 자신의 잘못은 자신이 그대로 지겠다는 것뿐이다.

고대 사회는 인문적인 사고가 성숙되지 않아 신의 뜻을 받들어 정치를 한다고 믿었다. 특히 지도자는 하늘의 명을 받은 사람이니만큼 그 권위가 대단하였다. 그러나 그 권위에는 책임이 따른다. 그 책임은 그가 받은 권위의 무게에 비례한다. 그래서 요 임금은 순 임금에게 나라를 넘기면서 "세상이 힘들고 어려워진다면 하늘이 주신 임금으로서의 복록(福祿)이 영원히 끊기리라."라고 하였다.

탕 임금은 앞의 왕이 잘못한 것을 하늘을 대신해 징치(懲治)한 사람이다. 하늘이 내린 복만 누리고 그 책임을 다하지 않은 자의 종말을 눈으로 보았다. 그리고 이제 그 책임이 자신에게 옮겨 왔다. 하지만 두렵고 무거운 하늘의 명을 받들며, 빠져나갈 구멍이나 찾지 않았다. 오히려 세상의 모든 잘못을 자신이 책임지겠다고 하였다. 그 책임이 어떠한 것인지 분명히 보았으면서도 하늘과 모든 사람들 앞에서 이렇게 서약하고 있다. 자신이 바로 세상을 이끌어야 할 사람이기 때문이다. 현대 사회의 지도자들이 이 정도의 각오로 자신의 일을 맡았다면 세상이 좀 더 나아지지 않았을까?

::**출전**:: 『논어』「요왈」
::**내용소개**:: 정도원(성균관대 연구원)

# 048

# 자로가 정치에 대해 묻자 공자가 대답했다.
# "솔선수범하고 부지런히 힘써야 한다."

子路問政 子曰 先之勞之

어느 날 공자의 제자인 자로가 정치에 대해 물었다. 공자는 "솔선수범하고 부지런히 힘써야 한다."라고 말했다. 자로가 자세한 설명을 청하자, 공자는 "게을리하지 말아야 한다."라고 덧붙였다. 이처럼 공자는 위정자의 최우선 덕목을 솔선수범과 부지런함으로 보았다.

최근 어느 경찰서에서 금은방 절도사건 용의자를 수배하기 위한 전단을 만들면서 범인의 인상착의 가운데 하나를 '노동자풍'이라고 표현했다고 한다. 경찰이 일반적으로 즐겨 쓰는 용어를 보면, '회사원풍', '사업가풍'이란 말도 있다. 경찰의 말에 따르면, 양복 차림의 깔끔한 인상은 '회사원·사업가 풍'이며, 뭔가 깔끔하지 않으면 '노동자풍'이라고 한다. 아마도 건설현장에서 일하는 사람을 연상하며 그런 용어를 썼는지는 모르지만 왠지 씁쓸하다. 최근 노동자 개념은 많이 확장되고 달라졌다. 요즘은 육체노동자보다 서비스·사무직 노동자가 더 많고, 때로는 그들이 노동자를 대표하기도 한다. 이렇게 볼

때 우리 사회에 만연한 육체노동자를 무시하는 듯한 용어인 '노동자
풍'이란 말은 재고해 볼 필요가 있다.

'노동'은 인간의 신성한 활동이다. 인간은 노동을 통해 삶을 영위
해 왔으며 인류 역사를 창조해 왔다. 그러나 우리 사회에 만연한 노
동, 특히 육체노동에 대한 경시 풍조는 위험 수위에 도달할 듯하다.
'육체노동'에 대한 경시는 노사분규 현장에서 종종 볼 수 있다. 특히
노동자와 사용자 측으로 나뉘어 대립할 때 노동자에 대한 오해가 더
욱 깊어지는 것은 아닐까 하는 우려도 갖게 된다.

노동은 크게 정신노동과 육체노동으로 구분할 수 있다. 그런데 어
느 때부터인지는 몰라도 정신노동과 육체노동의 격차가 커지면서 이
젠 정신노동이 육체노동보다 본질적으로 우월한 것으로 평가받는 시
대가 되었다. 이 때문에 젊은이들은 육체노동자가 아닌 정신노동자
가 되기를 원하고, 이로 인해 육체노동자를 얕보거나 천시하는 사회
분위기도 만들어졌다. 물론 열심히 노력하여 좀 더 좋은 노동환경에
서 일하는 것을 나쁘게 볼 수는 없다. 그러나 문제는 일방적으로 육
체노동을 천시하는 사회 분위기이다.

5월 1일은 '근로자의 날'이다. 메이데이(May Day) 혹은 워커스데
이(Workers' Day)라고도 불리는 '노동절'은 미국의 노동운동에서 시작
되어 유럽으로 전파되었다. 우리나라에서는 8·15광복 후 5월 1일을
'노동절'로 기념했으나, 1963년부터 한국노동조합총연맹 창설일인 3
월 10일을 '노동절' 대신 '근로자의 날'로 정했다가 1994년부터 다시
5월 1일을 '근로자의 날'로 정하고 있다. 대한민국을 세계 10위권의

경제대국으로 만든 동력은 근면한 한국인의 육체노동과 정신노동이다. '노동'은 그것이 육체적인 것이든 정신적인 것이든 모두 '신성하고 소중한 것'이다. 이러한 신성하고 소중한 가치를 바로 세우는 것이야말로 우리 모두를 행복하게 만들 수 있는 비결이 아닐까!

정신노동자인 위정자에게조차 의로움과 부지런함을 강조했던 공자의 말을 '노동절'에 즈음하여 다시 생각해 보는 것은 바로 이러한 바람 때문이다.

::**출전**:: 『논어』 「자로」
::**내용소개**:: 진성수(전북대 교수)

# 맹헌자가 말했다.
## "말을 기르고 수레를 타는 이는 닭과 돼지를 살피지 않는다."

孟獻子曰 畜馬乘 不察於鷄豚

맹헌자는 노나라의 대부로서 어질고 바른 정치를 펴고자 노력했던 사람이다. '말을 기르고 수레를 타는 이'란 이제 막 대부로 등용된 사람을 말한다. '대부'는 기업체로 치면 중견간부에 해당하는 벼슬로서 운전기사가 딸린 고급 자동차를 타고 다닐 수 있는 사람이다. 그 정도 벼슬에 안정된 수입을 얻게 되면 이제껏 먹고살기 위해 길렀던 닭이나 돼지를 더 이상 기르지 말아야 한다는 것이다.

닭이나 돼지는 노인과 아이들의 손으로 키우는 가축이다. 즉 사람이 먹다 남은 것을 주거나 오가는 길에 풀을 뜯어다 주면 되는, 전문성이 없어도 쉽게 기를 수 있는 일종의 부업을 가리킨다. 따라서 직장을 가질 수 없는 노약자에게 약간의 돈을 벌게 하는 소일거리인 셈이다. 이러한 소일거리를 통해 가족의 단백질 공급원을 만들고, 또 남는 것을 팔아서 집안 살림에 다소 보탬이 되도록 하는 것이다.

그런데 부유한 사람이 노약자의 부업이 될 만한 일을 하게 되면,

노약자들이 닭과 돼지를 기른다 해도 팔 곳이 없어지게 된다. 이로 인해 결국 노약자와 같은 사회적 약자들은 경제활동을 제대로 할 수 없게 된다. 뿐만 아니라 부유한 사람들이 닭이나 돼지 기르는 허드렛일에 신경 쓰다 보면 자기의 고유한 업무에 전심할 수도 없는 것이다.

최근 도봉산을 등산하고 내려와서 뒤풀이를 하며 이러저런 이야기를 나눈 적이 있다. 요즘은 퇴직한 사람들이 음식점이나 슈퍼마켓, 옷가게 등 특별한 기술 없이도 할 수 있는 업종으로 몰리다 보니 1년도 되기 전에 퇴직금을 모두 까먹게 되고, 그나마 대기업이 하나둘 잠식해 들어오기 때문에 대기업의 체인점을 하거나 하청업을 하는 수밖에 없다는 한탄 어린 말을 들었다.

자금과 전문성 없이도 할 수 있는 일은 중견기업이 참여할 수 없게 하고, 대기업은 고도의 전문성이나 대규모의 자금을 필요로 하는 업종과 품목만을 할 수 있게 하는 등 자본금과 전문성을 적절하게 평가하여 할 수 없는 품목과 업종을 나누어 보는 것은 어떨까? 이런 일에 국민적 공감을 얻는다면, 쓸데없이 생기는 대기업에 대한 편견과 불신이 지금처럼 높아지지 않을 수도 있지 않을까?

::**출전**:: 『대학』
::**내용소개**:: 윤상철(대유학당 대표)

【050】

# 사람의 허물이 각각 그 종류가 있으니, 허물을 보면 그 인(仁)을 알 수 있다.

人之過也各於其黨 觀過 斯知仁矣

집을 지으려면 기초가 튼튼해야 한다. 신영복 선생은 일찍이 "집을 지어 본 적이 없는 사람은 집을 그릴 때 지붕부터 그리지만, 집을 지어본 적 있는 목수는 주춧돌부터 그린다."고 말했다. 이것은 '경험의 소중함'과 '기초의 중요성'을 집약한 말이다. 한 가족이 안락하게 사는 집을 짓는 데에도 이처럼 기초가 중요한데, 겨레가 살아갈 국가를 경영하는 데에 기초의 중요성을 다시 말해 무엇하겠는가?

공자는 일찍이 "군자는 근본을 힘쓰니, 근본이 서면 도가 생긴다[君子務本 本立而道生]."라고 말했다. 공자가 말한 군자는 인격이 갖추어진 지도자를 가리킨다. 따라서 공자의 말을 현대적으로 다시 해석해 보면, "지도자는 근본에 힘써야 한다. 근본이 바로 서면 나머지는 쉽게 해결될 것이다."라고 볼 수 있다.

공자는 '허물이 있으면 고치기를 꺼리지 않는 사람[過則勿憚改]'을 군자라고 말했다. 즉 자신의 허물을 가능한 빨리 고치는 것을 군자의 기본으로 본 것이다. 공자를 동양의 성인(聖人)으로 추앙하는 것은 단지 그가 이렇게 멋진 말을 했기 때문이 아니라 몸소 자신이 말한 것을 실천함으로써 자신의 말이 옳았음을 삶을 통해 증명했기 때문이다. 이것이 바로 공자의 위대함이요, 존경받는 이유이다. 공자는 진(陳) 나라 사패(司敗)와 대화하면서 노나라 소공(昭公)을 두둔했다. 그러나 얼마 후 공자는 자신의 잘못을 지적한 사패의 말을 전해 들은 후 자신의 잘못을 기꺼이 인정한다. 이처럼 공자는 자신이 말한 군자의 도리를 몸소 실천한 것이다.

'허물'이란 자기도 모르게 사리(事理)를 잃은 것이다. 그러나 악(惡)이란 고의로 이치를 거스르는 것이다. 따라서 스스로 반성하고 고치는 데 열중한다면 허물이 도리어 선(善)이 될 수 있지만, 반성하는 데 게으르다면 허물은 결국 악으로 흐르게 될지도 모른다.

공자는 "사람의 허물이 각각 그 종류가 있으며, 허물을 살펴보면 그 사람의 부족한 부분을 알 수 있다"고 말한다. 언론보도를 보면, 다양한 계층과 정당들의 시각에서 현 정부의 실정(失政)을 지적하고 있다. 물론 모든 비판을 현 정부의 잘못으로만 볼 수는 없다. 그러나 공자가 말한 군자로서의 건전한 덕성을 갖추기 위해서라도 현 정부의 지도자급 인사들은 언제라도 자신의 허물을 발견했을 때, 이를 과감하게 고치려는 자세를 가졌으면 하는 바람을 가져 본다.

:: **출전** :: 『논어』 「이인」
:: **내용소개** :: 진성수(전북대 교수)

# 백성은 국가에 대한 신뢰가 없어지면 어떤 경우에도 온전히 서지 못한다.

民無信 不立

세상을 다스리는 것은 대단히 중요한 일인 동시에 참으로 어려운 일이다. 그렇다면 정치를 할 때 염두에 두어야 할 것은 무엇일까? 이에 대해 『논어』「안연」편에는 다음과 같은 이야기가 나온다.

공자의 제자인 자공(子貢)이 정치에 대하여 묻자, 공자가 말하였다. "풍족한 경제력과 군사력, 그리고 백성의 국가에 대한 신뢰다." 자공이 다시 물었다. "어쩔 수 없이 이 세 가지 중 하나를 포기해야 한다면, 어떤 것을 먼저 해야 합니까?" "군사력을 포기해야 한다." "나머지에서 하나를 포기한다면, 어떤 것을 먼저 해야 합니까?" "경제력을 포기해야 한다. 사람은 누구나 죽게 마련이다. 그러나 백성은 국가에 대한 신뢰가 없어지면 어떤 경우에도 온전히 서지 못한다."

이 대화에서 공자는 정치의 핵심 세 가지를 제시하였다. 경제력, 군사력, 그리고 국민의 신뢰. 정치에서 경제력과 군사력은 국가를 지탱하는 양대 축이라 할 수 있다. 우선은 먹고 살아야 하고, 외세로부터 국가를 굳건히 지켜야 하기 때문이다. 그렇지만 이러한 것들보다 우선하는 보편적 가치가 바로 '신뢰'이다. 포기할 수 없는 세 가지 요소 가운데 하나를 선택해야만 하는 극단적 가정하에서 공자는 서슴없이 국민의 신뢰를 최후의 보루로 삼았던 것이다.

국가가 군사력을 잃으면 국민의 안위를 장담할 수 없고, 경제력을 잃으면 국민의 삶은 비참해진다. 그러나 이런 극한에서도 국민의 신뢰가 남아 있다면, 국가는 시련을 극복할 충분한 개연성이 있게 된다. 만약 국민이 국가를 신뢰하지 못한다면, 최첨단 무기도 화려한 경제지표도 국민과는 무관한 허상(虛像)이 되기 십상이다. 일부 계층만의 전유물로 전락하는 순간, 막강한 군사력과 풍족한 경제력은 오히려 국민을 억압하고 빈부 격차를 심화시키는 독이 될 뿐이다. 살아도 사는 게 아닌, 죽느니만 못한 삶을 공자는 가장 걱정했던 것이다.

우리나라는 전 세계가 놀랄 만한 눈부신 발전을 이루었고 선진국 대열을 운운하고 있다. 하지만 정작 중요한 것은 국민의 신뢰이다. 양적인 성장만으로 국익(國益)과 국격(國格)을 논하는 건 곤란하다. 국민의 신뢰를 회복하는 것이 급선무다. 국익을 말하지만, 사실상 국민의 신뢰보다 더한 국익이 또 어디 있겠는가?

::**출전**:: 『논어』 「안연」
::**내용소개**:: 심규하(성균관대 강사)

# 【052】

# 문화가 일어나지 않으면
# 형벌이 적중하지 못한다.

禮樂不興 則刑罰不中*

자로가 공자를 수행하여 위나라에 갔을 때의 일이다. 자로가 공자에게 위나라 정치를 담당한다면 무엇부터 하시겠는가 물었다. 공자는 명(名:명분, 명칭)부터 바로잡겠다고 하였다. 그러자 자로가 한숨을 쉬면서 어떻게 그것이 가능하느냐고 반문하였다. 이에 공자는 자로를 질책하면서, "명이 바르지 않으면 말이 순조롭지 못하고, 말이 순조롭지 못하면 일이 이루어질 수 없고, 일이 이루어지지 못하면 예악(문화)이 일어나지 못하고, 예악이 일어나지 못하면 형벌이 적중하지 못하고, 형벌이 적중하지 못하면 백성들이 손발을 둘 곳이 없다."고 하였다.

　여기서 "문화가 일어나지 않으면 형벌이 적중하지 못한다."는 말은 오늘의 우리나라 법제도와 문화에 비추어 볼 때 의미심장하다. 그것은 형벌 시행과 그것의 근거가 되는 법보다는 인간의 자발성과 그

---

* 興(흥): 일어나다. 錯(조): 두다.

근거가 되는 문화의식이 중요하다는 뜻이다. 아무리 법 전문가라 하더라도 객관적 법률에만 근거하여 판단을 내리기 어렵다. 심지어 사람의 생명까지도 좌지우지할 수 있는 법률적 판단에도 법 전문가의 문화의식은 중요한 역할을 한다. 이러한 점에서 우리나라 법 전문가의 양성과정과 제도를 본다면 불안감을 지울 수 없다. 사실 해방 후 도입된 서구 중심의 법제도는 우리의 문화와 괴리감이 없을 수 없었다.

현재 활동중인 대통령 산하 사법개혁추진위원회에서는 로스쿨 및 국민사법참여제 도입, 고법상고부 설치, 법조일원화, 법조윤리 제고방안 등에 관련된 개혁안을 논의하고 있는데, 이것들은 모두 지난 50년 간 유지되어 온 사법제도를 근간부터 바꾸는 것들이다. 그만큼 우리나라의 법제도와 문화가 열악하였음을 반영하는 것이다. 예컨대 '전관예우'나 '고시낭인' 등의 용어가 낯설지 않을 정도로 대다수 국민들이 사법부와 법제도에 대해 느끼는 감정은 유쾌한 것이 아니다. 현재의 정치지도자들이 즐겨 쓰는 '법과 원칙'이라는 말 자체도 국가사회를 유지하기 위해서는 당연한 것이지만, 객관적인 법이 사람보다 우선할 수 없다. 유교에서도 형벌과 그 근거가 되는 법 자체를 부정하지 않으며 다만 법지상주의에 대해서 경계할 뿐이다.

::**출전**:: 『논어』「자로」
::**내용소개**:: 윤무학(동방대학원대학교 교수)

4

인
생

# 053

# 마음이 거기에 있지 않으면,
# 보여도 볼 수 없고 들려도 들을 수 없다.

心不在焉 視而不見 聽而不聞*

"끊임없이 준비하면서 기회를 엿보고 있으면 얼핏 스치는 기회라도 내 눈에 확실히 잡히고, 그냥 스쳐 가는 소리라도 내 귀에는 천둥소리처럼 들리며 '바로 그거다' 하고 내 마음에 확실히 새겨진다. 그래서 기회는 내 것으로 되고, 그 기회의 맛은 달콤하기 그지없다!"

들려오는 소식들에 의하면 세상은 온통 우울하다. 대학 졸업생들의 새로운 취직자리는 더욱 좁은 문으로 변해 가고 있고, 그 취업을 위해 준비해 왔던 학생들은 허탈감에 빠져 있다. 그렇다고 허탈해 하고 있을 수만은 없는 일 아닌가? 그 좁은 문이라도 있고 보면 그를 통과하는 사람은 있게 마련이고, 그 사람 중에 내가 들기 위해서는 배전의 노력을 해야 할 것이다. 목표를 잘 세우고 계획성 있게 잘 실천해 나가면 바라던 바를 성취하는 일이 그리 어렵지는 않을 것이다. 중요한 것은 뜻을 확고하게 세우고 그 뜻을 성실하게 실천해 나가는

---

* 焉(언): 어조사. 視(시): 보다. 聽(청): 듣다.

일이다. 그래서 항상 마음을 한 군데로 집중시켜 분산시키지 말아야 한다. 옛날 선비들은 이를 '주일무적(主一無適)'이라고 했고, 그러한 마음가짐을 '경(敬)'이라고 했다. 경건한 삶의 태도가 요구되는 까닭이 바로 여기에 있다.

우리 일생 중에 행운의 여신은 누구에게나 세 번쯤은 찾아온다고 한다. 어떤 이는 그 세 번을 다 맞이하는가 하면, 어떤 이는 자기에게 행운의 여신이 찾아왔는지조차도 모른다고 한다. 왜 그럴까? 문제는 행운의 여신을 맞이할 준비를 평소에 하고 있었느냐의 여부에 달려 있는 것이다. 때문에 우리는 평소에 끊임없이 행운의 여신을 맞이할 준비를 하고 있어야 한다. 준비가 되어 있지 않을 때는, 행운의 여신이 내 앞에서 손짓해도 나는 그를 볼 수조차 없다. 그래서 『대학』에서도 성의(誠意) 있는 생활을 하라는 의미에서 "마음이 거기에 있지 않으면, 보여도 볼 수 없고 들려도 들을 수 없고 먹어도 그 맛을 알지 못한다."라고 하여 끊임없이 준비하는 생활태도를 중시하였던 것이다.

::**출전**:: 『대학』
::**내용소개**:: 안재순(강원대 교수)

# 054

# 죽고 사는 것은 명에 달려 있고,
# 부와 귀는 하늘에 달려 있다.

死生有命 富貴在天

몇 년 전 우리나라에서 자살로 인한 사망자는 인구 10만 명당 24명으로 전년보다 4.9명이나 늘어나면서 지난 통계청의 사망원인 통계조사 이래 역대 최고치를 기록했다. 더욱 충격적인 사실은 자살이 20~30대의 사망원인 1위를 차지했다는 것이다. 이는 생명 경시풍조 등과 함께 경기침체에 따른 생활고 등이 원인인 것으로 풀이되고 있다.

『명심보감』에서 공자의 말로 보이는 이 구절은 본래 『논어』에서는 제자인 자하가 전해 들은 것으로 되어 있다. 이 말은 피상적으로 보면 운명론 또는 숙명론적 내용으로 귀결시킬 수 있을 것이다. 사실 현실적 삶을 영위하는 입장에서 모든 것을 신의 의지나 계시로 돌린다면 상당한 부조리가 야기될 수 있다. 그러나 이러한 부조리가 현실적 삶에서 무의미한 것만은 아니다. 우리는 경우에 따라서 합리성을 추구하면서도 일정한 한계를 가질 수밖에 없고, 때로는 초월자에 대한 의지를 통하여 현실적 문제를 극복하고자 구원을 바라기도 하며, 합리적으로 해결할 수 없는 문제에 봉착하면 자포자기하거나 때로는 문제를 자신의 내면으로 승화시켜 경건성을 확보하고자 한다. 인간에게 이러한 종교성이 내재되어 있다는 점에서 보면, 종교를 단지 원시시대의 미신과 같은 것으로 치부할 수만은 없을 것이다.

공자는 '천도'와 같은 형이상학적 문제에 대한 언급을 자제하였지만, 수제자 안연의 죽음에 임하여 "하늘이 나를 망하게 하는구나."라고 탄식하며 통곡하였고, 생명을 위협받는 긴박한 상황에 임해서는 언제나 '하늘'을 내세워 현실을 합리화하였다. 중국의 대표적 유물론자인 후한의 왕충도 인생관에 있어서는 숙명론자였다. 그렇지만 왕충이 주어진 현실을 모두 운명으로 돌리고 자포자기하는 삶을 살았던 것은 아니다. 오히려 당시 유행하던 참위설을 비롯한 미신을 철저하게 비판하면서 자신의 현실적 의지를 관철하고자 노력하였다.

공자의 이 말은 소중한 생명을 일부러 버리거나 남을 해치면서까지 억지로 살기를 도모하며, 부귀를 위해서는 예의염치를 전혀 고려하지 않는 이들에게는 더욱 의미가 있을 것이다. 그러기에 안빈낙도(安貧樂道)는 단순히 소극적 처세술이 아닌 것이다.

::**출전**:: 『논어』「안연」
::**내용소개**:: 윤무학(동방대학원대학교 교수)

# 055

# 사람이 길(지평)을 넓힐 수 있지
# 길이 사람을 넓어지게 하지 않는다.

人能弘道 非道弘人*

우리는 각종 시험에 시달린다. 대학에 가려면 수능을 치러야 하고 취업을 하려면 토익 등 외국어 자격증을 취득해야 한다. 시장은 만점자의 학습법 등을 재빨리 책으로 가공해 내지만, 그 비법을 따라해도 모두 만점을 받지 못한다. 그 길은 그들의 길이었지 나의 길이 아니기 때문이다. 개개인에게 맞는 방법을 찾아야지 남의 길을 그대로 따라갈 수는 없다. 아무리 비법을 말로 글로 표현한다고 해도 하나도 남김없이 완전하게 드러낼 수 있는 길이 없기 때문이다.

사람이 궁지나 한계에 몰리면 몇 가지 양상을 보인다. 나 몰라라 도망가는 도피형, 도와달라며 주위에 손 내미는 의존형, 비슷한 상황에 놓였던 이들의 사례를 찾는 경험 중시형, 스스로를 믿으며 해결을 모색하는 창조적 판단형 등이 있다. 요즘 우리 사회에서 가장 널리 떠도는 말이 일류, 글로벌 기준, 경쟁력이다. 우리가 이 과제를 바람

---

* 能(능): 할 수 있다. 弘(홍): 넓히다. 道(도): 길(way, principle, ideal).

직하게 성취하려면 기도나 희망만으로 되지 않는다. 먼저 시키는 것을 마지못해 할 것이 아니라 주인으로서 알아서 하려는 적극적 자세를 가져야 한다. 다음으로 스스로 해결할 능력이 없으면 앉아서 손을 놓을 것이 아니라 벤치마킹(benchmarking)을 해야 한다(한국에서 벤치마킹은 원래의 의미에 충실하기보다는 모방, 도용에 가까운 뜻으로 남용되고 있다). 어떤 도움은 자기 밖에서 더 잘 찾을 수 있기 때문이다.

모든 답이 남에게 있는 것이 아니다. 또 남이 100% 내가 될 수도 없다. 일류, 즉 스스로 하나의 흐름이 되려면 남에게 없는 것을 제 스스로 만들어 내야 한다. 그 길은 전통 · 역사 · 관행 · 현실과 반대될 수도 있다. 이 대립에서는 고독한 자신감(self-confidence)을 가져야 한다. 일류란 자기가 나아갈 길의 기준을 스스로 결정하는 것이다. 루쉰은 국민의 노예 정신을 질타하고 예교를 사람 잡아먹는 것으로 비판했다. 그런 그가 위 구절을 가장 잘 풀이했다. "○○이란 본래 있다고도 할 수 없고 없다고도 할 수 없다. 그것은 마치 땅 위의 길과 같은 것이다. 본래 땅 위에는 길이 없었다. 걸어가는 사람이 많아지면 그것이 곧 길이 되는 것이다."(「고향」. *○○이 무엇인지 맞추어 보십시오.) 현빈이 TV 광고에서 파워스키를 타고 큰 배를 뛰어넘으며 "내가 가면 길이 된다."고 하지 않았던가? 가다 보면 길이 나고 그러다 함께 가는 사람이 생기는 우리는 더 좋은 세상에 있게 될 것이다.

:: **출전** :: 『논어』 「위령공」
:: **내용소개** :: 신정근(성균관대 교수)

# 056

# 공자가 냇가에서 말했다.
## "가는 것이 이 물과 같구나! 주야로 그침이 없도다"

子在川上曰 逝者如斯夫 不舍晝夜*

정원이 아버지에게 말한다. "먼저 전원을 켜고 스위치를 TV 쪽으로 옮긴 다음 채널을 4에 맞추세요!" 아무리 설명해도 제대로 알아듣지 못하는 늙은 아버지. 결국 짜증이 난 정원은 방을 나가 숨을 고른 다음 백지를 꺼내 메모를 시작한다. '1. 먼저 전원을 켠다⋯⋯.'

영화 〈8월의 크리스마스〉의 정원은 이런 식으로 자신의 삶을 정리하고 죽음을 준비했다. '사람의 죽음을 저렇게 자연스럽게 말할 수도 있구나.' '사람의 슬픔이 이처럼 편안히 받아들여질 수도 있네.' '사람과 사람의 사랑이란 어떤 상황에서도 아름답게 드러날 수 있는 것이구나.' 아마도 이런 감상 때문에 이 영화가 애호하는 영화 목록에 들었을 것이다.

삶과 죽음 전체를 바라볼 수 있는 안목은 쉽게 만들어지지 않는다. 누구나 특히 어린 시절엔 자기 중심의 세상 안에서 눈앞에 보이

---

* 逝(서): 가다. 지나가다. 죽다. 舍(사): 머물다. 집.

는 것만을 보면서 살기가 십상이다. 지구는 나를 위해 자전과 공전을 하는 것이라는 허풍까지도 내심 품고서 말이다. 그러던 어느 날 내가 없으면 영 돌아가지 않을 것 같았던 동아리와 조직, 심지어 가정에서조차 나의 부재를 아무렇지도 않게 수용함을 발견하게 될 때가 있다. '그래, 세상은 흘러가게 되어 있는 거야.' 스스로 위로하며 상황을 받아들이면 좀 더 성장한 것일까?

공자는 인자한 사람은 산을 좋아하고 지혜로운 사람은 물을 좋아한다고 했다. 아주 작은 곳에서 발원한 물은 계곡을 흐르고 때론 폭포수로 떨어지기도 하며 평원이나 도시를 관통하기도 하면서 때와 장소에 맞는 흐름을 흐른다. 이런 물의 유연함이 바로 지혜로운 자의 핵심 덕목일 터이다.

나이를 더해 갈수록 한 해는 그만큼 더 빠른 속도로 지나간다. 그리고 그 시간들은 그저 소비되어 버리는 것이 아니라 내 안에 쌓인다는 자각도 생긴다. 한시도 멈춤이 없는 흐름의 공간 안에서 멀미 내지 않고 잘 지내려면 그 흐름에 맞는 나의 운동이 필요하다. 생각도 몸도 흘러가는 시간을 의식하면서 그에 어울릴 수 있도록 말이다.

::**출전**:: 『논어』 「자한」
::**내용소개**:: 안은수(민족의학연구원 상임연구원)

# 057

# 비유하자면 산을 만드는데 흙 한 삼태기가 모자라 이루지 못하고 그치는 것도 내가 그치는 것이다.

譬如爲山 未成一簣 止吾止也*

"한 번쯤이야, 뭐." "오늘 하루 하지 않는다고 무슨 대수냐?" 우리가 일상에서 게으름을 피울 때 쉽게 내뱉는 변명들이다. 그러나 그 한 마디들이 모여 끝내 인생의 향방을 가른다.

춤을 업으로 하는 이들 사이에 회자되는 말이 있다. "연습을 하루 안 하면 자신이 알고, 이틀 안 하면 선생님이 알고, 사흘 안 하면 관객이 안다." 춤꾼에게 연습이 얼마나 중요한지 일깨워 주는 말이다.

춤은 사람의 마음을 사로잡는다. 빼어난 춤꾼의 몸은 표현할 수 없는 매력을 뿜어 낸다. 그 우아함은 보는 이의 넋을 송두리째 앗아 간다. 오죽했으면 다산 정약용조차 춤추는 미인에게 홀린 듯 시 한 편을 남기고 있을까.

우리나라에 젊고 뛰어난 춤꾼이 많다. 그중에서도 금방 떠오르는 이가 김용걸과 김주원이다. 김용걸은 성균관대학교 무용학과 출신으

---

* 譬(비): 비유하다. 簣(궤): 삼태기.

로 동양인으로선 처음으로 프랑스 파리 오페라발레단에 입성한 솔리스트다. 김주원은 2006년 제14회 브누아 드 라 당스 최고 여성무용수상을 받은 국립발레단 수석무용수다.

그들은 자타가 공인하는 지독한 연습벌레다. 그들은 배우고 익히되 한 번 배운 것으로 끝나지 않는다. 열 번, 백 번, 아니 천 번에 걸쳐 익히고 또 익힌다. 『논어』의 '학이시습지(學而時習之)'를 그들만큼 실천하는 이들도 드물다. 한 마디로 '미쳤다'는 소리를 들을 정도로 익히고 또 익힌다. '마지막 한 삼태기'의 위력을 알기 때문이다.

그들도 숱한 실패와 좌절을 겪는다. 그러나 그들은 그 실패와 좌절을 절대로 '네 탓'으로 돌리지 않는다. 무대에서 넘어지는 순간 자신들이 마지막 한 삼태기를 더 나르지 않았음을 겸허히 발견한다. 사실 마지막 한 삼태기의 그 '마지막'이 언제인지는 아무도 모른다. 단지 결과적으로 그것이 마지막이었음을 짐작할 뿐이다.

하지 않으면 그만이다. 이왕 할 바엔 "오늘 한 번쯤이야."라는 유혹을 물리치고, '한 번 더'를 외치자. 언제가 마지막일지 기약할 수는 없지만.

::**출전**:: 『논어』「자한」
::**내용소개**:: 김재경(조선대 교수)

# 058

# 한 소쿠리의 밥과 한 표주박의 물로
# 누추한 곳에 거처하며 살면서
# 안회는 그 즐거움을 고치지 않는구나.

一簞食一瓢飮 在陋巷 回也不改其樂*

안회는 젊은 나이에 굶어 죽었다. 남긴 저술도 없다. 그런데도 후인들은 그를 아성(亞聖)으로 칭송하고 있다. 3천 명이나 되는 제자를 두었지만, 공자는 안회를 가장 사랑했다. 그가 죽었을 때 공자는 "슬프다! 하늘이 나를 버리는구나. 하늘이 나를 버리는구나."라고 애통해 마지않았다. 안회 역시 스승을 지극히 따랐다.

공자는 안회가 자신을 "아버지처럼 보았다."고 말했다. 공자는 외로운 사람이었다. 아무도 자기의 뜻을 알아주는 사람이 없다고 생각했던 그는 하늘만이 자기를 이해한다고 탄식하기도 했다. 그래서 공자는 안회와 말하는 것을 좋아했다. 안회와의 만남은 공자가 이 세상에서 위로받는 시간이었을 것이다. 그런데 공자가 종일토록 이야기해도 안회는 바보처럼 묵묵히 듣기만 할 뿐 말이 없었다. 그래서 공

---

* 簞(단): 소쿠리. 瓢(표): 표주박.

자는 "안회는 나를 도와주는 자가 아니다."라고 말했다.

공자는 안회가 너무 조용하여 제대로 알아듣는 것인지 의심했다. 그러나 "물러가 생활하는 모습을 보면, 내가 말한 것을 모두 실천하고 있었다. 안회는 바보가 아니다."라고 말했다. 또한 "말해 주면 게을리하지 않는 것은 안회일 것"이며, 안회가 "앞으로 나아가는 것만 보았지 멈추어 있는 것을 보지 못했다."고 칭찬했다.

자공은 당대에 공자보다 뛰어나다는 평가도 들었다. 그러나 공자가 "너와 안회 가운데 누가 더 나으냐?"라고 묻자, "제가 어떻게 안회와 비교하겠습니까? 안회는 하나를 들으면 열을 알고, 저는 하나를 들으면 둘을 알 뿐입니다."라고 답했다. 만족한 공자는 "그래, 네 말이 맞다. 너와 나는 안회만 못하다."라고까지 말했다. 자공으로서는 기분이 좋지 않았을 것이다. 그러나 공자는 그렇게까지 해서라도 안회를 추억하고 싶었던 듯하다.

공자의 말대로 "가난하면 세상을 원망하고 타인을 탓하기 쉬우며, 비굴하게 되기 쉽다." 그러나 안회는 그것을 즐거움으로 받아들였으니 하늘을 즐거워하는 자라 할 만하다. 선인들의 지식은 따라갈 수 있으나, 그 삶은 따라갈 수 없다고 내가 언제나 자괴하는 이유가 이 때문이다.

::**출전**:: 『논어』 「옹야」
::**내용소개**:: 김영수(국민대 연구교수)

# 059

# 삶을 알지 못한다면
# 어떻게 죽음을 알겠는가?

未知生 焉知死*

계로가 귀신 섬기는 법과 죽음에 대하여 물었을 때, 공자는 "사람을 섬기지 못하면서 어찌 귀신을 섬기겠는가?", "삶도 알지 못하면서 죽음을 어찌 알겠는가?"라고 답한다. 이 한 마디 말 때문에 공자는 종종 죽음과 사후 세계에 대해서는 관심을 갖지 않았다는 혐의를 받지만, 사실 공자가 죽음에 관심을 두지 않은 것은 아니었다. 죽은 자에 대한 제례나 죽은 자를 보내는 상례를 세세하게 밝히는 공자의 언행은 죽음과 죽은 자에 대한 관심의 정도를 가늠하게 하기 때문이다.

어느 누구도 스스로 죽음을 경험하는 사람은 없고 단지 타자의 죽음을 통해서만 자신의 죽음을 체험할 수 있을 뿐임을 생각해 보면, 공자가 삶을 모르고서 죽음을 어찌 알겠느냐고 답변한 것은 자신이 경험하지 못한 것에 대한 무지함을 고백하는 솔직한 심정일 것이다. 이렇기 때문에 공자는 자신이 경험해 보지 않은 죽음에 대해서 왈가

---

* 焉(언): 어찌.

완부하기보다는 삶을 잘 알면 죽음에 대해서 잘 알 수 있다고 말하는 방식을 택한 것이리라.

최근 웰빙(well-being)에 대한 관심이 한껏 고조되어 있고 그만큼 죽음은 현대인에게 홀대받고 있다. 죽음은 삶의 반대 항에 놓이며, 삶의 끝 혹은 삶과의 단절로 이해된다. 따라서 죽음은 가능한 멀리 있어야 할 것, 나와 내 주변에 닥치지 않으면 좋을 것으로 간주된다. 영원한 삶을 염두에 두는 인간 생명 복제에 대한 관심과 내 집 부근에 병원의 영안실이나 납골당이 설치되는 것이 어쩐지 꺼림칙한 것은 모두 이러한 생각의 일환일 것이다. 하지만 사실 죽음은 삶과 무관하지 않으며 삶의 과정 중에 놓여 있다. 이렇기 때문에 웰빙은 죽음의 문제와 아무런 상관 없는 것이 아니라 웰다잉(well-dying)과 긴밀하게 연관되어 있다. 죽음을 염두에 두고 죽음을 준비하며 사는 사람들은 늘 자신이 잘 살고 있는가를 돌아본다.

결국 잘 사는 사람이 잘 죽을 수 있고, 잘 죽을 것을 염려하는 사람이 잘 사는 것에 관심을 가질 수 있는 것이다. 이런 맥락에서 "삶도 알지 못하면서 죽음을 어찌 알겠는가?"라는 공자의 언급은 죽음에 대한 무관심으로 이해될 수 없다. 오히려 죽음을 준비하는 삶, 웰다잉을 염두에 둔 웰빙을 의미하는 것이며, 그것은 "삶을 잘 알면 죽음도 잘 알 수 있을 것이다."라는 의미를 지닌다.

::**출전**:: 『논어』「선진」
::**내용소개**:: 김세서리아(성신여대 연구교수)

# 060

# 잘시작하고 잘마치는 사람은 성인일 것이다.

有始有卒者 其惟聖人乎*

학교에서의 2월과 3월은 마침과 시작이 있는 달이다. 2월에 대부분의 학교들이 졸업식을 가져 졸업생들을 상급학교나 사회로 배출하고, 3월 초에 일제히 입학식을 하여 새로운 입학생들을 구성원으로 받아들인다. 입학하는 학생들은 저마다 새로운 각오와 계획을 가지고 학교생활을 시작할 것이다. 그런데 졸업하는 시점에서 그 각오와 계획을 얼마나 지니고 있으며 얼마나 실천했는가 되돌아본다면, 시작할 때의 각오를 여전히 지니고 있으며 시작할 때의 계획을 모두 달성했노라고 자신 있게 말할 수 있는 사람은 그리 많지 않을 것이다.

공자의 제자 자하(子夏)는 『논어』「자장」편에서 "잘 시작하고 잘 마치는 사람이 가장 훌륭한 사람일 것이다."라고 말했다. 이는 잘 시작하고 잘 마치도록 권면하는 말이자, 잘 시작하고 잘 마치는 일이 그만큼 어렵다는 것을 보여 주는 말이기도 하다.

율곡 선생은 처음 배우는 사람들을 위한 교육용 책자인 『격몽요

---

＊始(시): 처음. 시작하다. 卒(졸): 군사. 마치다. 惟(유): 오직. 聖(성): 성인.

결』에서 「입지장」을 맨 앞에 두어 시작할 때에 뜻을 세우는 것이 가장 중요하다고 강조했다. 시작할 때 뜻을 크고 분명하게 가져야 한다는 말이다.

잘 시작하는 것만큼이나 중요하고 또 더 어려운 것이 잘 마치는 일이다. 잘 시작하고 잘 나아가다가 마지막에 그르치는 일과 인생이 얼마나 많은지 모른다. 그래서 『시경』에서도 "잘 시작하는 사람은 많지만, 잘 마치는 사람은 드물다."고 말했다.

잘 시작하는 것과 잘 마치는 것을 연결해 주는 것은 성실함이다. 성실함이 없으면 아무것도 존재할 수 없기 때문이다. 자연은 성실함 그 자체이지만 사람은 끊임없이 성실하기 위해 노력해야 한다. 그것을 『중용』에서는 "지극한 성실함은 쉼이 없다."고 표현한다.

잎이 모두 떨어진 교정의 나무들이 하늘을 그대로 보여 주지만, 이제 파아란 새잎들이 봄의 향연에 나서고 있다. 졸업생들이 떠나간 대학 교정엔 또다시 풋풋한 새내기들이 채워 줄 것이다. 아무쪼록 잘 시작하고 잘 마치는 나와 우리, 그리고 한 해가 되길 빌어 본다.

::**출전**:: 『논어』 「자장」
::**내용소개**:: 임옥균(성균관대 연구교수)

# 061

# 작은 것을 기르는 사람은 소인이 되고,
# 큰 것을 기르는 사람은 대인이 된다.

養其小者爲小人 養其大者爲大人

사람을 소인과 대인으로 가르는 것이 편리했던지 옛사람들은 자주 이런 구별법을 썼다. 소인과 군자라는 말도 흔히 썼다. 오늘날에는 물론 이런 구별법을 잘 쓰지 않는다. 더러 속 좁고 자기 잇속에만 밝은 사람을 소인배라고는 칭하지만, 대인이니 군자니 하는 말은 아예 낯선 말이 되었다. 군자는 책 속에서나 만날 수 있고 대인은 무슨 매표소 요금표에서나 보게 되는 단어일 뿐이다. 그렇다고 대인·군자가 존재하지 않는 세상이라고 단언할 수는 없겠지만 그 실체적 의미가 모호한 만큼, '소인과 대인'이란 개념 자체는 우리에게 막연하고 추상적으로만 느껴진다. 어쩌면 그 개념이 전문화·세분화된 시대에 걸맞게 다른 명칭으로 이미 바뀌어 버리지나 않았을까 하는 생각도 해 본다.

그러나 맹자가 이 부분을 설파한 내용을 읽어 보면 상당히 구체적이면서 설득력이 있다. 맹자는 말한다. "신체에는 귀중한 것과 하찮은 것이 있고 작은 것과 큰 것이 있다. 작은 것 때문에 큰 것을 해치지 말고 하찮은 것 때문에 귀중한 것을 해치지 말라." 그리하여 '작은 것'에 집착하면 소인이 되고 '큰 것'에 신경을 쓰면 대인이 된다는 것이다. 그렇다면 신체의 어느 부분이 귀천과 대소로 구분되는가? 맹자의 비유를 빌자면 손가락·발가락에 비해 어깨나 등은 상대적으로 귀하고 큰 부분이다. 손발을 온전히 지키자고 몸통과 머리를 해칠 수는 없는 법이다.

사실 맹자의 비유는 단순히 인간의 신체에만 국한되지는 않는다. 인간사를 두고 보더라도 우리가 하찮고 작은 것에 매달려 중대한 것을 방치하는 어리석음을 범하는 경우가 얼마나 많은가? 맹자는 이와 유사한 사례들을 자주 거론하였다. 정원사가 귀중한 오동나무를 돌보는 대신 값싼 가시나무에 정성을 들이는 일, 육신의 안일에 탐닉하여 인성도야에 소홀히 하는 일, 미식과 미색에 취하여 도덕과 명예를 저버리는 행위, 이 모두가 '작은 것'으로써 '큰 것'을 손상시키고 '천한 것'으로써 '귀중한 것'을 해치는 결과를 빚는 것이다. 일처리에서든 사람관계에서든 우선순위를 정한 다음, 마음 씀씀이의 강약을 잘 조정하는 것이야말로 우리가 '큰 것과 귀중한 것'을 얻는 지혜가 될 것이다.

:: **출전** :: 『맹자』「고자 상」
:: **내용소개** :: 이준식(성균관대 교수)

# 062

# 시에서 감흥을 일으키고,
# 예에서 자신을 확립시키며,
# 음악에서 인간 완성이 이루어진다.

興於詩 立於禮 成於樂

공자는 예를 말할 때 늘 음악과 함께 이야기했다. 예와 음악은 음양과 마찬가지로 서로 떨어질 수 없는 것이므로 예악이라고 통칭하게 되었다. 또한 시와 음악은 원래 근원이 같은 것이었다. 고대에는 모든 시가 음악으로 연주될 수 있었고, 모든 음악의 가사가 곧 시였다.

공자의 최대 관심은 인간이었고, 개개인의 인간 완성을 통한 아름답고 선한 사회의 실현이 그의 최종 목표였다. 그런데 공자는 인간 완성은 이성적이고 도덕적인 것만으로는 이루어질 수 없다고 생각했다. 감성적이고 예술적인 것이 꼭 필요하다는 것이다. 『논어』를 읽어 보면 공자가 예 이외에 시와 음악에 얼마나 관심을 가졌고, 실제로 생활 속에서 그것들을 어떻게 실천했나를 잘 알 수 있다. 한 마디로 공자는 대단한 예술가였으며 훌륭한 예술사상가였다.

'흥어시(興於詩)'란 무엇일까? 외부의 사물을 대할 때 우리는 어떤 느낌을 갖게 된다. 그것을 "마음이 움직인다[心動]."고 말한다. 마음의 움직임은 말로 표현되고, 그것이 운율을 갖추게 되면 곧 시가 되는 것이다. 하지만 우리 마음이 제멋대로 발동되어 나와서는 안 되며 순수한 감흥을 일으킬 수 있어야 한다. 공자는 바로 좋은 시를 통해서 우리의 감정이 절제되고 아름답게 표현될 수 있다고 본 것이다.

'입어례(立於禮)'란 무엇일까? 예란 원래 분별과 질서를 강조하는 개념이다. 인간이 사회에서 함께 살아가려면 서로가 지켜야 할 규율이 있다. 운동경기에 규칙이 없으면 게임을 할 수가 없듯이 말이다. 예란, '남에 대한 배려'이다. 서로가 예를 지켜야 올바른 인간으로 설 수 있는 것이다.

'성어악(成於樂)'이란 무엇일까? 시에서 조화가 중요하다면, 예에서는 질서가 중요하다. 조화와 질서가 함께 어우러져야 비로소 훌륭한 음악이 될 수 있다. 공자는 바로 이러한 음악의 경지에서 비로소 인간 완성이 이루어진다고 보았다.

우리 모두가 시인이 될 수는 없으며, 꼭 되어야 할 필요도 없다. 하지만 계절의 변화와 세상의 아름다움을 가슴으로 느낄 수 있는 시심(詩心)은 가져야 하지 않겠는가? 우리 모두가 음악가가 될 필요는 없겠지만, 좋은 음악을 감상하거나 간단한 악기라도 하나 연주할 수 있다면 우리의 인생이 얼마나 풍요롭고 아름다워질까?

::**출전**:: 『논어』「태백」
::**내용소개**:: 이상은(상지대 교수)

# 063

# 공자가 말했다.
# "군자가 거주한다면 무슨 누추함이 있겠는가?"

子曰 君子居之 何陋之有*

공자가 활동했던 춘추 말기는 극도로 혼란했던 시기였다. 이러한 상황을 비판했던 공자는 평소 "바다 건너 구이(九夷)에서 살고 싶다."고 말하곤 했다. '구이'란 당시 아홉 오랑캐가 살고 있는 곳으로 알려져 있는데, 현재의 한반도 일대를 가리킨다. 어느 날 이 말을 들은 누군가가 공자에게 물었다. "그곳은 오랑캐가 사는 초라한 곳인데 어떻게 생활하실 겁니까?" 공자가 말했다. "군자가 살고 있는데 어떻게 초라하다고 말할 수 있는가?"

공자가 세상을 비관하여 중국을 떠나려고 했던 것은 「공야장(公冶長)」편에도 보인다. 공자가 말했다. "도(道)가 행해지지 않기 때문에 뗏목을 타고 바다를 건너가려 하는데, 나를 좇을 자는 아마도 자로(子路)일 것 같다." 자로가 이 말을 듣고 기뻐하니, 공자가 말했다. "너는 용맹을 좋아하는 것이 나보다 나으나 재료로 취할 것이 없다." 공자

---

* 陋(루): 누추함.

의 이 말은 성급한 성격을 가진 자로가 공자의 한탄하는 말만을 듣고 속뜻을 이해하지 못하는 것에 대한 충고였다.

공자는 고집스러울 정도로 세상에 뛰어들어 정면으로 맞섰던 실천가이자 개혁가였다. 이런 공자마저 중국을 버리고 멀리 떠나고 싶을 만큼 힘들게 했던 것은 과연 무엇일까? 그것은 아마도 당시 여러 군주들 가운데 한 사람도 인자(仁者)가 없고, 성현의 도를 깨달은 자가 한 사람도 없다고 생각했기 때문이다. 13년 간 천하를 돌아다니며 덕치(德治)를 주장했지만 어느 누구도 공자를 등용하지 않은 것을 보면 이를 짐작할 수 있다. 이러한 절망적인 상황에서 공자는 '고국을 떠나겠노라.'고 한탄했던 것이다.

그러나 공자는 말년에 자신의 고국인 노(魯) 나라에서 제자들을 가르치며 여생을 보냈다. 결국 공자는 구이(九夷)로 떠나지 않았던 것이다. 이처럼 공자를 고국에 남게 한 힘은 과연 무엇일까? 그것은 아마도 자신을 따르는 제자들 때문이었을 것이다. 공자는 한평생 "배우는 일을 싫어하지 않으며, 가르치는 일을 게을리하지 않는다[學而不厭 誨人不倦]."는 것을 좌우명처럼 생각하며 살았다. 최근 '교사는 많아도 스승은 없다.'는 말이 유행처럼 번지고 있다. '스스로를 채우는 공부에 싫증 내지 않으며, 남을 가르치는 일에 게으르지 않은' 공자와 같은 진정한 스승을 만나기 힘든 세상이다.

::**출전**:: 『논어』「자한」
::**내용소개**:: 진성수(전북대 교수)

# 064

# 군자에게 세 가지 즐거움이 있지만,
# 이 세상에서 왕노릇을 하는 일은 여기에 포함되지 않는다.

君子有三樂 而王天下不與存焉

맹자가 말한 군자의 세 가지 즐거움은 부모께서 모두 살아 계시고 형제들이 아무 탈 없이 지내는 것, 우러러 하늘에 부끄러움이 없는 행동을 하고 아래로는 사람들에게 부끄러움이 없는 삶을 살아가는 것, 영재를 얻어서 교육시키는 것이다. 그런데 세상에서 가장 높은 권력자인 왕이 되는 것이 이 세 가지 즐거움에 포함되지 않는다고 맹자는 말한다.

오늘날 우리는 이상의 세 가지 즐거움을 얼마나 공감하며 살고 있는가? 부모와 형제는 늘 내 곁에 있다고 생각하기 때문에 그 존재의 가치를 알지 못하는 것은 아닐까? 수업 중 학생들에게 "당신은 스스로를 나쁜 사람이라고 생각합니까?" 하고 질문하면 대부분은 "아니요."라고 대답한다. 개인들은 그렇게 나쁜 사람들이 없는데 이 사회는 왜 그렇게 부도덕하고 불평등하고 부정이 만연하는가? 정말로 하늘을 우러러 부끄러움이 없는 사람이 얼마나 될까?

만약 누군가 나에게 사는 즐거움이 뭐냐고 묻는다면 어떻게 대답할까? 많은 돈과 재물로 욕망을 채우며 사는 것을 즐거움이라고 대답할까? 아니면 권력과 명예를 얻는 것을 사는 즐거움이라고 할까? 이것들은 모두 세속적인 욕망에 지나지 않는다. 그래서 맹자는 천하의 임금이 되는 것을 군자의 즐거움에 포함시키지 않았던 것이다.

이미 오래전부터 현대인은 3S에 빠져 있다고 한다. 'sex', 'screen', 'sports'가 바로 그것이다. 눈과 귀를 병들게 하고, 육체를 혼란스럽게 만드는 병에 우리 현대인은 빠져 있다. 우리가 찾는 인생의 즐거움은 맹자가 말하는 군자삼락과 달리 3S는 아닌지 다시 한 번 생각해야 할 것이다.

::**출전**:: 『맹자』「진심 상」
::**내용소개**:: 최영갑(사단법인 범국민예의생활실천운동 이사장)

# 065

# 군자는 일생을 마치도록
# 이름이 일컬어지지 못하는 것을 싫어한다.

君子 疾沒世而名不稱焉

'질(疾)'이라는 말은 '걱정하다', '싫어하다'는 뜻이다. '몰세(沒世)'는 '죽을 때까지', '세상 마칠 때까지' 또는 '죽은 후'라는 의미로 해석한다. '칭(稱)'은 '일컫다', '칭찬하다'는 의미이다. 즉 "군자는 이 세상을 다할 때까지 자신의 이름을 칭찬하는 경우가 없다면 정말 유감스럽게 생각한다."는 말이다. 그런데 이 말은 공자가 평상시에 주장하는 "남이 자기를 알아주지 않는 것보다는 자신의 능력이 부족함을 살필 줄 알아야 한다."는 말과 모순되는 것 같다. 이를 어떻게 해석해야 할까?

이 구절은 일부러 명성을 구하려고 하지는 않지만 종신토록 이름이 일컬어지지 않는다면, 그것은 실제로 선한 행위나 덕을 펼친 적이 전혀 없다는 것이기 때문에 걱정한다는 것이다. 그러나 만약 다른 사람에게 보여 주기 위해서나 자신의 명성을 얻기 위해 노력한다면, 그것은 시작부터 정도(正道)를 벗어나는 것이 되어 버린다. 자신의 이름을 다른 사람에게 알리려는 사람은 '다른 사람들이 자신을 어떻게 생각하고 있을까'라는 것에 초점을 맞추기 때문에 행동이나 생각의 표준이 올바른 도리에 있는 것이 아니라 오직 다른 사람들의 시선에만 맞춰져 있다. 이런 사람은 결코 올바른 도리에 따르는 삶을 살지 못하고, 삶의 모든 주도권을 다른 사람들에게 맡기고 그들의 조종을 받게 된다. 이러한 인물을 과연 군자라고 부를 수 있겠는가?

자신의 명성을 얻기 위해 노력하는 것이 아니라 자신에게 주어진 책무를 충실히 하고 선행을 말없이 행하다 보면 자연스레 다른 사람의 입에 이름이 오르내리게 되는 것이다. 자기를 과시하여 남이 알아주기를 바라는 것이 아니라, 자신에게 주어진 일을 성심껏 행하고 소리 없이 선행을 하다 보면 마치 깊은 산 무성한 수풀 속에 한 떨기의 난초가 종일토록 향기를 내는 것처럼 저절로 명성을 얻어 알려지게 되는 것이다.

인간이 이 세상을 하직할 때까지 하나의 명성도 이루지 못할 경우 당연히 죽어서도 이름을 남기지 못하게 된다. 이 때문에 군자는 육신을 따라 이름마저 사라져 버리는 것을 크게 슬퍼하는 것이다.

::**출전**:: 『논어』「위령공」
::**내용소개**:: 정병석(영남대 교수)

# 066

# 상대가 제대로 알아주지 않아도 성내지 않는다면
## 자율적 인간(군자)이지 않겠는가?

人不知而不慍 不亦君子乎\*

어린 시절, 부모님이 하는 단골 잔소리 목록으로는 "세수를 깨끗이 해라", "쌈 좀 하지 마라", "책상 정리정돈을 제대로 해라" 등이 있다. 우리가 특별한 이유가 있어서 안 한다기보다 자신이 꼭 해야 할 필요나 동기를 못 찾기 때문에 세수도 대충 하고 책상도 있는 대로 내버려둔다. 어느 날 책상을 말끔히 청소해 놓았을 때 부모님이 몰라주면 괜스레 서운한 느낌이 든다. 자기 책상을 자기가 정리하는 것이 당연하기도 하고 뭐가 어디에 있는지 찾기 쉬워져 좋은데도 말이다. 사람에게는 어떤 행동을 남에게 보여 주기 위해서 하는 경향이 있는 것 같다. 또 칭찬 받으려고 선물을 했다가 좋은 소리를 못 듣는 체험을 우리는 한 번쯤 해 봤을 것이다. 아마 이럴 경우, 사람들은 보통 크게 상심하고 낙담해서 다시 문제의 인물에게 선물을 안 하겠다고 굳게 다짐을 하곤 한다.

---

\* 慍(온): 성내다.  君(군): 다스리다, 임금.

그런데 군자는 선물 차원이 아니라 자신의 능력이나 존재를 알아주지 않아도 성내지 않는다고 한다. 역시 군자는 보통 사람과 격이 다른 것처럼 보이지만 사실 그렇지 않다. 우리도 제 스스로 좋아서 어떤 일을 할 경우, 누가 인정을 해 주거나 안 해 주거나 크게 개의치 않는다. 또 봉사나 나눔 활동을 할라치면 오히려 칭찬을 받으면 뭔가 어색하다. 왜냐하면 제 스스로 그렇게 하는 것이 옳다고 판단했거나 뿌듯한 느낌을 받았기 때문이다.

　　성인이 되더라도 인간인 한 승인 욕구가 완전히 없어질 수 없다. 오히려 승인 욕구가 병적 지배욕으로 전개되는 경우, 그 사람은 생활 세계의 폭군이 될 수도 있다. 그렇지만 성인이라면 사람에 따라 수시로 달라지는 인기성 평가나 외교적 발언에 일희일비하기보다 자신의 정당화 가능성에 더 관심을 쏟아야 할 것 같다. 군자는 자신에 대한 평가를 남에게 맡기지 않고 제 스스로 기준을 결정하면서 앞길을 개척하는 자율적 인간을 가리키는 것이다. 군자는 특별한 위인이라기보다 여기저기 삶의 현장에서 성취감을 느끼며 의욕적으로 살아가는 시민을 가리키는 셈이다. 이제 우리는 남의 입에 흔들리지 말고 자신을 더 믿고 사랑해야겠다.

::**출전**:: 『논어』 「학이」
::**내용소개**:: 신정근(성균관대 교수)

# 【067】

## 그 시를 외우고 그 글을 읽으면서도
## 그 사람을 알지 못한다면 되겠는가?
## 이것이 위로 벗하는 것이다.

頌其詩 讀其書 不知其人 可乎 是尙友也*

중앙도서관 지하 서고는 늘 비어 있다. 비가 오는 날이면 더욱 눅눅하고 탑탑한 오래된 서책 냄새가 더욱 짙게 서고를 채운다. 아무도 찾지 않는 문자향(文字香)과 서권기(書卷氣)가 묻어나는 서고의 빈 공간은 어느 누구도 침해할 수 없는 나만의 장소이다. 학교에서나 집에서나 어디에서건 내 공간이 없는 부평초처럼 떠도는 존재로 있다가 겨우 안착한 곳이 바로 서가와 서가 사이의 좁은 공간이다.

맹자는 "옛 성현을 벗 삼으라[尙友]."고 했다. 옛 성현이 남긴 글을 읽고 그 가르침을 배우라는 의미이다. 비록 글 자체는 조박(糟粕)에 불과하지만, 글과 글의 행간(行間)을 통찰하다 보면 옛 성현의 모습과 마음을 오롯하게 만나 볼 수 있으리라.

서가에 기대어 시공을 초월하여 현재와 과거의 현인들의 글을 읽

---

* 頌(송): 외우다. 尙(상): 높이다. 올라가다.

다 보면 어느새 날이 어두워진다. 늦은 시간 봄비에 촉촉하게 젖은 진득한 흙길을 지나 길 양쪽에 고개를 조금 수그리고 멀대처럼 죽 늘어서 있는 맑고 창백하게 빛나는 가로등 행렬 사이로 걸어 내려가면 가슴은 늘 충만되었다. 그러나 시간이 흘러 또다시 나는 내 존재를 잃어버리고 주어진 역할을 수행하는 하나의 도구로 변모하였다. 돌아가도 쉴 곳이 없는 가장으로서, 남편으로서, 아버지로서, 자식으로서의 관계적 위상만이 존재한다. 관계적 위상도 기실 내 모습이지만, 관계짓지 않은 자유로운 나 자신의 자리가 그리워진다. 과연 자유로운 내 자리는 어디인가?

우리는 선택을 강요받는다. 현실적 사회와 시대의 요구를 받아들이든가 아니면 자신의 존재를 선택하든가를. 우리는 양자를 모두 선택할 수 없는 현실적 모순 속에서 늘 고민한다. 이러한 고민에서의 의도적인 도피처는 아닐지라도 서가 사이의 좁은 공간은 삶의 활력소가 되는 도피처임은 잉걸불 보듯 자명한 듯싶다. 오늘밤처럼 봄비가 촉촉이 내리는 날이면 곰팡내 낀 탑탑한 서책 내음이 가득한 서가 사이에 앉아서 나만의 공간을 확보하여 상우(尙友)하며 삶의 희열을 만끽하고 싶다.

::**출전**:: 『맹자』「만장 하」
::**내용소개**:: 강경원(낙생고 교사)

# 068

# 기수에서 목욕하고 무우에서 바람 쐬고
# 노래하면서 돌아온다.

浴乎沂 風乎舞雩 詠而歸 *

어느 날 자로(子路)를 비롯한 몇몇 제자들이 공자를 모시고 담소를 나누었다. 스승은 제자들을 둘러보며 나이가 조금 많다고 어렵게 여기지 말라는 말로 운을 떼었다. 그리고 평소에 너희들이 알아주지 않는다고 불평하는데, 혹시라도 알아준다면 어찌 하겠느냐면서 대화를 이어갔다.

이에 고무된 자로는 형편이 어려운 제후국을 맡아 3년을 다스리면 백성들로 하여금 용기를 갖게 하고 국가의 목표를 알게 할 수 있다고 큰소리를 쳤다. 다음으로 지목된 염유(冉有)는 겸손하게 그보다 적은 규모의 나라를 다스려 3년 안에 백성들을 풍족하게 할 수 있겠지만, 예악(禮樂)에 있어서는 군자에게 맡기겠다고 했다. 그 다음은 공서화(公西華) 차례였다. 공서화는 한층 공손한 태도를 보이며 조심스러워하면서 배우기를 간절히 원한다는 말로 이야기를 풀어 갔다.

---

\* 浴(욕): 목욕하다. 詠(영): 노래하다.

그리고 종묘의 일과 제후들이 회동할 때 예복과 관을 갖추고 가서 돕고 싶다고 했다.

마지막으로 스승은 곁에서 비파를 타고 있던 증석(曾晳)을 가리켰다. 그는 연주를 중단하더니 자신은 다른 포부를 가지고 있다고 말했다. 그러면서 어른 몇몇, 아이들과 함께 기수에서 목욕하고 무우에서 바람 쐬고 노래하면서 돌아오고 싶다고 했다. 이 말을 듣는 순간 공자는 감탄하면서 좋은 생각이라고 칭찬했다. 무슨 이유로 감탄하면서 칭찬했는지에 관해서는 다양한 해석이 있다.

세상이 자신을 알아주지 않는다는 것은 무엇을 의미할까? 그것은 문제가 결코 자신에게 있지 않으며 타인에게 있다는 주장이기도 하다. 반면 증석은 평범한 사람들과 놀러 나가 함께 즐기면서 그들로부터 진심으로 원하는 바를 먼저 알아보는 것이 중요하다고 생각했던 것이다. 세상 사람들이 바라는 바를 진정으로 깨닫고 그것을 법도에 맞게 성취했을 때 사람들이 비로소 자신을 알아주는 것이 아닐까?

방학을 맞이해서 곧 휴가를 떠날 것이다. 실컷 즐기면서 쌓인 피로를 푸는 일도 중요하지만 사람들의 생생한 목소리를 들으며 나뿐만 아니라 그들이 진심으로 원하는 바를 깨닫는 것도 의미가 있는 일이라 생각한다.

::**출전**::『논어』「선진」
::**내용소개**:: 윤훈표(연세대 연구교수)

# 069

# 어찌 이 진리를 따르지 않는가!

何莫由斯道也*

공자는 "누가 나가면서 문으로 나가지 않겠는가마는 어찌 이 도(道)를 따르지 않는가?"라고 말하며, 진리에 따라 살아야 함을 강조한다.

집에 있어서 문의 기능은 세상과 소통을 가능하게 하는 것이다. 문이 없으면 집 안의 나쁜 공기를 밖으로 내보내지 못하고, 집 안은 탁한 공기로 가득한 공간이 된다. 반대로 집 밖의 좋은 공기도 집 안으로 들어오지 못하게 된다. 즉 문은 내외를 소통하게 하는 통로인 것이다.

우리는 성공적인 삶을 살기 위해 어떻게 해야 하는가? 이러한 물음에 공자는 '진리를 따라야 한다'고 말한다. 살다보면 온갖 유혹이 우리를 힘들게 한다. 극복하기 어렵지만 그렇다고 그 유혹에 넘어가면 삶 자체가 흔들릴 수도 있다. 이런 어려움을 이기기 위해서 우리는 바로 공자가 제시하는 진리에 몸을 맡겨야 한다. 그렇다면 진리는 무엇인가? 공자는 『논어』에서 자신이 살면서 깨달은 진리를 우리에

---

* 由(유): 말미암다. 道(도): 진리.

게 끊임없이 제시하고 있다. 엄밀히 생각해 보면, 사실 공자도 거저 깨달은 것이 아니다. 선현들이 남겨 놓은 책을 가지고 배우고 생각하는 과정을 통해 자기 것으로 소화했던 것이다. 이렇게 보면 우리는 참으로 행복하다. 왜냐하면 공자가 마련해 놓은 '진리의 밥상'을 그냥 먹으면 되는 것이기 때문이다. 그러나 사람들 가운데 이것마저도 거부하는 사람이 많다.

우리가 밥을 먹지 않으면 죽는 것처럼 진리의 말씀을 듣지 않으면 우리의 육체는 겉으로는 아무런 문제가 없는 것 같지만 우리의 정신은 곧 황폐해지고 만다. 따라서 우리는 하루에 한 번이라도 성현의 말씀을 통해서 우리의 정신을 살찌우는 시간을 가져야 하지 않을까 생각한다. 이런 시간이 계속된다면 우리는 자신도 모르는 사이에 진리와 하나가 될 수 있을 것이다. 만약 이것이 가능하다면, 우리는 머지않아 진리의 삶을 누릴 수 있지 않을까?

::**출전**:: 『논어』 「옹야」
::**내용소개**:: 송봉구(영산대 교수)

# 070

# 힘이 부족한 사람은 길을 가다가 중간에 쓰러지면 되는 것, 지금 너는 금을 그었다.

子曰 力不足者 中道而廢 今女畫

스승의 도를 따르기에는 힘이 부족하다는 제자 염구(冉求)의 말에 공자는, 그렇다면 힘이 다하고 기운이 다해 몸이 쓰러져 죽을 때까지 그 길을 걸어가면 된다고 말한다. 힘이 없다는 핑계로 시도조차 하지 않는 것은 스스로에게 한계를 긋는 어리석은 행동이라는 것이다.

'국궁진췌 사이후이(鞠躬盡瘁 死而後已)'라는 말이 있다. 제갈량(諸葛亮)의 「후출사표(後出師表)」에 등장하는 이 구절은 '온몸이 부서질 때까지 노력하여 죽음을 맞이한 후에야 그만둘 것이다.'라는 뜻으로, 무언가를 이루고자 한다면 죽음을 각오한 노력이 뒤따라야 함을 의미한다.

이러한 자세를 강조한 것은 공자로부터 시작되었다. 제자인 염구가 "선생님의 도를 좋아하지 않는 것은 아니지만 힘이 부족합니다."라고 하자, 공자가 제자를 야단치며 위와 같이 말한 것이다.

여기서 '폐(廢)'는 멈춘다거나 그만둔다는 의미가 아니다. 다산(茶

山) 정약용은 '폐'를 '기울어지고 허물어지는 것'이라 해석했는데, 즉 힘이 다하고 기운이 다해 마침내 몸이 쓰러져 죽는 것을 의미한다. '화(畵)'는 '획(劃)'으로 읽어야 하는데, 주자(朱子)는 "획이라는 것은 (힘이 남아 있어) 나아갈 수 있는데 (마음이) 하려 들지 않음이다. 그것을 획이라고 이른 것은 땅에다 금을 긋고 스스로 한정하는 것과 같아서이다."라고 설명하였다.

요컨대 진리를 완성하고 꿈을 이뤄 가는 과정에서 혹 힘이 부족함을 느낀다면, 그 힘이 모두 쇠진해져서 죽음에 이를 정도까지 최선을 다해 앞으로 나아가면 되는 것이지 지레 겁을 먹고 포기해서는 안 된다는 가르침이다. 힘이 없다는 핑계로 시도하지 않고, 노력할 생각조차 하지 않는 것은 스스로 한계선을 긋고 그 안에 자기 자신을 가두는 어리석은 행동이라는 것이 공자의 생각이다.

죽는 그 순간까지 멈추지 않는, 이 '중도이폐(中道而廢)'의 정신을 유교는 거듭 강조하였다. 『논어』「태백」편의 "(선비는) 인을 자신의 임무로 삼으니 참으로 무겁지 않겠는가? 죽고 나서야 그치는 것이니 먼 길이구나", 『예기』「소아」편의 "도를 향해 걷다가 중간에서 쓰러지더라도 몸이 늙는 것도 잊은 채 남은 나이가 부족한 줄도 모른 채 그저 날마다 힘써 부지런히 걷다가 죽은 뒤에 그치는 것이다."라는 대목이 그것이다.

::**출전**:: 『논어』「옹야」
::**내용소개**:: 최일범(성균관대 교수)

5

인
류

# 071

# 인(仁, 공동체의 구원)의 사안은
# 스승에게도 양보하지 않는다.

當仁 不讓於師*

5월은 챙겨야 할 날이 많은 달이다. 그중에 스승의 날도 있다. 우리는 이날의 부담에서 자유롭지 못해 12월로 옮기자고 했는데 올해에도 여전히 5월의 달력에 스승의 날이 표시되어 있다. "감사(고마움)는 어떻게든지 표시해야 한다."는 사고와 "대가 없는 선물은 있을 수 없다."는 주장이 앞으로도 한국 사회에서 충돌하며 꽤 오랜 시간을 버텨 나갈 듯하다.

　말이 나온 김에 "선생은 어떤 학생을 좋아할까?"라는 물음에 대해 생각해 보자. 물론 사람마다 다를 수 있다. 2003년 봄에 개봉됐던 차승원 주연의 〈선생 김봉두〉에 따르면 선생은 환금성을 지닌 뭔가를 끊임없이 챙겨 주는 학생을 지극히 좋아할 것이다. 이 밖에도 자기를 쏙 빼닮은 사람을 좋아한다거나 질문과 이의를 제기하는 사람을 좋아한다는 답도 있을 수 있다. 공자의 경우라면 전자는 안연이

---

* 當(당): 닥치다. 讓(양): 양보하다. 師(사): 스승.

대표하고 후자는 자로가 대표한다고 할 수 있다. 안연은 때로는 바보로 보일 정도로 공자의 말에 예스를 연발했다. 반면 자로는 공자의 말에 딴지를 걸거나 불만에 차서 뾰로통한 표정을 지었다. 여기서 우리는 공자에게 안연 같은 학생만 있고 자로 같은 학생이 없었다면 어떠했을까 생각해 보자.

틀림없이 공자의 언행록, 즉 『논어』는 무미건조할 것이고 풍부한 생명력을 상실했을 것이다. 생각이 다르고 개성이 넘치는 인물이 많은 만큼 그 세계는 아름답다. 그러나 그곳에는 아쉽게도 설파나 훈계는 많아도 토론이 적다. 토론이란 어떠한 문제에 대해 더 합리적인 해답을 찾아가는 절차이다. 여기에는 이성의 절대적 소유자가 있을 수도 없고, 꺼내지 못할 금기도, 눈치 보아야 할 시선도 없다. 장기판의 말을 빌린다면 토론은 참가자가 차나 포를 모두 떼고서 벌이는, 불꽃이 튀고 흥미가 진지한 놀이이다. 대중교통이나 길거리에서는 양보하면 좋겠지만 인생을 걸어야 할 대목에서는 공자와 말처럼 올인을 해야겠다. 어찌 보면 사람이 저마다 선생이며 인생은 그 선생들이 벌이는 진검 승부가 아니던가?

::**출전**:: 『논어』「위령공」
::**내용소개**:: 신정근(성균관대 교수)

# 072

# 후배들을 두려워할 만하다.
# 어찌 오는 세대가 지금보다 못하다고 단정 짓겠는가?

後生可畏 焉知來者之不如今也*

5월은 어린이날과 어버이날 그리고 스승의 날을 지내며 인간관계에 대하여 생각하는 달이다. 여기에 후생(後生)의 날이 하루 더 있다면 스승의 날과 짝을 이루어 좋을 듯하다. 이는 후생도 배려해야 한다는 단순한 의미에서 하는 말이 아니다. 학문하는 데 있어 누구나 배울 때는 후생이고 가르칠 때는 선생이 된다. 공자께서 선생으로 가장 경모한 인물은 주공이고 후생으로 가장 경외한 인물은 안연이다. 공자께서 "후배들을 두려워할 만하다."라고 말씀하신 데에 공자의 겸손한 인품과 미래에 대한 희망의 역사인식이 담겨 있다. 후생들을 통하여 드러날 새로운 세상에 대한 기대감을 공자는 품격이 있는 언사, '두려움'으로 표현했다. 이 두려움은 무서워 두려운 것이 아니라 자기보다 뛰어날 수 있어서 나타나는 경탄의·두려움이라 할 수 있다.

　오늘날 우리 주변에 선생은 있어도 후생은 찾아보기 힘들다. 인격

---

* 畏(외): 두려워하다. 焉(언) : 어찌, 감탄사.

이나 실력이 뛰어나지 못해서가 아니라 (두려워할 만한) 후생으로 보아 주는 선생이 없어서이다. 수많은 후생들이 선생 아래에 있으나 인격적인 관계를 배우지 못하고 그 후생들 역시 후생 없는 선생이 되고 만다. 공자의 인격주의는 위계를 두기 위한 인격주의가 아니다. 사람들 사이에서 서로 인격적으로 대우하고 대우받는 상호적 인격주의이다. 충서(忠恕)를 스승과 제자의 관계에서 살펴보면 바로 알 수 있다.

서양에서 학위를 받고 나서 자기 선생으로부터 받는 가장 좋은 선물은 다름 아닌 자기를 '동료(colleague)'라고 불러 주는 것이다. 이는 이제부터 학문적으로 대등한 관계가 되었음을 확인시켜 주는 인격적인 호칭인 것이다. 이러한 인간관계는 성숙한 사회에서는 하나의 일상이며 우리의 전통에서도 살펴볼 수 있다. 퇴계 선생이 율곡 선생을 만나 본 후에 하신 말씀이 '후생가외'이다. 퇴계 선생은 후생을 알아보았으며 큰 기대감을 나타내셨다. 관계는 양방향에서 이루어지는 것이다. 한 방향만 있다면 그 관계 역시 불완전할 수밖에 없다. 오월을 보내며 '후생가외'의 참뜻을 헤아려 본다.

::**출전**:: 『논어』 「자한」
::**내용소개**:: 이향만(성균관대 연구원)

# 073

# 행하고서 남은 힘이 있으면
# 글을 배워야한다.

行有餘力 則以學文*

공자의 인(仁)에 대한 논의는 본질적으로 사람다운 사람을 전제로 시작한다. "행하고서 남은 힘이 있으면 글을 배워야 한다[行有餘力 則以學文]."는 겉만 보면 오해의 소지가 많은 문장이다. 하고 싶은 것을 다 하고서도 시간이 남으면 글을 익히라고 곡해되어 청소년들에게 받아들여질 수도 있기 때문이다. 그러나 바로 앞의 문장을 보면 상황은 달라진다. 공자는 자신의 모토인 '인(仁)'을 위해 제자들에게 집에서는 효(孝)를 다하고, 사회에서는 제(弟)·신(信)·애중(愛衆) 등에 힘쓸 것을 강조한다. 이는 자신의 내면을 성찰한 뒤, 다시 사회의 영역으로 확대하라는 자기주도성(Self-Leadership)의 촉구로 이해할 수 있다. 리더십의 가장 본질적 요소는 그 대상에 어떤 영향력을 미치는가에 있으며, 영향력의 근저에는 타인과의 신뢰가 자리 잡고 있다.

　죄수의 딜레마(prisoner's dilemma)라는 유명한 예화가 있다. 혐의가

---

＊餘(여): 남다, 나머지.

있는 두 사람의 공범이 구속되어 각각 독방에 수감되어 있는데, 확실한 증거가 없어서 검찰은 둘의 자백이 필요한 상황이다. 검찰은 용의자들에게 상대방이 자백하지 않을 때 자신이 먼저 자백하면 자신은 무혐의 처리되고, 상대방이 자백할 때 자신이 자백하지 않으면 자신에게 10년형이 선고될 것이라고 말했다. 아울러 둘 다 자백하지 않을 경우에는 2년씩이 선고되며, 두 명이 모두 자백할 경우에는 5년씩이 선고된다고 말했다. 결과는 두 용의자가 모두 자백을 하게 되고 각각 5년형을 살게 된다는 것이다. 둘 다 자백하지 않으면 증거 불충분으로 2년씩만 형을 받고 끝나는데 왜 이렇게 된 걸까? 이는 바로 지나친 위험 부담이 변수로 작용한 결과이다. 나는 자백을 하지 않았는데 상대가 자백을 했을 경우 나의 형량이 커지는 것이 자백하게 만든 요인이다. 죄수의 딜레마는 바로 인간관계에 계산이 개입되면 어떠한 결과를 보여 주는지에 대한 흥미로운 사례라 할 수 있다.

　사람다움을 실현하기 위해서는 먼저 내면적으로 자아에 대한 성찰이 필요하다. 그리고 이를 토대로 대인관계를 원만히 하여 자신의 영향력을 점차 넓혀 가야 한다. 타인에 대한 영향력을 담보하는 필수 불가결한 요소는 신뢰이다. 그러나 거기에 이해타산이 개입되면 진정한 영향력을 미칠 수 없다. 우리가 먼저 사람다움을 실천해야 하는 이유가 바로 여기에 있다. "계산된 인간관계는 떠나라!"

::**출전**:: 『논어』「학이」
::**내용소개**:: 권종욱(주식회사 이솝러닝 컨설턴트)

【074】

# 도는사람에게서 멀지 않다.

◇◇◇◇◇◇◇◇◇◇◇◇◇◇◇◇◇◇◇◇◇◇◇◇◇◇◇◇◇◇◇◇◇◇◇◇◇◇◇◇◇◇◇◇◇◇◇◇◇

道不遠人*

공자의 이 말은 유학이 말하는 도가 인도(人道)요, 유가철학이 '인간학'임을 분명히 말해 준다. 즉 유학의 도는 '자연의 도'나 '사물의 도'를 말하는 것이 아니라 '인간의 도'를 의미한다. 이 도는 인간의 본성대로 좇는 길이다.

사람이 사람답게 사는 길이란 사람이 자기의 본성대로 사는 것을 말한다. 그 본성을 잃으면 사람답게 사는 것이 아니요, 사람이 가야 할 길을 잃어버린 것이다. 우리는 이처럼 사람이 마땅히 가야 할 길을 '인도'라고 한다.

공자는 다른 동물이나 사물과 구별되는 인간의 특성을 인(仁)이라 말했다. 맹자는 이것을 '인의예지'라고 했으며, 성리학에서는 이를 '성리(性理)'라고도 부른다. 이것은 모두 인간의 본성과 본심의 다양한 표현이라고 볼 수 있다.

도는 사람에게서 멀리 떨어져 있는 것이 아니다. 왜냐하면 그 도

---

\* 遠(원): 멀다.

는 바로 인간의 본성에서 나온 길이요, 인간이 가야 할 길이기 때문이다. 인간의 일상생활은 도를 떠날 수 없다. 공부하고 밥 먹고 일하고 사람을 만나는 모든 일에 사람이 해야 할 길이 있기 때문이다. 따라서 모든 일에 인도가 있고, 그 인도대로 살아가야 군자가 되고 어진 사람이 된다.

철학은 도를 추구하고 도를 실천하는 긴 여정이다. 따라서 진정한 철학은 인간을 떠날 수 없다. 만약 철학이 인간을 떠나 도를 말한다면, 그 철학은 관념적인 것이 되고 말 것이요, 소위 개똥철학에 불과하게 될 것이다. 진리론, 가치론, 고원한 형이상학 역시 인간의 삶, 인간의 자유, 인간의 행복과 무관할 수 없다. 이러한 의미에서 『중용』의 이 구절은 현대의 철학이 현실을 떠나 방황하거나 인간을 떠나 진리를 논하는 데 대한 경계의 의미가 있다고 생각한다.

::**출전**:: 『중용』
::**내용소개**:: 황의동(충남대 교수)

# 075

# 머물 곳에서 그 머물 바를 알아야 한다.

於止 知其所止

『시경』에 "꾸룩꾸룩 우는 황조여! 깊은 산 울창한 숲 속에서 머물며 사는구나."라는 말이 있다. 공자는 이 구절을 두고 "머물 곳에서 그 머물 바를 알아야 한다. 사람이 새만도 못해서야 되겠는가?"라고 하였다. 새는 깊은 산 울창한 숲 속에 머물며 거기서 자신의 마땅한 삶을 영위한다. 이처럼 사람도 자신의 위치에 머물면서 자신의 마땅한 삶을 살아가야 한다는 것이다. 그러나 사람들은 자신의 자리에서 지켜야 할 도리를 다하지 못하는 경우가 많으므로, 공자는 지금 "사람이 새만도 못해서야!"라며 혀를 차고 있는 것이다.

'머물 곳'이란 각자의 위치를 말하며, '머물 바'란 각자의 위치에서 지켜야 할 마땅한 도리를 말한다. 일찍이 공자는 『논어』에서 "임금은 임금답고, 신하는 신하다우며, 아버지는 아버지답고, 자식은 자식다워야 한다[君君臣臣, 父父子子]."라고 갈파한 적이 있다. 우리는 이것을 "임금은 어짊에 머물고[爲人君 止於仁], 신하는 공경에 머물며[爲人臣 止於敬], 자식은 효도에 머물고[爲人子 止於孝], 아버지는 자애로움에 머문다[爲人父 止於慈]."는 『대학』식 풀이를 할 수 있다. '머문다'는 것은 결국 머물러 '지극하다'는 것이다. 군주의 지극한 어짊, 신하의 지극한 공경, 자식의 지극한 효도, 아버지의 지극한 자애, 이것은 바로 이들을 더욱 이들'답게' 하는 것에 다름 아니다.

오늘날 우리는 이 '다움'이 결핍된 세상에서 산다. 연일 언론을 통해 보도되는 청소년들의 학교 폭력, 정치인의 뇌물수수, 교수의 성희롱, 자녀의 부모학대, 부모의 자녀유기 등 이루 말할 수 없는 부정과 부패, 혹은 비리와 패륜들, 이것으로 우리는 우울하다. 어디서 어짊[仁]과 공경[敬]을 찾을 것이며, 또한 효도[孝]와 자애[慈]를 찾을 것인가! 인간에 대한 기본적 신뢰는 무너지고, 본성이 선하다는 맹자의 성선설은 거짓인 듯하다.

상식이 통하는 사회, 인간의 존엄성이 보장된 사회, 그 사회에서는 스승은 스승의 자리에서 머물고, 제자는 제자의 자리에서 머문다. 그리고 남편과 아내, 자식과 부모는 모두 자신의 자리에 머물며 그들의 도리를 다한다. 자신의 자리에 머물며 타인을 향하여 도리를 다하는 것, 이것이야말로 자신을 지키면서 다른 사람과 더불어 살아가는 유일한 길이 아닐 수 없다.

::**출전**:: 『대학』
::**내용소개**:: 정우락(경북대 교수)

# 076

# 군자는 조화를 이루고 뇌동하지 않으며, 소인은 뇌동하고 조화를 이루지 못한다.

君子 和而不同 小人 同而不和*

제나라 경공(景公)이 안자(晏子)에게 물었다. "화(和)와 동(同)은 다른가요?"

안자가 대답했다. "다릅니다. 화(和)는 고깃국을 끓이는 것과 같습니다. 물·불·식초·간장·소금·매실을 가지고 물고기와 고기를 끓이는데, 장작으로 불을 지피고 요리사는 그것들을 잘 조화시켜 맛을 냅니다. 맛이 덜 나면 좀 더 가미하고 넘치면 좀 덜어 냅니다. …… 만약에 물에 물로만 조미한다면 누가 그것을 먹겠습니까? …… 동(同)의 불가함이 바로 이와 같습니다."

조화(調和)를 이룬다는 말은 자신의 고유한 특성을 모두 잃어버린 채 다른 것에 동화(同化)되는 것이 아니다. 또한 모든 것이 동일하게 되는 것을 의미하지도 않는다. 진정한 의미에서의 조화란 서로의 차

---

* 和(화): 개별적 특성을 간직하면서도 전체와의 조화와 합일을 생각하는 것.
同(동): 자신의 개별적 특성조차를 잊어버리고 남에게 동화되는 것.

이를 개발하고, 개별적인 특성을 보전시키면서 전체와 융화하고 합일점을 찾고자 노력하는 것이다.

'Melting pot(버터 등을 녹이는 그릇)'과 'Salad bowl(샐러드를 만들 때 사용하는 큰 그릇)'이라는 말이 있다. 전자는 어느 문화가 다른 어느 문화와 만나는 과정에서 자기 고유의 모습을 전혀 보존하지 못하고 기존의 문화에 흡수되고 마는 경우를 의미한다. 후자는 자기 고유의 모습을 보존하면서도 전체에 어우러질 수 있음을 비유하는 말이다. 바람직하고 긍정적인 것으로서의 '조화'와 '하모니'란 바로 이 '샐러드 보울'과 같은 것이어야 할 것이다.

전(全)지구적으로 세계화의 바람이 거세게 부는 이 시대에 세계화에 발맞출까, 지역성을 개발해야 할까는 깊이 생각해 볼 철학적인 문제이다. 다문화주의·차이·특수성·다양성 등이 강조되지만 한편에서는 여전히 서구 중심주의에 대한 나르시시즘이 건재한 것은 결국 세계화라는 이름하에 약소국이 강대국에 편입되는 것을 의미하는 것이기 때문이다. 각 민족의 고유한 전통과 풍속이 적극적으로 개발되고 그것이 존중되면서도 전지구적 융화가 가능한 지점을 모색하는 일, 그것이 군자가 중시했던 '화이부동(和而不同)'이 아닐까!

:: **출전** :: 『논어』「자로」
:: **내용소개** :: 김세서리아(성신여대 연구교수)

# 077

# 자신이 도를 행하지 않으면
# 처자에게도 행해지지 않을 것이다.

身不行道 不行於妻子

유학에서 말하는 도(道)는 인륜지도(人倫之道)이다. 이것은 사람이 살아가는 데 반드시 지켜야 하고 또 몸소 실천해야 하는 도리다. 인간관계만큼 매일 경험하면서도 중요한 것은 없다. 따라서 인간관계를 원만하게 유지하고 자신의 도리를 다하는 것은 쉬운 듯하면서도 쉽지 않은 일이다.

인륜을 처음 접하고 배우는 곳은 가정이다. 이곳에서 우리는 부모에게 효도하고 형제 사이에 우애를 지키며 어른을 공경하는 방법 등을 배운다. 그런데 어른이 된 사람들은 어린 사람들에게 인간의 도리를 가르치기 위해 많은 말을 한다. 말로 하면 모두 따를 것이라고 착각하는 것이다.

인간의 도리를 가르치는 것은 말보다 몸소 보여 주는 것이 더 중요하다. 부모에게 효도하라고 가르치기 전에 스스로 부모에게 효도하는 모습을 보여 줘야 한다. 자신은 부모에게 효도하지 않으면서 자기 자녀에게 효도해야 한다고 말한다면 어찌 되겠는가? 또 자녀에게 공부하라고 말하기 전에 스스로 책을 보거나 공부하며 발전하는 모습을 보여 준다면 주변 사람들도 보고 배울 것이다.

요즘 가정에서는 남자의 위상이 떨어졌다고 한다. 그러나 남자 스스로 자신의 위상을 떨어뜨린 것이 아닌지 생각해 봐야 할 일이다. 남편을 무시하는 아내가 있다고 말하기 전에 스스로 남편의 도리를 잘 하고 있는지 생각해야 한다. 아내를 각박하게 대접하는 사람이 아내에게 존중받기를 바라는 것은 잘못된 것이다.

인간의 도리를 실천하는 것은 가장 가깝고 쉬운 것부터 해야 한다. 그리고 남을 교화시키거나 가르치기 위해서는 올바른 도리를 직접 실천하는 것보다 중요한 것이 없다. 자신은 실천하지 않으면서 남을 교화시키려고 하지 말아야 한다.

::**출전**:: 『맹자』「진심 하」
::**내용소개**:: 최영갑(사단법인 범국민예의생활실천운동 이사장)

# 078

# 마을이 인(仁)한 것이 아름다우니,
# 인한 곳을 택해 살지 않는다면 어찌 지혜롭다 하겠는가.

里仁爲美 擇不處仁 焉得知

이 말은 아름다움에 대한 공자의 인식을 가장 잘 이해할 수 있는 구절이다. 공자는 아름다움이 될 수 있는 조건을 인(仁)으로 전제한다. 그런데 공자는 '인'을 한 마디로 잘라서 알기 쉽게 말하지 않는다. 그저 제자들이 물으면 "남을 사랑하는 것", "내가 하고 싶지 않은 것을 남에게 시키지 않는 것", "자신의 욕심을 버리고 예(禮)로 돌아가는 것" 등으로 설명한다. 그래서 '인'이 무엇이냐고 물으면 쉽게 설명하지 못하는 경우가 있다. 공자가 말한 '인'의 내용은 너무나 평범하고 당연한 말이기 때문에 만인의 추앙을 받는 공자가 이렇게 시시한 말을 했을까 의심스러울 때도 있다. 그러나 공자의 말은 평범함 속에 진리가 들어 있다. 그렇기 때문에 더욱 빛을 발한다.

유자(有子)는 '인'을 실천하는 근본이 바로 효제(孝悌)라고 했다. '효'는 각 가정에서 실천하는 '인'이요, '제'는 각 가정의 집합체인 마을(사회)에서 실천하는 '인'이다. 그래서 효제를 잘 실천하면 '인'을 잘 실천하는 것이 된다. 이러한 마을의 모습을 공자는 아름답다고 했다. 공자가 말하는 '아름다움'은 공동체 속에서 '인'의 모습을 지칭하는 것이다. 그러므로 인한 마을을 택해서 살지 않는다면 어찌 지혜로운 사람이라고 말할 수 있겠는가!

공자의 아름다움에 대한 인식에서 우리는 유학(儒學)의 핵심사상인 수기안인(修己安人: 자기를 먼저 수양하고 남을 편안하게 함)의 정신을 읽을 수 있다. 인간은 사회적 동물이기 때문에 함께 어울려 살 수밖에 없다. 그 어울림 속에 가장 필요한 것이 바로 '인'이며, 그 '인'이 잘 실천되고 있는 사회가 아름다운 사회인 것이다. 요즘처럼 인한 마을을 택하여 살기가 어려운 시대도 없는 듯하다. 개인주의가 팽배하고 모두가 폐쇄된 공동주택에서 살아야 하는 환경에서, 어느 마을이 인한 마을인지를 좀처럼 알 수가 없다. 이럴 때일수록 내가 먼저 '인(효제)'을 실천하여 모든 사람들이 살고 싶어하는 '아름다운 마을'로 만들어 가는 데 앞장 서 보자.

::**출전**:: 『논어』「이인」
::**내용소개**:: 심현섭(성균관대 초빙교수)

# 079

# 먼 곳 도달에 장애될까 군자는 가지 않는다.

致遠恐泥, 是以君子不爲也.*

"비록 자그마한 도(道)라 하더라도 거기에는 반드시 볼만한 것이 있겠지만 멀리 가는 데 장애가 될까 두렵다. 이 때문에 군자는 가지 않는다."고 공자의 제자 자하는 말한다.

인생에는 '가야 할 큰 길'이 있다. 어쩌면 큰 길이 있으므로 '사람'은 여타의 생물학적 존재와 차별화되는지도 모른다. 그런데 그 큰 길 가는 곳에는 옆으로 난 샛길이 있게 마련이다. 그 샛길에 접어들다 보면 '좋은 것'들이 있을 수 있다. 돈, 술, 그리고 기타 달콤한 것들이 우리를 반갑게 맞이할 수 있다. 그러나 이때야말로 숙고하지 않으면 안 된다. 그 길을 가는 사람끼리는 싸움도 많다. 이래저래 걸리적거리는 것도 많아서 갈 길 바쁜 우리에겐 '병목 구간'일 뿐이다. 모두를 포용할 대동으로 길목을 막고 있어서 "그곳은 단지 그곳이었을 뿐 그 이상은 아니었고, 따라서 거치지 말았어야 했는데."라는 후회가 기다리며, 삶의 궁극적 지향점이 될 수 없다.

---

＊致(치): 이르다, 도달하다. 恐(공): 두렵다. 泥(니): 빠지다, 장애되다.

그렇다면 삶의 방식을 한 차원 높여 '사사로운 나'에서 벗어나 만인을 먹여 살릴 수 있는 자기의 역할을 냉정하게 찾아보는 것은 어떨까? "교활한 말씀은 덕을 해치고, 작은 일을 참지 못하면 큰 일을 어지럽힌다."(『논어』「위령공」)고 공자는 말한 적이 있다. 우리가 이룩한 더 큰 목표와 가치는 나를 포함한 인류를 건질 것이다. 제 입에 필요한 먹거리를 해결하는 기예나 잔재주도 좋겠지만 온 세상 사람을 포용하는, 저 높고 넓은 곳에 도달할 '큰 길'을 가는 것이 좋다. 사람들은 아무것도 아닌 것을 가지고 목청을 높이면서 눈앞의 이익에만 집착하는 경우가 많다. 별 것 아닌 권세나 명예에 휘말려 큰 일을 그르칠 때가 참 많다.

소중한 생명의 시간에, 나보다는 남을 생각하고 낮은 곳보다는 높은 곳을 향하는 것이 옳다. 천하를 경영할 원대한 진리나 원리에의 길을 가야 한다. 그 대도(大道)를 이행하는 것이야말로 인류의 큰 일이며 인(仁)과 의(義)의 실현이다. 이런 삶의 지향이 사람을 살리는 win-win의 방법이요, well-being의 인프라일 것이다.

::**출전**:: 『논어』「자장」
::**내용소개**:: 이명수(부산대 교수)

# 080

# 인자는 재물로써 몸을 일으키고,
# 불인자는 몸으로써 재물을 일으킨다.

仁者 以財發身 不仁者 以身發財*

'인자(仁者)'란 유학에서 말하는 군자요, 바람직한 인간상이다. 어진 사람이 재물로써 몸을 일으킨다는 말은 돈·재물·물질을 가지고 인간의 행복과 삶을 위해 사용한다는 말이다. 이때의 목적은 인간이 되고 재물은 수단이 된다. 이것이 유학의 경제윤리이다.

돈은 인생에 반드시 필요한 것이지만, 돈이 인생의 목적이어서는 안 된다. 우리는 돈을 가지고 인간과 사회를 위한 사업을 해야 하고, 인생의 행복을 위해 쓸모 있게 써야 한다. 이 때문에 돈은 버는 것도 중요하지만 잘 쓰는 것이 더욱 중요하다. 돈의 의미와 가치를 알고 돈을 쓸 때 그 돈의 가치는 더욱 빛나는 것이다. 즉 인간을 위해 봉사하고 사용하는 돈이라야 의미가 있는 것이다.

현대 사회에서는 인간이 돈을 위해 사는 경우를 많이 볼 수 있다. 예나 지금이나 돈·재물은 인간이라면 누구나 좋아한다. 그러므로

---

* 發(발): 일으키다. 財(재): 재물.

사람들은 돈을 좋아하고 부자가 되기를 희구한다. 더욱이 현대 사회는 경제적 가치가 모든 가치의 우위를 점하는 시대이다. 개인도, 가정도, 사회도, 국가도 나아가 국제사회도 경제가 가장 중요한 가치를 갖는다. 따라서 부강한 나라, 선진국의 잣대가 경제적 위상에 있다.

오늘의 우리 사회는 경제적 성공이 가장 큰 관심사가 되고 있다. 인기학과란 무엇인가? 돈을 많이 벌 수 있는 학과이다. 성공, 출세가 무엇인가? 돈과 권력이다. 모두가 돈을 벌기 위해 산다. 돈 때문에 살고 돈 때문에 죽는다. 인생의 목적이 마치 돈에 있는 듯하다. 또한 매일같이 발생하는 사건사고의 배경을 살펴보면, 대부분이 돈과 연관되어 있다. 돈 때문에 살인하고 강도짓을 하며, 돈 때문에 부정을 하고 남을 속인다. 돈을 목적으로 하기 때문이다. 즉 몸으로써 재물을 일으키는 '이신발재(以身發財)'의 삶인 것이다.

사람 낳고 돈 낳았지, 돈 낳고 사람 낳은 것은 아니다. 인간이 돈을 위해 살면 인간은 황폐화되고, 마침내 인격은 물격(物格)으로 전락하게 된다. '이신발재'가 아니라 '이재발신'의 삶을 살아야 하는 이유가 여기에 있다.

::**출전**:: 『대학』
::**내용소개**:: 황의동(충남대 교수)

# 081

# 갑옷 만드는 사람은
# 행여 사람이 상할까를 두려워한다.

函人 惟恐傷人*

직업에는 귀천이 없지만 옳지 않은 이익을 추구하는 직업을 선택할 경우 사람을 잔인하게 만들 수도 있고 궁극적으로 생명을 해치는 방향으로 나아가게 할 수 있다. 그런 의미에서 맹자는 직업을 소중히여겼다. 즉 갑옷을 만드는 사람의 관심은 '어떻게 하면 사람을 살리고 생명을 온전하게 보존할 수 있을까?'에 마음을 쏟는다. 하지만 화살을 만드는 사람의 입장에서는 사람이 죽도록 만들어야 자신의 이익을 추구할 수 있다. 따라서 화살을 만드는 사람은 '어떻게 하면 내가 만드는 화살로 사람을 죽일 수 있을까?'에 관심을 두고 화살을 만든다. 이러한 마음가짐으로 살다 보면 자신도 모르게 사람의 목숨을 쉽게 생각하는 반생명적(反生命的)인 경향으로 치닫게 되고, 생명을 살리기를 좋아하는 마음과 다른 사람에게 차마 하지 못하는 마음이 확충되기 어렵다.

---

＊函(함): 갑옷. 恐(공): 두려워하다. 傷(상): 다치다.

맹자가 "한 가지 불의(不義)를 행하고 한 명의 무고한 사람을 죽여 천하를 얻는 일은 백이 · 이윤 · 공자도 하지 않는다."고 하는 것도 이러한 맥락에 의한 것이다. 만약 천하가 잘 다스려진다는 것을 가정하고서 한 사람의 무고한 희생을 감수할 수 있어야 한다는 논리에서 본다면, 때로는 천만 사람의 희생도 기꺼이 감수할 수 있어야 한다는 논리로 발전할 수 있기 때문이다.

유교에서는 의(義)에 합당한 리(利)를 추구하도록 하고 있다. 따라서 자신의 이해(利害)에만 밝은 인간을 소인으로 취급하고 가장 경계해야 할 존재로 여긴다. 이렇게 함으로써 이익만을 추구했을 때 발생할 수 있는 생명 경시 풍조와 사회적 혼란의 근원을 처음부터 막을 수 있기 때문이다.

::**출전**:: 『맹자』 「공손추 상」
::**내용소개**:: 이상호(경상대 교수)

# 082

# 부모는 자식을 위해서 숨기고
# 자식은 부모를 위해서 숨기니,
# 정직함은 그 가운데에 있다.

父爲子隱 子爲父隱 直在其中矣

이것은 정치인 섭공(葉公)과 대화할 때 공자가 했던 말이다. 섭공은 "우리 동네에서 정직한 이는 그 아비가 양을 훔치자 그를 당국에 고발한다."라고 말했다. 이 말을 들은 공자는 "우리 동네에서 정직한 자는 그와 다르다."라고 말했다. 인륜의 근본인 부자간의 기본관계를 원만히 유지하기 위해서는 사직당국에 고발하는 방식은 옳지 않다고 보는 것이 공자의 견해이다. 이처럼 자애와 효성의 가치를 높이 여기는 점은 유교의 중요한 특성 중 하나이다.

2007년 5월 26일, KBS에서는 '유교─2,500년의 여정'이라는 제목의 스페셜 4부작(인의예지)을 방영하는 맨 처음에서 '효'를 강조하는 과정으로 바로 위의 내용을 소개했다. 그런데 그것은 '법과 처벌'보다는 '인정과 도덕'이 선행되어야 한다는 감명을 줄 수는 있었지만, 유감스럽게도 유교에 대한 부정적인 이미지를 더해 주는 결과를 낳고 말았다. 자식이기 때문에 그러한 잘못을 보더라도 효를 뒤로 할 수 없어 그저 묵인할 수밖에 없다는 비사회적 정서만 남기고 만 것이다.

그렇다면 그것이 정말 유교의 참모습일까? 부자관계라는 이유로 이웃집 양을 훔치는 사회적 비리는 못 본 체해야만 하는 것일까? 이 것이 유교라면, 유교는 처음부터 설 자리를 얻지 못했을 것이다. 왜냐하면 그것은 자기 집단속의 이익만 강조하는 비사회적 존재를 인정하는 꼴이 될 수밖에 없기 때문이다.

이러한 모순을 극복하기 위하여 유교에서는 '간쟁'의 논리를 중시한다. '간(諫)'이란, 윗분의 잘못에 대하여 직언으로 일깨워 드려서 스스로 그러한 곳에서 벗어나도록 조력하는 일이다. 그러므로 공자는 효성의 내용으로도 간쟁의 태도를 중시했다. 『논어』에서는 '기간(幾諫)'이라는 용어로, 또한 『효경』에서는 '쟁자(爭子)'라는 말로써 그 점을 나타냈다. 바로 이러한 간쟁의 역할을 주목해 보면, 부모의 잘못이 자식에 의해 고발되지 않고, 즉 남들에게 알려지지 않으면서도 고쳐질 수 있다는 사실을 알게 된다. 이 점에서 공자는 "정직함은 숨겨주는 그 가운데에 있는 것이다."라고 말할 수 있었던 것이다.

:: **출전** :: 『논어』「자로」
:: **내용소개** :: 조남욱(부산대 교수)

# 083

# 예의 쓰임은 조화가 귀중하다.

禮之用 和爲貴*

공자의 제자인 유약이 말한 이 구절은 '어울림'이 인간의 삶에서 중요한 덕목에 해당하는 예의의 실질적인 내용임을 지적하는 글이다. 이 글은 둘 이상의 사람들이 살아가는 사회에서 그 사회의 구성원들이 서로 배척하지 않고 서로 존중하며 평화로운 관계를 유지하는 데 필요한 사상이라고 할 수 있다.

옛날이나 지금이나 적지 않은 사람들은 예의를 인간이 바르게 살아가는 데 필요한 질서를 유지하는 면에 긍정적인 역할을 하기도 하지만, 시대 변화에 유기적으로 부응하지 못하는 경직되고 고지식하며 융통성이 없는 낡은 이념이라고 생각한다.

그러나 이 글에서와 같이 유학에서 말하는 예의는 독선적이거나 배타적이지 않고, 상대를 인정하며 시대변화에 합리적으로 부응하는 활기 있는 사상이다. 기본적으로 유학에서 말하는 어울림은 '동일화[同]'나 배타적인 '싸움[爭]'과는 구별된다.

---

＊ 用(용): 쓰이다. 和(화): 어울리다.

일반적으로 동일화란 나의 주체성이 사라진 상태에서 상대에게 귀속되거나 혹은 상대의 주체성이 나의 주체성으로 흡수된 상태를 말한다. 또한 배타적인 싸움이란, 내가 배제된 상태에서 상대만 존재하거나 혹은 상대를 배척하며 나의 존재만 부각시키는 상태를 말한다. 이 때문에 동일화나 배타적인 싸움의 상태에서는 자기중심주의 관점에서 서로 다름을 인정하지 않는 비민주적인 태도가 만연될 수 있다.

그런데 어울림의 논리는 이러한 동일화나 배타적인 싸움의 논리와 다르다. 어울림은 마치 맛있는 국을 끓이는 것과 같다. 이것은 우리가 어떤 국을 끓일 때 고추장·간장·소금·깨·마늘 등을 비롯한 각종 재료를 섞은 다음 알맞게 조리하여 좋은 맛을 만들어 내듯이, 서로 다른 성질을 배척하거나 사라지게 하지 않고 혼합하여 조화로움을 창출하는 것과 같다. 따라서 이것은 다양한 악기의 연합에 의해 하나의 아름다운 하모니를 이루는 오케스트라 연주에 비유되기도 한다.

이렇게 볼 때 어울림 사상은 오늘날 이기적인 욕망 실현을 위해 타인을 경쟁 대상으로 여기며 타인의 인격을 배제하는 현상이 확산되는 데서 나타나는 온갖 소외와 갈등 현상을 치유하는 측면에 의미 있게 적용될 수 있는 사상이라고 할 수 있다.

:: **출전** :: 『논어』「학이」
:: **내용소개** :: 이철승(조선대 교수)

# 084

# 사람이 부끄러움이 없어서는 안 된다.
# 부끄러워할 줄 모르는 마음을 부끄러워하면,
# 결국 부끄러움이 없을 것이다.

人不可以無恥 無恥之恥 無恥矣

맹자는 "자신의 잘못을 부끄러워하고 남의 잘못을 미워하는 것이 의로움의 단서이다."라고 했다. 인간은 누구나 이런 마음, 즉 '수오지심(羞惡之心)'을 가지고 있다는 것이다. 부끄러워한다는 것은 능히 잘못을 고쳐 선(善)으로 갈 수 있는 '개과천선(改過遷善)'의 가능성이 있다는 말이다. 하지만 세상에는 부끄러워할 줄 모르는 사람들이 너무도 많다. 우리는 그런 사람들을 가리켜 '후안무치(厚顔無恥)'라고 말한다. 한마디로 뻔뻔한 사람들이다. 맹자가 살았던 시대에도 그런 사람들이 꽤 많았나 보다. 그래서 맹자는 '무치(無恥)', 즉 '부끄러워할 줄 모르는 것'을 부끄러워하면 참으로 부끄러움이 없게 된다고 말한다.

윤동주는 「서시(序詩)」에서, "하늘을 우러러 한 점 부끄러움이 없기를 잎새에 이는 바람에도 나는 괴로워했다."고 읊고 있다. 진정 부끄러움이 없기 위해 우리는 부끄러워할 줄 알아야 한다. 이것이 바로 맹자가 주장하는 '부끄러움의 미학'의 핵심이자, 오늘날 우리에게 전하는 강한 메시지이다.

부끄러워한다는 것은 이미 깊이 반성하고 있다는 것을 의미한다. 인간은 부끄러워하는 과정을 통해 자신을 변화시키고 성장해 나간다. 그러므로 부끄러워할 줄 알아야 제대로 된 인간으로 거듭날 수 있다. 세상에서 가장 무서운 사람은 죽음을 두려워하지 않는 사람이라고들 하지만, 나는 그보다도 더 무서운 사람은 부끄러워할 줄 모르는 사람이라고 생각한다. 이런 사람들은 아무런 부끄러움이나 죄책감도 없이 무슨 일이든 저지를 수 있는 정말 겁나는 사람들이다.

요즘 뉴스를 보면 도저히 상상할 수 없는 잔혹한 범죄들이 늘어나고 있다. 모두가 그렇지는 않지만 아무런 죄책감이나 수치심도 없는 범죄자들이 있다. 이러한 것들이 국민들을 더욱 분노하고 안타깝게 한다. 하지만 우리 사회를 바로 세워 가는 일은, 결국 이 시대를 살아가는 우리 모두의 책임이 아닐까? 큰 범죄도 실은 아주 작은 씨앗, 즉 '부끄러워할 줄 모르는 마음'에서 싹터 나온다. 우리 각자의 내면에 자리 잡고 있는 양심과 부끄러워할 줄 아는 마음을 다시 한 번 들여다볼 때이다.

::**출전**:: 『맹자』「진심 상」
::**내용소개**:: 이상은(상지대 교수)

## 【085】

# 사람들은 모두 사람을 차마 해치지 못하는 마음을 가지고 있다.

人皆有不忍人之心

미국 남북전쟁 직후의 일이다. 미국으로 건너간 중국 산동성 출신 농부 딩롱(丁龍)은 성격이 포악한 미국인 주인집에서 막일로 생계를 꾸렸다. 포악한 주인 때문에 그 집 하인들은 하루도 편할 날이 없었다. 잦은 폭행을 견디지 못한 하인들은 주인 몰래 도망치기도 하였다. 딩롱도 그 가운데 한 사람이었다. 어느 날 주인집에 불이 났다. 평소 주변의 인심을 잃은 주인집엔 달려와서 도와주는 손길이 아무도 없었다. 불난 집을 바라보며 오히려 잘됐다는 눈빛이었다. 그런데 어디선가 도망갔던 딩롱이 나타나 혼신을 다해 불을 끄기 시작했다. 이를 본 주인이 이상하게 여기며 물었다.

"너는 내가 싫어서 도망친 놈이 아니냐? 내 집에 불난 것이 좋지 않느냐? 그런데 왜 와서 위험을 무릅쓰고 불을 끄느냐?"

딩롱이 대답했다.

"아무리 원수지간이라도 상대가 곤궁에 처하면 그걸 구하는 것이 사람의 도리다. 불난 데 부채질하는 것은 사람의 도리가 아니다. 위난을 당한 것을 보면 길 가는 사람이라도 달려가 돕는 것이 아름다운 풍속이다.”

주인은 혹 딩롱이 종교를 갖고 있지 않을까 생각했다. 하지만 딩롱은 어떠한 종교도 갖고 있지 않았다. 종교는 없더라도 그가 공부를 많이 한 식자일 것이라 생각했다. 하지만 딩롱은 일자무식이었다. 일자무식일지라도 집안만은 학자 집안일 것이라 생각했다. 하지만 딩롱은 대대로 농사만 짓던 농사꾼 집안 태생이었다. 딩롱의 행위는 분명 희생적인 종교인, 아니면 도덕적 훈련을 받은 학자, 아니면 그런 전통을 지닌 학자 집안의 후손이었기에 그랬을 것이라고 주인은 판단했던 것이다. 그러나 딩롱은 종교인, 학자, 명문가 집안 어디에도 속하지 않았다. 그렇다면 그런 희생정신은 어디서 나온 것일까? 딩롱의 대답은 간단했다.

“그것은 배워서 아는 것도 아니요, 무엇을 믿어서 그렇게 하는 것도 아니다. 그저 사람은 그렇게 하는 것이 도리라고 느껴서 할 뿐이다. 나의 아버지와 할아버지 그리고 모든 사람이 그렇게 생각하고 있다. 그것이 뭐가 이상한가?”

딩롱은 『맹자』를 읽지 않았어도 곤경에 처한 이를 보면 누구나 측은한 마음씨가 있다는 맹자 사상을 실천한 것이다. 그것은 또 어떤 대가나 명예를 바라고 행한 공리적 행위가 아닌, 순수하게 우러난 양심에 입각한 행위였다. 공리적 인간이 아닌 도덕적 인간상을 보여 준 것이다. 이 말에 감동한 주인은 자기 재산을 전부 팔아 콜롬비아 대

학에 기증하였다. 대학은 그것을 기리며 '딩룽 강좌'를 설치하고 동
양사상을 연구하게 했다. 평범한 농부 한 사람의 도덕적 행위가 부자
주인의 마음을 움직였고, 교육받지 못한 농부 한 사람의 도덕적 실천
이 동양사상의 위대성을 일깨운 것이다.

"사람들은 모두 사람을 차마 해치지 못하는 마음을 가지고 있다."
는『맹자』의 내용은 측은(惻隱) · 수오(羞惡) · 사양(辭讓) · 시비(是非)
의 마음을 설명하는 대전제이자, 인간 본성의 선함을 증명하는 중요
한 단서이다. 딩룽의 행위는『맹자』를 읽지 않았어도 맹자 성선설의
전형적인 본보기를 보여 준 좋은 사례가 아닐까 생각해 본다.

::**출전**:: 『맹자』「공손추 상」
::**내용소개**:: 김덕균(성산효대학원대학교 교수)

6
—
의
리

# 086

# 군자는 의리에 깨닫고,
# 소인은 이익에 깨닫는다.

君子喩於義 小人喩於利*

의(義)라는 것은 마땅함[宜]이다. 군자는 자신의 행동을 결정하고 실천할 때 반드시 마땅한 이치를 찾아 실천하고자 한다. 또한 군자는 모든 일을 처리할 때 오직 의리에 투철하고자 노력한다. 그러므로 모든 일에 대하여 모든 판단과 행위의 기준은 의리의 여부에 달려 있을 뿐이며 의리의 바깥은 아는 바가 아니다.

이(利)는 개인적인 욕심을 말한다. 소인은 욕심만 좇아서 언제나 자신의 이로움만 꾀하는 생각뿐이므로 모든 일에 이익을 도모하는 계산뿐이고, 이익 이외에는 아는 바도 없고 관심도 없다. 군자와 소인의 분별이 여기에 있다. 이 말을 새기면서 눈을 돌려 우리의 삶을 살펴보자. 일상생활에서 겪게 되는 많은 결정의 순간들에 나는 무엇으로 기준을 삼는가를. 또 생각해 보자. 나는 어느 측면에서 사물을 바라보고 판단하는가를.

---

* 喩(유): 깨닫다.

이 구절의 내용과 유사한 것으로 견리사의(見利思義)라는 말도 있다. 즉 이익이 생기는 상황을 만나면 그것이 과연 옳고 떳떳한 것인가를 생각해 보라는 뜻이다. 사람들은 모두 떳떳하게 살고자 한다. 그러나 대체로 어떤 이익이 생길 것 같은 느낌에 자신의 몸과 마음을 내어주기 쉽다. 그것이 바로 이익에 깨닫는 것이 아니겠는가. 그럴 때마다 자신에게 반문하자. 나는 지금 이 순간에 누가 봐도 마땅하고 떳떳한 모습인가를.

::**출전**:: 『논어』「이인」
::**내용소개**:: 박성진(성균관대 연구교수)

# 087

# 의롭지 못한 부귀는
# 내게 있어서 뜬구름 같도다.

不義而富且貴 於我如浮雲*

이 구절은 공자가 자신의 처지와 입장을 스스로 이야기한 것으로, 거친 보리밥에 물을 마시고 베개마저도 없어서 자신의 팔을 베고 누웠는데도 여전히 즐겁다는 내용에 이어 나온 말이다. 그렇다면 공자는 이런 가난한 삶을 즐기는 것인가? 이것은 인간이라면 누구나 즐길 만한 것이 못된다. 공자도 사람인데 결코 그런 삶을 즐기지는 않을 것이다. 그러므로 공자도 가난 속에도 즐거움은 있다고 하였지, 가난이 즐겁다고는 하지 않았다.

동서고금을 막론하고 가난은 우리의 삶을 불편하고 힘들게 하며, 부귀는 편리하고 윤택하게 한다. 그래서 누구나 가난은 싫어하고 부귀는 좋아한다. 그럼에도 때로는 부귀가 주는 편리함과 윤택함보다도 더 좋아하는 것을 가진 사람들이 있다. 우리는 가끔 가난한 예술가들에게서 이런 것을 본다. 상업적인 예술을 하면 큰돈을 벌 수 있

---

* 且(차): 또. 浮(부): 뜨다.

는데도 그들은 그것을 마다하고 순수예술을 추구한다. 이들은 가난이 주는 고단함 속에서도 평상심(平常心)을 유지하면서 자신이 추구하는 예술을 꿈꾼다.

공자도 이런 예술가들처럼 가난 속에서도 즐길 수 있는 그 무엇이 있었던 모양이다. 공자는 정의롭지 못한 부귀를 뜬구름같이 여긴다고 하였으니, 의로운 부귀는 뜬구름이 아닐 것이다. 뜬구름인가 아닌가의 기준은 정의이다. 정의는 가난 속에도 있고 부귀 속에도 있다. 그렇다. 공자는 이것을 즐긴 것이다. 바로 안빈낙도(安貧樂道)다. 가난을 편안하게 여기고 도(道)를 즐겼던 것이다.

예술은 대상이 있어 즐길 것이 있지만, 도(道)는 그런 대상이 있는 것이 아닌데 무엇을 즐길까? 이는 가난하더라도 항상 옳은 일을 하면서 즐거운 마음으로 산다는 것이다. 부귀를 얻기 위해 남을 속이거나 억울하게 하는 짓은 불안하고 불편해서 차마 할 수 없다. 뜬구름을 잡기 위해 나의 신조를 버릴 수 없다. 가난이 나를 힘들게 한다고 정의를 버릴 수 없다. 의롭지 못한 부귀는 너무 불안하고 불편해서 견딜 수 없다. 차라리 마음 편한 것이 낫다.

그렇다고 가난한 공자와 예술가를 무능하다고 욕하지 마라. 본래 가는 길이 다른 것을.

::**출전**:: 『논어』 「술이」
::**내용소개**:: 윤용남(성신여대 교수)

【088】

# 군자는 나를 탓하고,
# 소인은 남을 탓한다.

君子求諸己 小人求諸人*

인생의 우등생으로서 군자는 항상 먼저 나를 돌이켜 보는 자세를 견지한다. 반면에 그렇지 못한 졸장부나 소인배는 남에게서 문제를 발견하려 애를 쓴다. 때로 잘한 일은 자기 탓이고 못한 일은 조상 탓으로 돌리는 일도 있다. 그렇다면 그런 태도는 이 세상의 주체로서의 나를 저버리는 것이다.

　공자가 살던 때야말로 난세였다. 그는 난세의 원인을 근본적으로 자신에게 돌리는 풍토가 없는 데에서 찾았고 이를 아쉬워했기에 '내 탓'을 말했던 것이다. '구저기(求諸己)'는 '구지어기(求之於己)'로서 '지(之)'는 딱 집어 말할 수 없는 우리 앞에 닥친 중대한 현안이자 문제점들을 가리킨다. 곧 좋은 사회로 가는 데 있어 장애물인 것이다.

　이른바 '도'가 실현되지 않는 문제점을 나 자신으로부터 찾아 세상을 즐겁게 하려는 노력을 다하는 것이란, 아무리 강조해도 모자란

---

* 諸(저): '에서'라는 뜻으로 '之於(지어)'가 축약된 말이다.

다. 나 자신을 위한 어떤 문제의 근원도 나에게 있고, 내 앞의 여러 일
도 역시 우선 내가 있으므로 존재한다는 책임의식은 오늘날 한국 사
회에 새삼 요구되는 것이기도 하다.

공자가 "내 탓이오."라고 말할 것을 우리에게 요청하였다면, 같은
흐름에서 맹자는 '반구저기(反求諸己)'를 말하여 "나를 반성하여 문제
를 찾으라."고 요구하기도 하였다. 달리 생각해 보건대, 군자는 능하
지 못한 것이 있으면 자기 자신을 꾸짖지 다른 사람을 원망하지 않는
다. 소인은 이 세상에 어떤 비전의 제시도 염두에 두지 않은 채 자기
의 이름을 이룩하는 데에만 정신없다가 그것이 여의치 않으면 남만
책망한다.

군자와 소인은 반비례하여 존재한다. 군자가 많아져서 교양인으
로서 온 세상 사람들이 즐겁게 오순도순 사는 때가 온다면 그것이 공
자가 바라는 세상이고 우리가 희망하는 유토피아일 것이다.

::**출전**:: 『논어』「위령공」
::**내용소개**:: 이명수(부산대 교수)

# 089

# 날씨가 추워진 뒤에야
# 소나무와 잣나무가 뒤늦게 시든다는 것을 알게 된다.

歲寒然後 知松柏之後彫也*

이 말은 흔히 지조 있는 사람에 대한 예찬으로 사용된다. 지조(志操)란 올곧은 뜻을 굳게 잡아 흔들리지 않는 것을 가리킨다. 날씨가 추워진 뒤에도 푸르름을 간직한 소나무를 통해 변치 않는 지조를 빗댄 것이다. 그런데 공자의 이 말에는 조급증을 경계하는 말도 숨어 있다. 생명체 가운데 시들지 않는 것이란 없다. 소나무나 잣나무도 한겨울에는 시든다. 다만 다른 나무의 잎사귀들이 모두 낙엽이 되어 땅에 뒹구는 그때에도 여전히 덜 시들은 상태에서 버텨 내고 있을 뿐이다. 한겨울의 찬바람을 버텨 내려면 얼마나 많은 인내와 고통이 따를지 상상하기 힘들다.

　우리는 너무 조급해한다. 불같이 일어났다가 썰물 빠지듯 또 그렇게 식어 버리기 일쑤다. 패스트푸드에 익숙해져 있듯이 모든 일에 있어 성급하게 처리하려고들 한다. 그런데 정말 훌륭한 것은 더디게 만

---

＊寒(한): 추움, 추위. 彫(조): 시들다.

들어지고 또한 더디게 잊혀진다. 쉽게 만들어지고 쉽게 잊혀지는 것들은 인내와 고통을 알지 못한다. 찬바람을 맞으며 푸르름을 간직하기 위해 소나무가 견뎌야 할 고통을 잊지 않아야 공자의 이 말을 이해할 수 있을 것이다. 이러한 인내야말로 진정한 지조일 것이다.

공자는 견리사의(見利思義)하고, 견위수명(見危授命)하라는 말을 하였다. 이익 앞에서 흔들리지 않기를 생각해야 하며, 위급한 상황을 만났을 때 자신의 목숨을 기꺼이 바칠 수 있어야 한다는 뜻이다. 견리사의 정도는 나도 할 수 있겠다 싶지만 견위수명은 나는 모르겠다 할 것이다. 그런데 우리가 지조를 이런 높은 경지의 도덕심이나 변치 않는 절개로만 본다면, 존경해 마지않는 지조 높은 사람이 된다거나 그런 사람을 만나기는 평생 어려울 것이다. 조금 넓은 마음으로 세상을 바라보면 우리 주변에는 참으로 많은 지조 있는 사람들이 살고 있다.

인간 사회에는 지향해야 할 공동선이 있다. 그것을 사랑과 평화라고 해도 좋고, 인의예지(仁義禮智)와 같은 도덕성이라 해도 좋다. 이런 공동선을 향해 나아가는 사람은 쉽게 흔들리지 않는다. 그리고 조급해하거나 성급하지 않다. 멀리 보는 안목을 가지고, 늘 함께 살아가는 오늘의 현실을 걱정하는 마음으로 살면서, 꿋꿋하게 인내하고 고통을 감수하는 것이야말로 진정한 지조다.

:: **출전** :: 『논어』 「자한」
:: **내용소개** :: 황병기(연세대 연구교수)

# 090

# 오래 사귄 사람을 버리지 않으면
# 백성들이 각박해지지 않는다.

故舊 不遺則民不偷*

공자는 당시 무너진 예(禮)를 바로잡기 위해 극기복례(克己復禮)를 주장했다. 공자는 예의 중요성을 강조하며 "공손하지만 예가 없으면 수고롭고, 신중하지만 예가 없으면 두려워하며, 용감하지만 예가 없으면 혼란스럽고, 강직하지만 예가 없으면 조급하다."라고 말했다. 이처럼 공자는 지나침도 부족함도 없는 중용(中庸)을 완성하는 데에 예가 필수적이라고 주장했다. 또한 공자는 "군자가 친척에게 후하게 대하면 백성들은 인(仁)에 흥기하고, 오래 사귄 사람을 버리지 않으면 백성들이 각박해지지 않는다."고 말했다. 이것은 사회지도자의 솔선수범을 강조하는 말로 이해할 수 있다.

　우리는 사회적으로 높은 위치에 있는 사람들에게 일반인보다 높은 수준의 도덕성을 요구한다. 노블레스 오블리주(Noblesse oblige)라는 말도 이와 같은 맥락에서 이해할 수 있다. 특히 민주주의의 꽃으

---

＊偸(투): 각박하다.

로 불리는 선거에서 출마자들의 도덕성은 선거 결과에 매우 중요한 요소로 작용한다.

현대인들의 고독과 외로움은 종종 극단적인 결과로 표출되곤 한다. 유명 연예인이 스스로 목숨을 끊는 경우 역시 이와 무관하지 않다. 사회심리학자들의 주장에 따르면, 자살하는 사람들의 대부분은 자신의 고민과 고통을 들어 줄 사람이 전혀 없다고 느낄 때 극단적인 방법으로 그것을 해결하려고 하는 경향이 있다고 말한다.

현대 리더십에서 집토끼를 내부 고객, 산토끼를 외부 고객으로 비유하곤 한다. 집토끼를 돌보지 않고 산토끼만 쫓다 보면 집토끼가 집을 나가 버릴 수 있고, 반면 집토끼를 잘 보살피면 집토끼가 산토끼를 데리고 오는 경우도 있다는 것이다. 이런 비유는 공자의 제자인 유자(有子)가 "친할 만한 사람을 잃지 않으면 또한 사람들의 지도자가 될 수 있다[不失其親 亦可宗也]."라고 말한 것과도 유사하다. 즉 가까운 사람을 잃지 않는 것이 많은 사람을 얻는 비결이라는 것이다.

자신이 외롭다고 느끼는 것은 어찌 보면 가까운 사람과 멀어지고 있다는 증거일지도 모른다. '현재'의 뜻인 present가 왜 '선물'의 뜻으로도 쓰이는지 잘 생각해 볼 필요가 있다. 왜냐하면 바로 지금이 나에게 두 번 다시 오지 않는 인생의 선물임을 깨달을 때, 내 가까이에 있는 사람을 더욱 소중하게 생각할 수 있기 때문이다.

::**출전**:: 『논어』「태백」
::**내용소개**:: 진성수(전북대 교수)

# 091

# 요절하거나 수복(壽福)하는 데에 의혹되지 않고 수신하면서 기다리는 것이 명을 세우는 것이다.

夭壽不貳 修身以俟之 所以立命也

몇 년 전 전 세계 뉴스의 초점이 일본이었던 적이 있었다. 바로 2차 대전 후 일본 최대의 국난이라고 한 쓰나미 때문이었다. 난리통에는 비명횡사가 많았고, 듣는 사람들의 가슴을 아프게 하는 사연들이 속출했다. 그러나 이 난리 속에서도 숭고한 인생의 의미를 되새기거나 영웅을 만나게 된다.

쓰나미에 휩쓸려 간 가족을 찾기도 전에 이어서 방사능 유출 문제로 전 세계가 놀랐다. 그 와중에 언제 폭발할지 모르는 후쿠시마(福島) 제1원전을 사수하기 위한 결사대가 50명에서 580명으로 늘기도 했다.

죽음은 인간 실존에 던져진 영원한 주제다. 불교는 생사를 논하고 기독교는 영생을 논한다. 맹자는 이렇게 말한다. "요절하거나 수복하는 데 의혹되지 말고 수신하면서 기다려라. 그것이 명을 세우는 것이다."

유교에서는 이 명을 '운명(運命)'이 아니라 '천명(天命)'이라고 한다. 맹자는 "마음을 다하면 본성을 알게 되고 하늘의 뜻을 아는 것이다."(『맹자』「진심 상」)라고 수신 방법을 친절하게 알려 주고 있다.

『논어』를 편찬하면서 제자들이 마지막에 붙인 공자의 말씀은 "명을 알지 못하면 군자가 아니다."(『논어』「요왈」)라는 구절이다. 이 대목에서 주자(朱子)는 정자(程子)의 말을 인용하여 "명을 알지 못하면, 해되는 것을 보면 반드시 피하고 이익이 되는 것을 보면 반드시 나아가니 어떻게 군자라고 할 수 있겠는가."라고 설명했다.

일본의 원전수호 결사대를 보면서 새삼 이 말을 가슴에 새겨 본다.

::**출전**:: 『맹자』「진심 상」
::**내용소개**:: 선병삼(성균관대 연구교수)

# 092

# 날씨가 추워진 뒤에야
## 소나무와 잣나무가 뒤늦게 시드는 것을 알겠다.

歲寒然後 知松柏之後彫也*

'세한(歲寒)'은 한겨울의 추운 날씨를 말한다. 추위에 잘 견디는 소나무·잣나무는 대나무와 더불어 '세한삼우(歲寒三友)'라 하기도 하는데, 역경 속에서 지조를 굽히지 않음을 의미하여 선비의 절개를 칭송하는 문학적 수사로 자주 사용된다.

"소나무와 잣나무는 본래 사계절을 한결같이 시들지 않는다. 추운 계절이 오기 전에도 같은 소나무·잣나무요, 추워진 후에도 여전히 같은 소나무·잣나무다. 그런데도 공자는 다만 추워진 후의 일을 가리켜 말씀하셨다. 이제 그대가 나를 대하는 처신을 돌이켜 보면 그전이라고 더 잘할 것도 없지만 그 후라고 덜할 것도 없었다. 그러나 이전의 그대에 대해서는 따로 일컬을 것이 없지만, 그 후에 그대가 보여 준 태도는 역시 성인에 칭할 만한 것이 아닌가?"(추사 김정희, 발문 중에서)

---

＊ 歲(세); 해. 寒(한): 차다. 後(후): 뒤, 늦게. 彫(조): 시들다.

조선 후기 천재적 예술가인 추사(秋史) 김정희(金正喜)는 말년에 제주로 유배되어 9년을 보냈다. 이때 세한(歲寒), 즉 한 겨울의 추위를 겪어 내면서 추사는 인간으로서 예술가로서 거듭나게 되었다. 당시 그의 제자 이상적(李尙迪)이 각박한 세상 인심 속에서도 잊지 않고 귀한 서적을 해마다 보내 주었다. 추사는 그 마음씀이 대견하고 고마워 감동을 그림으로 표현하였는데, 국보 180호가 그것이다. 이 그림의 발문(跋文)에서 그는 사마천의 "권세와 이득을 바라고 합친 자들은 그것이 다하면 교제 또한 성글어진다."라는 『사기(史記)』의 말을 인용하여 세상 인심의 박절함이 극에 다다른 것을 안타까워한다. 그리고 "날씨가 추워진 뒤에야 소나무와 잣나무가 늦게 시드는 것을 안다."는 공자의 말을 통해 탐욕과 권세를 멀리하고 절개와 올곧은 기상을 지키려는 자신의 마음가짐을 내보인다.

이해의 사이에서, 혹은 변고가 일어난 뒤에 비로소 그 사람의 진가를 알 수 있는 법이다. 만약 세한을 겪으면서 삼우(三友)를 만나는 즐거움이 멀다면, 먼저 자신을 돌아보는 일부터 시작하는 것이 어떨까?

::**출전**:: 『논어』 「자한」
::**내용소개**:: 박상리(성균관대 연구원)

# 093

# 즐겁되 지나치지 않게,
# 슬프되 상처 입지 않게!

樂而不淫 哀而不傷*

"꾸안꾸안! 물수리는 / 황하 섬 가운데서 울고요 / 아리따운 아씨는 대장부의 좋은 짝이로세[關關雎鳩 在河之洲 窈窕淑女 君子好逑]!"

이 시는 약 3천 년 전에 나온 중국 최초 시집인 『시경』에 실린 300여 편 가운데 첫 편인 「관저(關雎)」의 첫 단락이다. '아리따운 아씨[窈窕淑女]'를 사모하는 젊은이의 연정을 담고 있다. 일찍이 이 시를 읽은 공자는 "「관저」 편의 시는 즐겁되 지나침이 없고, 애처롭되 마음을 상하게 하지는 않는다[關雎, 樂而不淫, 哀而不傷]."라고 평하였다.

이 명구 가운데, '관저(關雎)'라는 두 글자를 뺀 나머지 여덟 글자 즉, "낙이불음, 애이불상(樂而不淫, 哀而不傷)"만 두고 보면, "즐기며 살되 지나침이 없고, 슬픈 일이 있더라도 상처를 입지는 말라!"라는 명령문이 된다. 명언이나 명구는 글자수가 적을수록, 그리고 대구(對句)

---

* 淫(음): 물들다, 지나치다. 哀(애): 슬프다. 傷(상): 손상되다, 상처 입다.

가 될수록 더욱 좋다. 그래서 "즐겁되 지나치지 않게, 슬프되 상처 입지 않게!"라고 축약시켜 보았다.

하루하루를 한결같이 즐겁고 기쁘게 살 수 있다면 얼마나 좋으랴! 즐겁고 기쁘게 사는 삶에 있어서는 사랑을 빼놓을 수 없다. 아리스토텔레스는 "사랑하는 것은 즐기는 것이지만, 사랑을 받는 것은 즐기는 일이 아니다."라고 하였다. 사랑은 받을 때보다 줄 때가 좋다는 뜻이 담긴 것이지만, 사랑도 사랑 나름이어서 천차만별이 있을 수 있다. 최고의 사랑, 지선(至善)의 사랑을 지향해야지, 저급하고 음란한 사랑에 빠져서야 되겠는가! 음(淫)자는 본래 '물들다(be dyed)'는 뜻이었지만, 이 경우에는 '지나치다(exceed)', '넘치다(overflow)'는 뜻으로 쓰였다. "즐겁되 지나치지 않게[樂而不淫]"란 말을 마음에 꼬-옥 꼬-옥 새겨 둔다면 인생을 즐겁게 살면서도 고상한 품격을 유지하는 데 큰 자산이 될 것이다.

그런데 아무리 즐겁게 살고 싶어도, 우리네 삶은 그렇게 호락호락 희망대로만 되질 않는다. 누구나, 단 한 사람도 예외 없이 크든 작든 '슬픔'을 겪게 마련이다. 그랬을 때 좌절하여 낙오자로 전락할 것이 아니라, 슬픔을 전화위복의 호기(好機)로 삼을 수 있어야 할 것이다. 그렇게 할 수 있는 지혜는 바로 "슬프되 상처 입지 않게[哀而不傷]"란 말에서 찾을 수 있겠다. 슬픈 일이 닥쳤더라도 마음에 큰 상처를 입어 좌절하지 말고 희망을 찾아내는 예지와 꿋꿋한 끈기를 발휘하자. R. W. 에머슨(1803~1882)이 한 말이 떠오른다. "어떤 사람은 슬픔을 딛고 서고, 어떤 사람은 슬픔 밑에 깔린다."

오늘도 즐겁고 고상한 삶, 그리고 꿋꿋하고 희망찬 삶을 비는 뜻에서 '낙이불음, 애이불상(樂而不淫, 哀而不傷)'이란 여덟 글자를 목놓아 외쳐 보노라!

::**출전**:: 『논어』「팔일」
::**내용소개**:: 전광진(성균관대 교수)

# 자기가 원하지 않는 것을 타인에게 하지 말라

己所不欲 勿施於人*

공자가 '서(恕)'에 대해서 "자기가 원하지 않는 것을 타인에게 하지
말라."고 말한 것은 두 가지 의미를 담고 있다. 하나는 자기가 바라는
것을 남에게 하라고 하는 것이고, 다른 하나는 자기가 원하지 않으면
남에게 하지 말라고 하는 것이다. 일반적으로 전자를 적극적인 측면,
후자를 소극적인 측면으로 해석한다. 그러나 이러한 해석은 공자의
인간에 대한 애정과 배려의 마음가짐을 적절하게 설명하지 못한다.

대표적 성리학자인 주희는 이를 성인의 측면과 학자의 측면으로
해석한다. 전자는 성인의 경지에서 저절로 자연스럽게 나오는 것, 후
자는 반성을 통해서 실천해야 하는 것이라고 주장한다. 그런데 후
자, 즉 자기가 원하지 않는 것은 남에게 하지 말라고 하는 것은, 자기
가 원하지 않는 것은 남들도 원하지 않는다고 해석할 수 있다. 이 경
우는 칸트의 정언명법처럼 자기의 원칙이 남에게도 적용된다는 것을
뜻한다. 그렇다면 공자나 주희의 '서'에서 남이란 자신의 의식에 들

---

* 施(시): 베풀다. 행하다.

어와 있는 남이고, 배려도 자기의 기준을 일방적으로 강요하는 것이 된다. 그러나 공자나 주희의 타자에 대한 배려나 애정은 자신의 의식 속에서 정립되어 관조된 것이 아니다. 즉 미리 정립된 것이 아니라 나와 남의 만남이라는 실천 속에서 드러나는 것이다.

서양의 황금률에 "남들이 네게 마땅히 해 주기를 바라는 방식대로 나도 또한 그들에게 그렇게 해 주어라."는 말이 있다. 이는 공자의 '서(恕)'와 깊은 관계를 맺고 있지만, '서'에 대한 올바른 해석은 아니다. 서양에서 타인에 대한 애정과 헤아림은 신의 명령이 내 마음의 선천적 도덕법칙에 대한 복종에서 가능해진다. 그러나 공자의 '서'는 이런 명령과 복종의 형식이 아니다. 즉 자기가 사회적 지위를 확보하고자 하면 먼저 타인의 지위를 확보해 주고, 자기가 지위를 올라가고자 하면 먼저 타인도 지위를 올라가게 하는 것이다. 이것은 내 주체적인 마음에서 우러나오는 자연스러운 정감으로부터 유래한다고 볼수 있다.

::**출전**:: 『논어』 「안연」
::**내용소개**:: 조남호(국제뇌교육종합대학원대학교 교수)

【095】

# 부모님의 연세는 알아야만 한다.
# 알게 되면 한편으로는 기쁘고 한편으로는 두려워진다.

父母之年 不可不知也 一則以喜 一則以懼*

누구나 어린 시절 자신의 부모님만은 언제까지나 젊으실 줄 알았다. 그러나 세월의 흐름은 자기 부모님께도 예외가 없다. 이러한 이유로 공자는 부모님의 연세가 얼마나 되셨는지 항상 알고 있는 것이 자식의 도리라고 말한다. 그런데 이처럼 부모님의 연세를 알게 되면 두 가지 상반된 마음이 교차된다. 한편으로는 연세가 많이 드셨다는 사실이 기쁘다. 이토록 장수하셔서 자신이 모실 수 있다는 사실이 기쁜 것이다. 다른 한편으로는 두려운 마음이 앞선다. 이제 살아 계실 날이 얼마 남지 않아 곁에서 모실 수 있는 날 역시 얼마 남지 않았다는 생각 때문이다.

그러나 이처럼 우리가 부모님의 연세만 따진다고 모든 할 일을 다 했다고 할 수 있는가? 자식은 부모님께 어떻게 해야 하는 것인가? 바로 평소 효를 다해야 한다. 부모님께서 돌아가신 후 후회하기는 쉽

---

＊ 喜(희): 기쁘다. 懼(구): 두렵다

다. 그러나 그보다 더 중요한 것은 부모님께서 가까이 살아 계실 때 소홀히 하지 말고 더욱 간절한 마음으로 대하는 것이다. 즉 항상 부모님의 건강에 대해 간절한 마음으로 기원하면서 하늘이 준 천명이 다할 때까지 정성을 다하여 모실 수 있어야 하는 것이다.

사실 이는 간단한 가르침 같으면서도 현실 속에서 이를 실천하기 란 그리 쉬운 일이 아니다. 얼마 전 필자의 모친께서 칠순을 맞이하셨다. 그동안 생사를 넘어서는 고비가 있었던 것도 사실이지만 이렇게 살아 계심을 기뻐하면서 문득 이 구절이 떠올랐다.

:: **출전** :: 『논어』「이인」
:: **내용소개** :: 이강재(서울대 교수)

## 여러 사람이 미워하더라도 반드시 살펴보며, 여러 사람이 좋아하더라도 반드시 살펴야 한다.

衆惡之 必察焉 衆好之 必察焉*

사람들은 군중심리에 휩쓸릴 때가 있다. 어느 한 사람이 "나쁜 사람이야!"라고 말하면 나쁜 사람인 줄 알고, 또 "좋은 사람이야!"라고 말하면 좋은 사람으로 생각하고 만다. 좋고 나쁨에 대한 아무런 기준도 없이 사람을 판단하는 것이다. 여기서 인(仁)을 이룩하려는 우리의 태도가 중요하다. 나의 입장에서 남을 싫어하거나 좋아할 것이 아니라, 이치상으로 따져 볼 때 좋은 것과 나쁜 것이 무엇인가를 판단하여야 한다. 이렇게 해서 좋은 것은 우리가 좋아하고 나쁜 것은 싫어해서 좋은 것으로 고쳐 나가야 한다.

남을 좋아하고 미워하는 일은 조심스러워야 한다. 사랑을 기준으로 올바로 좋아하고 미워하여야 한다. 여러 사람이 한 사람을 미워하더라도 내가 반드시 살펴보는 것은 그 사람의 행동이 착하지 못한 것 같지만 뜻은 취할 만한 것이 있을 수 있기 때문이다. 같은 의미로 공

---

＊ 惡(오): 미워하다.

자는 "오직 어진 사람이라야 남을 좋아하거나 미워할 수 있다."(『논어』「이인」)라고 하였다. 보통 사람이 좋아하고 미워하는 경우에는 우리가 꼼꼼히 살피지 않으면 나의 개인적인 감정에 가려진 것이 있을 수도 있다.

자공이 "고을 사람들이 모두 좋아하면 어떻습니까?"라고 묻자, 공자는 "안 된다."라고 하고, 이어서 "고을 사람들이 모두 미워하면 어떻습니까?"라고 묻자, 공자는 "안 된다. 고을 사람 중에 선한 자가 좋아하고, 선하지 못한 자가 미워하는 것만 못하다."(『논어』「자로」)라고 하였다. 어디까지나 기준은 인(仁)이다. 때로는 타자 편에 서서 좋고 나쁨을 판단해야 하는 것이다.

이는 코드가 같다든가, 또는 학연·지연·혈연을 사람 판단의 기준으로 삼는 사람들이 참고해야 할 말씀이다.

::**출전**:: 『논어』「위령공」
::**내용소개**:: 이명수(부산대 교수)

【097】

# 진실로 그리워하지 않는 것이니, 그렇지 않다면 가지 못할 먼 곳이 어디 있겠는가?

未之思也 夫何遠之有*

캐플릿 가의 줄리엣을 사랑하게 된 로미오는, 그 원수 집안의 높은 담장을 뛰어넘어 그녀를 만나러 간다. 그것은 자칫 죽음을 불러올 수도 있는 감행이었다. 친구들은 사랑에 빠져 위험한 일을 감행하는 로미오를 비웃으며 놀리지만, 로미오는 오히려 그런 친구들을 안쓰러워하며 독백한다. "사랑의 상처를 입어 본 적 없는 자가 쉽게 남의 상처를 비웃는 법이지."

『논어』의 위 구절은 "아름다운 자두꽃이 봄바람에 휘날리는구나. 어찌 그대를 그리워하지 않겠냐만 그대의 집이 멀고도 멀구나[唐棣之華, 偏其反而, 豈不爾思, 室是遠而]."라는 지금은 일실된 시 구절에 대한 공자의 평이다. 공자도 사랑을 해 보았을까? 근엄한 공자가 '사랑은 움직이는 거야.'라는 식의 현대 젊은이들과 같은 발랄한 사랑을 했으리라고 상상하기는 어렵지만, 어찌 그에게만 봄바람에도 설레는 청

---

\* 思(사): 생각, 사모하다, 사랑하다. 遠(원): 멀다.

춘의 떨림과 열정이 없었겠는가. 공자의 사랑은 '움직이는 사랑'이 아니라 가지 못할 곳이 없을 정도로 간절한 사랑은 아니었을까?

　그러나 이러한 공자의 태도는 사랑에만 국한된 것은 아니었다. 인간과 삶 그 자체에 애정을 가진 그였다. "불가능함을 알면서도 행하는 사람[知不可而爲之者與]"이라고 어느 문지기가 자로에게 공자를 조롱하듯 평했지만, 오히려 그 조롱 속에 공자의 진면목이 담겨 있었던 것이다. 불가능함을 안다면 하지 않는 것이 현명한 사람의 처신이다. 그러나 그럼에도 할 수밖에 없는, 혹은 하고자 하는 열정이 어리석음으로 폄하될 수는 없다. 공자를 조롱한 문지기에게 로미오의 독백을 빌어 이렇게 말할 수도 있겠다. "진정한 갈망을 가져 보지 못한 자가 쉽게 남의 갈망을 헛되다고 비웃는 법이지."

　공자의 말 속에 담긴, 어떤 사람에 대한 간절함, 어떤 일에 대한 도저한 갈망, 그것을 이 현실 속에서 실현하고자 하는 노력과 지혜, 그 투혼은 한물간 시대착오적 어리석음은 아닐 것이다. 더불어 혹 공자에게도 천리를 멀다 하지 않고 달려가고 싶은, 그리움에 사무치도록 사모한 사람이 있지는 않았을까? 소인과 여자는 다루기가 어렵다고 말한 공자도 사랑의 상처에 눈물 흘린 적이 있었을지도 모를 일이다.

::**출전**:: 『논어』「자한」
::**내용소개**:: 심의용(숭실대 연구교수)

## 【098】

## 오늘날 효는 물질적인 봉양만을 말한다.
## 개와 말도 먹여주니,
## 공경하지 않는다면 무엇으로 구별하겠는가!

今之孝者 是謂能養 至於犬馬 皆能有養 不敬 何以別乎

제자 자유(子游)가 효에 대해서 물으니, 공자께서 대답하기를, "오늘날 효라고 하는 것은 물질적인 봉양만을 말하는데 개와 말과 같은 동물들도 모두 사람이 길러 주고 있으니 공경하지 않는다면 무엇으로 구별하겠는가?"라고 하였다.

어릴 때부터 우리 민족은 '동방예의지국'이고 '백의민족'이며 효를 중시하는 민족이라고 배웠다. 그런데 살면서 느끼는 것은 이러한 구호가 모두 우리의 희망사항을 담은 것은 아닌가라는 생각만 든다. 지금까지 살면서 보고 느낀 것을 그대로 표현하자면 그렇다는 말이다.

물론 아직도 많은 사람들이 좋은 점을 지키며 살고 있지만, 갈수록 우리 사회가 혼란해지고 있는 것만은 사실이다. 더구나 물질을 중시하는 현대 사회에서 모든 가치는 물질로 환산되고 있으며, 심지어 사랑조차도 돈으로 해결하려는 사람들이 많아진 것이 사실이다. 부모와 자식 사이의 사랑도 예외는 아닌 것 같다. 부모에게 용돈을 드리고 물질적으로 봉양하는 것만을 효도라고 생각하는 사람들이 적지 않다. 공자의 말처럼 물질적 봉양만을 효도라고 한다면 애완동물을 보살펴 주고 먹이를 주는 것과 무엇이 다르단 말인가?

물질적 가치는 물질이 고갈되면 끝이 나지만 정신적 가치는 무궁하여 끝이 없다. 따라서 부모에 대한 자식의 도리는 마땅히 무궁한 정신적 가치를 중심에 두어야 할 것이다. 너무 가까운 나머지 자칫 소홀하기 쉬운 부모와 자식 사이의 관계는 인간의 마지막 사랑이 만나는 접점이다. 숭고하고 고귀한 사랑의 가치는 한순간도 게으르지 않고 노력하는 가운데 샘물처럼 솟아나는 것이다.

아름다운 사랑은 물질로부터 해방되었을 때 더욱 빛나는 법이다.

::**출전**:: 『논어』 「위정」
::**내용소개**:: 최영갑(사단법인 범국민예의생활실천운동 이사장)

# 099

# 벗한다는것은그덕(德)을벗하는것이니 내세우는것이 있어서는안된다.

友也者 友其德也 不可以有挾也

벗한다면서 자신이 가진 것을 믿는다는 것은 진실성이 없다는 뜻이다. 벗이란 '인격'을 사귀는 것이다. 벗에게 내세워야 할 것이 있다면 그것은 자신의 진실함뿐일 것이다.

『맹자』에는 이 구절 뒤에 다음과 같은 이야기가 이어진다.

비(費) 나라 혜공(惠公)이 말했다. "내가 자사(子思)께는 스승으로 대했고, 안반(顔般)에겐 벗으로 대했다. 왕순(王順)과 장식(長息)은 나를 섬기는 자들이다. …… 진(晉) 나라 평공(平公)은 해당(亥唐)에 대하여, 들어오라면 들어가고, 앉으라면 앉으며, 들으라면 들어, 비록 거친 밥에 나물국이라도 배불리 먹지 않은 적이 없었다. …… 그러나 그뿐. 그에게 지위나 벼슬, 봉록을 내리지 않았다." 같은 입장에서 어진 이를 높인 것일 뿐, 왕공(王公)의 입장에서 어진 이를 대우한 것이 아니었던 것이다.

친하게 지낸다고 다 벗이 아니다. 그러므로 공경하는 사람도 있고, 벗하는 사람도 있고, 부리는 사람도 있다. 벗한다는 것은 같은 입장에서 그 인격을 만나는 것이다. 그러므로 그를 존중할 뿐, 줄 것도 받을 것도 없다. 만약 평공이 해당에게 벼슬을 내렸다면 어땠을까? 해당이 그 벼슬을 받아들이든 말든, 평공은 아마 소중한 벗을 하나 잃게 되었을 것이다. 이미 둘은 같은 입장이 아니기 때문이다.

뭔가를 가진 사람은 항상 자신이 뭔가를 해 줄 수 있을 듯이 말하고, 없는 사람은 콩고물이라도 떨어지지 않을까 기대를 한다. 인격이 아닌 이해타산이 그 속에 자리 잡고 있는 것이다. 그러다 틀어지면 원망하기도 하고 나무라면서 '친구'였음을 내세운다. 하지만 친구란 애초에 그런 것을 마음에 두지 않고 만나는 사이이다. 애초에 그런 것을 버리고 만났다면 원망할 것이 무엇이고 탓할 것이 무엇이겠는가?

군자는 "문(文)으로 벗을 사귀고, 벗으로 인(仁)을 돕는다."고 하였다. 군자의 사귐은 덤덤하기가 물과 같다고도 한다. 아마도 살가운 맛은 없을지도 모르겠다. 그러나 그 깊은 속내에는 옆에서 젤 수 없는 뭔가가 있다. '관포지교(管鮑之交)'니 '문경지교(刎頸之交)'니 하는 말이 있지만, 그보다 깊은 사귐의 도리가 있기에 '붕우유신(朋友有信)'이라 하지 않았을까?

:: **출전** :: 『맹자』 「만장 하」
:: **내용소개** :: 정도원(성균관대 연구원)

# 100

# 독실하게 믿고 배우기를 좋아하며
# 죽음으로 지켜 도를 구현한다.

篤信好學 守死善道*

재물을 위해 목숨을 거는 사람이 있다. 하찮은 사람이다. 명예를 위해 목숨을 거는 사람이 있다. 좀 나은 사람이다. 신념을 위해 목숨을 거는 사람이 있다. 그 신념이 인류사회의 이상을 실현하는 것이라면 더 위대하다. 세상에 부정적인 신념이 있을 수 있다고 생각하겠지만, 그 내용이 비인간적이라면 신념이랄 수 없다. 맹신(盲信)이니 일고의 가치도 없다.

그래서 공자는 신념에 돈독해야 한다고 강조하고는 뒤이어 배우기를 좋아하라고 권고했는지도 모른다. 인간이란 신념이 있을 때 인간답게 보이고 활기에 넘친다. 사는 보람이 있기 때문이다. 더구나 그 신념으로 해서 죽음을 걸고 도(道)를 구현할 때 인생의 숭고함을 실감할 수 있는 것이다. 도의 구현은 나 자신을 위한 것이지만 궁극적으로는 남을 위한 것이다. 나 하나의 인격이 완성될 때 그 향기는 필

---

* 篤(독): 독실하게 힘쓰다. 善(선): 잘 실천한다.

연적으로 남에게 미치게 되고, 나 하나의 목숨을 걸 때 그 물결은 필연적으로 멀리멀리 퍼져 나가는 것이다. 나의 완성과 남을 위한 길이기에 목숨을 걸고 지킬 만한 값어치가 있는 것이다. 이 대목은 유교가 종교라는 것을 실증적으로 보여 주고 있다. 유교는 죽음으로 지켜야 하는 도이고, 유교적 이상사회 건설에 목숨을 걸고 헌신해야 된다는 것을 비추고 있는 것이다. 공자는 세상이 아무리 어지러워도 단념하지 않고 뛰어들어 구제하려고 애썼고, 아무리 인간들이 미쳐 날뛰어도 체념하지 않고 끈기 있게 설득을 하고 다녔다. 세상이 알아주지 않아도 탓하지 않고, 도도한 흙탕물처럼 밀려가는 역사의 흐름을 바꾸려고 끝까지 노력했다. 그는 어지러운 세상을 피하려는 것이 아니라 그 속에 뛰어들어 맨몸으로 싸운 성인이다. 끝내 "하늘을 원망하지 않고 사람을 탓하지 않겠노라[不怨天, 不尤人]."고 탄식하지 않았던가.

　　나라에 올바른 도가 행해질 때 가난하거나 미천한 것은 자기 공부가 모자라기 때문이다. 사회에 질서가 잡혀 모두 자기 능력껏 출세를 하는데, 거기에서 낙오가 됐다면 공부가 모자라거나 인격에 결함이 있다고 볼 수밖에 없다. 그러니 부끄러운 일이다. 나라가 어지러운데도 부자가 되거나 높은 벼슬을 하고 있다면 무도한 위정자에게 빌붙은 결과일 수밖에 없다. 부끄러운 일이다.

:: **출전** :: 『논어』 「태백」
:: **내용소개** :: 최근덕(전 성균관장)

# 101

# 군자는 글로써 벗을 모으고
# 벗을 통하여 인(仁)을 도움 받는다

君子 以文會友 以友輔仁*

"친구가 일가친척보다 낫다." "친구가 다정하면 천리 길도 멀지 않다."는 말이 있다. 마음을 주고받는 진실된 친구야말로 참으로 보배로운 존재가 아닐 수 없다. 이런 친구를 심우(心友), 즉 마음으로 사귀는 친구라 한다. 『주역』에서는 '금란지계(金蘭之契)'라고 하여 "두 사람이 마음을 합하면 그 날카로움이 금(金)을 끊고, 마음을 같이하는 말은 그 향기가 난초와 같다."고 했다. 두 사람이 마음을 합치면 그 굳건함이 금을 끊을 수 있으며, 두 사람의 진정에서 우러나는 정다운 말은 향기로운 난초와 같다는 비유이다. 그러나 친구란 사귀기는 어렵고 잃기는 쉽다. 누구나 경험하는 바이지만 진정으로 마음을 허락할 수 있는 친구를 만나기란 어려운 것이다. 그래서 "친구와 술은 묵을수록 좋다."거나, "친구는 옛 친구가 좋고 옷은 새 옷이 좋다."고 했다.

---

\* 輔(보): 돕다.

    조선시대 도의지교(道義之交: 도의로 친구를 사귐)의 대표적인 사례
는 율곡 이이와 우계 성혼, 그리고 백사 이항복과 한음 이덕형이라
할 수 있다. 율곡과 우계는 학문으로 맺어진 친구로, 두 사람 사이에
오간 토론은 우리나라 성리학(性理學)의 발달에 커다란 기여를 했다.
백사와 한음은 학문도 학문이지만 정치적으로 그 우의(友誼)가 크게
빛나고 있다. 임진왜란 때 두 사람의 우정 어린 협력이야말로 왜적을
물리치고 나라를 다시 일으켜 세우는 데 더할 수 없는 공헌을 했다.

    가까울수록, 오래 사귈수록 공경하는 마음가짐과 몸가짐이야 말
로 좋은 친구와 평생 우정을 지속할 수 있는 비결이다. 친구가 잘못
된 길로 들어서면 충고를 해서 바로잡아 줘야 하는 것이 도리지만,
두세 번 충고해도 듣지 않으면 끊어 버리는 것이 상책이다. 부모형제
의 잘못은 끝까지 막아야 할 의무가 있지만, 친구는 그렇지 않아 듣
지 않으면 끊어 버려야 한다. 부모형제는 피로써 맺어져 있기 때문에
무한책임(無限責任)이 자기에게 있지만, 친구는 의리(義理)로 맺어진
사이이기 때문에 어디까지나 유한책임(有限責任)이다. 그래서 충고도
적당히 해야 한다. 낱낱이 들추어서 간여할 처지도 아니다.

    공자의 제자인 자유(子游)는 다음과 같이 말했다. "임금 섬김에 있
어 자주 간(諫)하면 욕을 당하게 되고, 벗을 사귐에 있어 자주 충고(忠
告)하면 소원해진다."

::**출전**:: 『논어』 「안연」
::**내용소개**:: 최근덕(전 성균관장)

# 102

# 공자는 이익과 천명과 인(仁)을 드물게 말했다.

子罕言 利與命與仁*

『논어』에는 어느 하나로 단정지어 해석할 수 없는 난해한 구절들이 있다. 예를 들어 위의 문장은 보통 주자의 해석에 따라 "공자는 이익[利]과 천명[命]과 인(仁)을 드물게 말했다."로 풀이한다. 즉 '이익'을 자주 말하면 '의리[義]'를 잃게 되고, 천명을 자주 말하면 하늘을 모욕하는 결과가 되며, '인'을 자주 말하면 실천이 미치지 못할까 걱정되어 드물게 말했다고 설명할 수 있다. 물론 어떻게 구두를 끊어 읽느냐에 따라 그 의미가 달라지지만, 우리의 관심을 끄는 대목은 공자가 '이익'을 드물게 말했다는 점이다.

유가에서는 전통적으로 '의리'와 '이익'을 크게 구별하여 왔다. 물론 처음부터 이익을 배척했던 것은 아니다. 예를 들어 유가 경전의 하나인 『서경』에서는 나라를 다스리는 데 중요한 세 가지 일로 정덕(正德)·이용(利用)·후생(厚生)을 제시하였다. 그러나 『맹자』에서 의리와 이익을 상대적인 것으로 본 이래 이익은 부정적 개념으로 인식

---

* 罕(한): 드물다. 與(여): ~과(연결조사), 주다.

되었으며, 한대 동중서가 공리(功利)의 추구를 적극적으로 배척함으로써 부정적인 것으로 고착화되기 시작했다. 나아가 송대 도학자들은 이익을 천리(天理)의 상대적 개념인 인욕(人欲)으로 보아 대립구도를 설정하기에 이르렀다. 이러한 관념은 후대로 내려오면서 인욕의 추구를 죄악시하는 배경이 되었으며, 사회가 의욕과 활력을 잃고 침체되는 역기능을 초래하기도 했다. 이익에 대한 부정적 인식은 분명 중세의 사상적 질곡의 하나라 할 수 있다.

우리나라 조선 후기에 이르면 실학자들을 중심으로 이욕을 긍정적으로 해석하는 분위기가 대두되는데, 중세적 관념의 극복을 위한 노력이 경전에 대한 재해석 과정에서 모색되어 왔다. 성호 이익은 이익을 공리(公利)와 연결시켜 공리와 사리를 엄격히 구별하면서, 의리와 조화를 이루는 이익이야말로 공리이며, 이것을 추구하는 것은 곧 선(善)이 된다고 하였다. 즉 의리의 실현 방법으로서 공리의 추구를 말하였던 것이다. 이와 같이 경전은 같은 구절이라도 시대에 따라 재해석되는 매력이 있다. 각박하게 자신의 이익만을 앞세우는 오늘의 세태에서 이익의 맹목적 추구보다는 의리에 부합되는지 먼저 생각하는 마음자세가 필요할 것이다.

:: **출전** :: 『논어』 「자한」
:: **내용소개** :: 최영성(한국전통문화학교 교수)

# 103

# 안되는 줄을 알면서도 하는 자인가!

知其不可而爲之者與*

공자의 제자 자로(子路)가 석문(石門)이라는 곳에 들렀을 때 일이다. 이른 새벽 그곳을 지키는 문지기가 물었다. "어디에서 온 누구요?" 자로가 대답했다. "공자의 제자요." 문지기가 말했다. "안 되는 줄 알면서도 괜한 노력을 하는 그 공씨(孔氏) 말인가? 그대가 참으로 고생이 많소." 이 말을 마치고 문지기는 홀연히 사라졌다.

자로와 만난 석문의 문지기는 아마도 어지러운 세상을 등지고 천한 직업을 택하여 은둔한 현자(賢者)였을 것이다. 자로를 처음 보았을 때 애초부터 그가 누구인지도 알았을 것이다. 그런데도 굳이 누구냐고 물은 것은 자로를 통해 공자에게 자신의 뜻을 전하고자 했기 때문이다. 그가 전하고자 했던 것은 무엇인가? 그것은 아마도 자신처럼 세상을 버리고 은둔하자는 것이었으리라. 그렇다면 공자는 현자의 생각과는 달랐던 것일까? 즉 당시 혼란한 세상을 예악(禮樂)과 도덕(道德)으로 안정시킬 수 있다고 생각했던 것일까?

---

* 與(여): 의문사.

공자가 활동하던 춘추전국시대는 중국 역사상 가장 혼란한 시기였다. 제후가 천자를 공격하고, 신하가 임금을 해치며, 자식이 부모를 버리는 그런 시대였다. 따라서 인간의 덕(德)을 논하는 것 자체가 사치로 여겨질 수도 있었을 것이다. 그러나 성인(聖人)의 진리를 추구하는 사람으로서 공자는 결코 현실을 포기할 수 없었다. 증자(曾子)의 말대로 '책임은 막중하고 갈 길은 멀다[任重道遠].'고 생각한 것이다.

치열하게 경쟁하는 현대 사회에서 사람들은 모든 일들을 예측하고 그 가능성을 따져 본다. 만일 50%의 가능성이 있더라도 그만큼의 실패 가능성이 있다면 애초부터 시도하지 않는 경우도 비일비재하다. 그 이유는 시간과 노력을 허비할 수 없다고 생각하기 때문이다. 이러한 입장에서 보면 공자는 분명 계산에 서툰 사람이다. 그러나 세상은 시대의 변화에 적응하고 맞추며 사는 사람들이 아니라 자신에게 세상을 맞추려는 우둔한 사람들에 의해 조금씩 발전해 왔다. 이것은 오랜 인류 역사의 교훈이다. 이러한 점에서 볼 때 공자는 우둔한 방법으로 세상을 변화시키려고 노력했던 사람 중 한 사람이다.

1분 1초를 다투며 경쟁하는 현대 사회에서 '안 되는 줄을 알면서도 노력하는 사람', 바로 이 사람이 우리 시대의 진정한 선비요, 진정한 군자가 아닐까!

:: **출전** :: 『논어』「헌문」
:: **내용소개** :: 김성기(성균관대 교수)

## 【104】

# 날씨가 추워진 뒤에야
# 소나무와 잣나무가 뒤늦게 시듦을 알겠다.

歲寒然後 知松柏之後彫也

"나라가 어지러우면 충신이 나오고 집안이 가난하면 효자가 나온다." 라는 말이 있다. 공자도 역시 나라가 어지럽거나 집안이 가난하여도 변치 않는 절조를 지닌 사람을 훌륭한 인격자로 간주하였다.

지난 겨울은 유난히 추웠다. 추운 겨울에도 푸름을 변치 않는 나무가 바로 소나무와 잣나무다. 모든 나무들이 신록이 우거진 이후에야 다 함께 그 푸름을 자랑하지만 날씨가 추워진 이후에도 그 푸름을 유지하는 나무는 매우 드물다. 소나무와 잣나무는 추운 날씨에도 의연하게 그 푸름을 유지하는 나무이다. 그래서 소나무와 잣나무를 군자에 비유하기도 한다.

우리는 나라가 평화스러울 때 행복하게 생활할 수 있다. 이런 상황에서는 모든 인간관계가 원만하게 유지되기 쉽다. 평화로운 시대에는 자신을 희생해야 할 필요가 거의 없다. 그러나 나라가 어지러울 때에는 자신을 희생하여 대의를 위해 싸워야만 하는 경우가 많다. 이런 환경에서 숭고한 가치를 지키기 위해서 자신을 희생하는 행동을 하기란 쉽지 않다. 평소에 꾸준한 수양을 쌓고 변함없는 절조를 지켜오지 않은 사람이라면 대의를 위해서 자신을 내던지기가 어려울 것이다. 이렇게 나라를 위해 자신을 희생하는 사람을 충신이라고 한다.

마찬가지로 집안이 넉넉할 경우 부모와의 관계, 형제자매와의 관계가 원만한 경우가 많다. 그러나 일단 집안이 가난해지면 부모와의 관계도 소원해지고 형제자매와의 관계도 원만하지 못한 경우를 더러 보게 된다. 집안이 가난하더라도 변함없이 부모님을 공경하고 자식으로서의 도리를 성실하게 잘 하는 사람을 효자라고 말한다. 사람은 이해관계가 달려 있는 경우에 그 본색을 드러내는 경우가 많다. 공자가 바랐던 인간형은 이런 어려운 환경, 이해관계가 달려 있는 상황에서도 자신의 지조를 지키는 인간형이다. 우리는 이해관계가 달려 있는 상황에서 평소의 고상한 태도를 한결같이 지키기가 쉽지 않음을 경험을 통해 알 수 있다.

중국어에 '주육붕우(酒肉朋友)'라는 말이 있다. '어울려 다니며 정당한 일은 하지 않고 쾌락만을 추구하고, 어려울 때는 전혀 도움이 안 되는 친구'라는 뜻이다. 경제적으로 넉넉할 때, 형편이 좋을 때 친구를 사귀기는 쉽다. 하지만 어려운 처지에 놓였을 때 친구를 사귀기는 쉽지 않다. 어려운 상황 속에서 친구에게 도움을 청하기 쉽지 않은 것이 우리들의 마음이다. 이런 어려운 상황 속에서도 평소의 교우관계를 변함없이 이어갈 수 있는 친구가 진정한 친구라 할 수 있다.

우리는 어떤 어려운 일을 겪으면서 다른 사람들의 존재가 소중함을 깨닫게 된다. 또한 나라가 어려울 때 자신을 희생하면서까지 대의를 지키려는 사람이 필요함을 알게 되며, 집안이 어려울 때 부모님을 변함없이 존경하는 효자가 필요함을 깨닫게 되며, 어려운 환경에서 자신의 지조를 지키기가 쉽지 않음을 알게 된다. 공자가 바랐던 인간형도 바로 추운 날씨에도 그 푸름을 변치 않는 소나무와 잣나무 같은 한결같은 절조를 유지할 수 있는 사람이 아니었을까 생각해 본다.

::**출전**:: 『논어』「자한」
::**내용소개**:: 이상훈(경주대 교수)

【105】

# 뜻이 있는 선비와 어진 사람은 살기 위하여 인(仁)을 해치는 일이 없고, 자신의 목숨을 바쳐서 인(仁)을 이룬다.

志士仁人 無求生以害仁 有殺身以成仁

공자는 "군자는 의리에 밝고 소인은 이익에 밝다[君子喩於義 小人喩於利]."라고 하였다. 군자가 중시하는 의리란 다른 사람들과의 관계 속에서 형성되는 가치이다. 하지만 소인들이 추구하는 이익은 개인, 즉 자기 자신만의 이익을 추구하는 가치이다. 군자가 추구하는 가치는 바로 대의(大義)이다.

지사(志士)는 도(道)에 뜻을 둔 선비라는 의미이고, 인인(仁人)은 어진 마음을 지닌 사람이라는 의미이다. 지사와 인인은 구차하게 자신의 목숨을 구제하기 위해서 '인'을 해치지 않고 자신의 희생을 통해서라도 인을 이루려고 하는 마음가짐을 가지고 있는 것이다.

지난 2011년에 일본에서 발생한 동일본 대지진은 자연의 거대한 힘 앞에 무력한 인간의 모습을 보여 주었다. 그런데 관측 이래 최대라는 지진보다, 엄청난 위력으로 마을을 집어삼키는 쓰나미(지진해일)보다 사람들을 더 공포에 몰아넣은 것이 후쿠시마(福島) 제1원자력발전소 사고이다. 아무리 큰 자연재해보다도 인간이 만들어 낸 인위적인 재해가 얼마나 더 큰 재앙을 가져오는지를 뼈저리게 보여 주는 사건이 아닐 수 없다.

사고 발생 후 한 달이 지나고 나서 일본 정부는 사고 등급을 국제 원자력 사고등급 가운데 최고 수준인 7등급으로 높여, 사고 초기 단계의 미숙한 대응과 함께 사고 자체를 축소평가 하지 않았느냐는 거센 비판을 받았다. 하지만 이런 정부와 정치지도자들의 무능한 대응과는 달리 일선 공무원들의 직업정신과 시민정신은 빛을 발하였다.

이와테현(岩手県)의 30대 후반 경찰 공무원은 두 아이와 아내를 남겨 두고 최후까지 주민들의 피난을 돕다가 쓰나미에 휩쓸렸다. 아사히(朝日)신문이 소개한 '남편에게 보내는 편지'에서 아내는 남편이 입버릇처럼 하던 말을 소개했다. "나는 무슨 일이 생기면 언제든 없어질 수도 있어. 큰일이 터졌을 때, 가족의 얼굴이 눈에 밟혀 위험에 처한 시민을 도와주지 못하는 경찰이 되고 싶진 않아. 혹시 무슨 일이 생기면 아이들을 부탁해." 아내는 "저도 남편이 가족만의 소유라고는 생각하지 않았지만, 그의 빈자리는 너무 크다."고 말했다.

이와테현 리쿠젠타카타(陸前高田) 시의 도바 후토시(戸羽太) 시장은 대지진 후 쓰나미가 덮치자 자기 가족의 안위보다는 시민의 피해 대책에 주력했다. 주민 2만 3천여 명의 10%나 되는 2천 3백여 명이 숨지거나 실종된 상황에서 '개인적인 일'을 앞세울 수 없었기 때문이다. 아내는 실종되고 초등학생인 두 아들마저 친척집에 맡긴 채 재해

대책본부가 설치된 한 학교 급식센터에서 먹고 자기를 계속했다. 보다 못한 큰아들(당시 12세)이 재해대책본부를 찾아와 '어머니를 찾아 달라'고 따로 요청했을 정도였다. 쓰나미가 덮치고 몇 주가 지나서야 자택에서 200미터 떨어진 곳에서 아내의 시신을 찾았다는 경찰의 연락을 받았다. 피해대책을 지휘하느라 밤늦게야 안치소로 달려간 도바 시장은 "미안해요, 여보."라며 아내의 시신을 안고 펑펑 울었다. 이들의 태도가 바로 선공후사(先公後私)의 실천이다.

맹자는 "사방 1리를 정(井)이라 하고 1정은 900묘(畝)이니 그 가운데에 공전(公田)을 둔다. 여덟 가구가 모두 사전(私田) 100묘를 받아서 함께 공전의 일을 다스리고 공전의 일이 끝난 뒤에 자신의 사전 일을 하니 이것은 야인(野人)을 구별하는 것이다."(「등문공 상」)라고 하였다. 맹자의 말씀이 바로 선공후사(先公後私)를 의미한 것이다.

동일본 대지진의 안타까운 순간에도 일본의 공직자들은 공(公)을 먼저 내세우고 사(私)를 나중에 하는 자세를 보여 주었다. 개인의 행복 추구를 인정하는 현대 사회에서 누구에게나 선공후사(先公後私)를 요구하는 것은 어려운 일이다. 하지만 사회적 책임이 있는 공인이나 지도층, 국민을 위해 봉직(奉職)하는 공직자라면 마땅히 선공후사하고 살신성인(殺身成仁)해야 할 것이다.

:: **출전** :: 『논어』「위령공」
:: **내용소개** :: 허익현(아주대 라이프케어사이언스랩 책임연구원)

【106】

# 공자가 말했다.
## "군자는 의리에 밝고, 소인은 이익에 밝다."

子曰 君子喩於義 小人喩於利

이 말은 요즘 우리 사회에서 중시하고 있는 정의의 가치실현이라는 화두를 꼭 짚어 이야기하고 있다. 정의냐 실리냐? 이것이 문제인데, 군자는 의리를 중시하며 타자와의 관계에서 '상호 인정'이라는 가치를 앞세운다. 반면에 소인은 자신의 이익만을 추구하다 보니 타인을 정당하게 인정하지 않고 수단으로 대하기 일쑤다.

"칭찬은 고래도 춤추게 한다."고 하는 말이 있듯이 '인정'받는 것만큼 사람을 기쁘게 하는 일도 없다. '인정'의 계기가 여러 갈래가 있겠지만 공동의 노력으로 발생한 이익을 그 구성원 각자에게 정당한 몫을 분배하고, 아울러 약자를 배려하는 것은 중요하다.

서양에서 정의의 기본 개념은 "각자에게 각자의 몫을 주라."는 것으로 표현된다. 아리스토텔레스에 따르면 정의(justice)는 그리스어 dike에서 온 말인데, 이 말은 동등하게 '둘로 나눈다.'라는 뜻의 diche에서 유래했다고 한다. 또 어원론에서도 justice의 jus는 '결합'을 의미하는 범어의 ju(yu)라는 어근에 그 유래를 둔다. 그렇다면 정의란 둘로 나눔으로써 구성원들을 결합시켜 주는 기능을 하는 것으로 볼 수 있다.

이 같은 맥락에서 인의예지(仁義禮智) 사덕(四德) 중의 하나이면서 유가윤리의 핵심 덕목인 의는 justice의 개념과 의미를 공유한다. 군자가 의리에 밝다고 하는 말이 그에게 모든 이익을 다 포기하라고 하는 뜻은 아닐 게다. 그래서 공자는 "이익을 보면 의로움을 먼저 생각한다."라 하고, 또한 "이득을 보고 의를 생각한다."라고 말하며 모름지기 사람이라면 어떤 이익을 얻음에 있어서 먼저 의에 합당한지 여부를 살펴서 그것을 취할 것인지 말 것인지 결정해야 함을 강조한다. 이때의 취리여부(取利與否)의 판단기준이 바로 '의'라는 것이다.

군자는 의를 가치기준으로 삼기 때문에 부당한 이익을 취하지 않을 뿐만 아니라, 사양하는 미덕을 바탕으로 공정하게 이익을 분배하며 사회의 낙오자를 빼놓지 않음으로써 타인에게 의로운 사회에 대한 믿음을 주기 위해 고민하는 존재이다. 이러한 군자의 고민은 인류 역사의 시작과 더불어 진행형이다. 만약 공자에게 군자의 삶의 태도가 어떠해야 하냐고 묻는다면, 공자가 지금 여기 태어나 살고 있더라도 어김없이 이렇게 대답할 것이다.

"군자는 의로써 바탕을 삼고, 예(禮)로써 그것을 행하고, 겸손함으로써 그것을 표현하고, 믿음을 지켜 그것을 완성한다."

::**출전**:: 『논어』「이인」
::**내용소개**:: 송인창(대전대 명예교수)

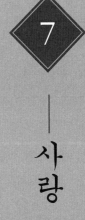

7

사
랑

# 만물이 함께 길러지면서도 서로 해치지 않으며,
# 도가 함께 행해지면서도 서로 어긋나지 않는다.

萬物竝育而不相害 道竝行而不相悖*

이것은 유학이 인간과 자연 및 모든 만물과의 관계를 유기적으로 보고 더불어 살아가는 '사랑의 철학'임을 보여 주는 대목이다. 마치 불교가 이 세상을 이것과 저것이 더불어 살아가는 유기체로 보는 것과 같은 관점이다. 인(因)과 연(緣)으로 어떤 결과를 갖게 되고, 그것이 다시 다른 것의 인이 되고 연이 되어 또 다른 결과를 낳는 인연과(因緣果)의 끊임없는 유기체로 보는 불교의 세계관을 방불한다.

　우리는 흔히 유학을 인간 중심의 철학으로만 보기 쉽다. 유학이 인간학의 특징을 갖는 것은 분명하지만, 그렇다고 유학이 자연이나 사물관계에서 인간 독존(獨尊)의 질서를 고집하는 것은 아니다. 인간만을 위해 이 세상이 존재하고 모든 동식물과 자연은 인간을 위한 수단이어야 한다고 보지 않는다.

　이 세상의 삼라만상은 각기 저마다 자기 삶을 영위하며 살아간다.

---

＊ 竝(병): 아우르다. 悖(패): 어그러지다.

인간은 인간대로, 소는 소대로, 개구리는 개구리대로, 소나무는 소나무대로, 고사리는 고사리대로 자기 삶을 영위한다. 즉 만물의 영장이라고 하는 인간으로부터 하찮은 미물에 이르기까지 저마다 자기의 존재방식으로 살아가는 것이다. 그러면서도 서로 해치지는 않는다. 자기 삶을 영위한다는 측면에서는 자존(自存)이요, 함께 살아간다는 측면에서는 공존(共存)이다. 자존과 공존이 서로 갈등하지 않고 조화를 이루며 살아가는 것이 지구촌의 참된 모습이다. 이 얼마나 아름다운 세상인가?

인간은 인간대로, 동식물들은 그들 나름대로 자기 삶의 길을 가고 있지만, 서로 어긋나거나 충돌하지는 않는다. 인간은 인간의 길을 가고, 동물들은 각기 자기 삶의 길을 가고 있지만, 서로 갈등하거나 어긋나지 않는다. 이렇게 만물들은 저마다 각기 자기 삶을 영위하면서도 사랑의 질서, 평화의 질서를 공유하는 것이다.

언뜻 보면 약육강식의 질서가 지배하고 있는 듯하지만, 전체적으로 보면 형평을 유지하고 있다. 부분적으로 보면 먹고 먹히는 관계가 분명히 존재하지만, 전체적으로 보면 균형과 조화를 유지하고 있는 것이다. 문제는 인간의 욕심이 이 고요한 생태계의 균형과 평화를 깰 수 있다는 것이다. 여기에 인간의 욕구 절제와 타 생명에 대한 경외(敬畏)의 윤리가 절실하게 요구된다.

:: **출전** :: 『중용』
:: **내용소개** :: 황의동(충남대 교수)

【108】

# 번지가 인에 대해 묻자 공자가 말했다.
# "남을 살맛나게 해주는 것이다."

樊遲問仁 子曰愛人

사랑이라는 말은 언제 들어도 즐겁다. '애(愛)'라는 한자만큼 사랑의
의미를 절실히 표현한 것도 드물다. 맨 꼭대기 부분은 사람의 머리를
본뜬 것이고, 가운데는 심장을 담고 있는 몸뚱이이며, 맨 밑의 부분은
역동적으로 걷고 있는 다리의 모습이다. 살맛이 나서 활발하게 살아
움직이는 사람의 모습이 사랑이다. 과연, 사랑을 하면 살맛이 나지만,
사랑을 잃으면 죽을 맛이다.

살맛나게 해 주는 이 사랑이란 나와 너의 만남을 전제로 한다. 이
'만남'이 '맛나는 만남'으로 될 때 그것이 사랑이다. 유가에서는 이러
한 일련의 내용을 '인(仁)'으로 표현한다. 글자의 형태에서 알 수 있
듯이 이는 '두 사람의 관계성'이다. 다시 말하자면 '나와 너의 맛나는
만남'이 '인'이다. 예컨대 부모와 자식의 만남에서 부모가 자식이 살
맛나도록 해 주는 것이 자애로움이라면, 자식이 부모를 살맛나게 해
주는 것이 효이며, 이 자효(慈孝)는 곧 인의 한 내용이다. 요컨대 '나

와 너'에 모든 관계를 대입시킬 때, 그 관계가 서로를 살맛나게 하는 만남의 관계이도록 하는 사랑의 묘약이 바로 인이다.

이토록 사랑은 살맛나는 만남이다. 그러나 그것은 그냥 주어지는 것이 아니다. 『주역』의 '함(咸)'괘는 사랑의 괘인데, 그 모양은 높은 산이 연못 속에 감추어져 있는 모습이다. 산이 제 높음을 뽐내지 않고 겸손하게 낮은 연못 아래에 처해 있는 것이다. 따라서 이 괘는 진정한 사랑이란 '나를 비우고 상대를 받아들일[君子以虛受人]' 때 가능하다는 메시지를 담고 있다. 이를 『논어』에서는 '극기복례(克己復禮)'라고 표현한다. 여기서 '예'는 그 본래 의미를 생각할 때 '우리'라고 하는 말로 환치시킬 수 있다. 그래서 '극기복례'는 '나만의 세계를 극복하고 우리의 관계를 회복함'이라고 풀이할 수 있다. 서로가 살맛나기 위해서는 내가 먼저 상대에게 다가설 수 있어야 한다.

::**출전**:: 『논어』 「자로」
::**내용소개**:: 안재순(강원대 교수)

# 원한은정직으로갚고, 은혜는은혜로갚는다.

以直報怨 以德報德*

『논어』에서 어떤 이가 공자에게 "덕으로 원한을 갚으면 어떻습니까?"라고 묻자, 공자가 대답하였다. "은혜는 무엇으로 갚을 것인가? 원한은 정직으로 갚고, 은혜는 은혜로 갚는 것이다." 정직이란 공평하고 사사로움이 없는 것이다. 유가에서 보면 마땅히 미워해야 할 것은 미워해야 하며, 마땅히 사랑해야 할 것은 사랑해야 한다. 맹자의 사단(四端) 가운데 '수오지심(羞惡之心)'은 '자신의 잘못은 부끄러워하고, 남의 잘못은 미워하는 마음'이며, 이것을 확충시켜 드러나는 것이 의(義)라는 덕이다.

　현실사회에서 우리는 마음에서 우러나오는 것이든 가식적인 것이든 '사랑'이라는 말의 홍수시대에 살고 있다. 심지어 "원수를 사랑하라."는 말도 있다. 기독교에서의 '박애'와 같은 종교적 이념에서 보면 당연한 것으로 여길 수 있지만, 현실적으로 실천하는 데 있어서

---

\* 怨(원): 원망. 報(보): 보답.

쉽지 않은 일이다. 오히려 마땅히 미워할 것에 대해 자신의 이해관계 때문에 망설이고 묵인하는 경우가 보통이고 심지어 그것이 '현명함'으로 여겨지기도 한다.

'이덕보원(以德報怨)'이라는 말은 『노자』에도 보이는 말이다. 그런데 노자의 '도·덕' 개념은 유가의 그것과는 상당한 차이가 있다. 유가의 도덕은 인륜 중심의 내용인 데 비해 노자의 그것은 인간을 포괄한 자연의 층차에서 사용된다. 여기서 '덕'은 유가에서처럼 인간관계 사이의 도덕적 의미가 아니라, '자연적 특성 혹은 기능'을 의미한다. 따라서 이 말을 노자식으로 해석한다면 "상대방의 특성에 따라 원한을 갚는다."는 뜻이 된다.

유가적인 '사랑'은 무차별적인 것이 아니다. 인간과 자연(천, 상제)을 구분하고, 인간관계 중에서도 부자·형제·부부의 가족 규범을 최우선으로 한다. 또한 부모를 사랑[親親]한 다음에 일반 사람을 사랑[仁民]하며, 이것이 사물을 사랑[愛物]하는 데 미칠 수 있다는 것이다. 가족내의 사랑이 전제되지 않은 사랑은 허위의식이라 보기 때문이다. 그러기에 "나의 어른을 어른으로 공경한 다음에 다른 어른을 공경할 수 있고, 나의 어린애를 보살핀 다음에 남의 어린애를 보살필 수 있다."고 하는 것이다.

::**출전**:: 『논어』「헌문」
::**내용소개**:: 윤무학(동방대학원대학교 교수)

## 【110】

# 효도하고 공경하는 것은
# 어진 일을 실천하는 기본이다.

◇◇◇◇◇◇◇◇◇◇◇◇◇◇◇◇◇◇◇◇◇◇◇◇◇◇◇◇◇◇◇◇◇◇◇◇◇◇◇◇◇◇◇◇◇◇◇◇◇◇

*孝弟也者 其爲仁之本與**

공자의 제자 유자(有子)는 다음과 같이 말하였다. "사람됨이 효도하고 공경하면서 윗사람에게 거역하는 사람은 거의 없고, 윗사람에게 거역하지 않으면서 문란을 일으키기를 좋아하는 사람은 있지 않았다. 군자는 기본에 힘써야 하고 그 기본이 확립되면 방법은 생겨나는 것이니, 효도하고 공경하는 것이야말로 어진 일을 실천하는 기본이 되는 것이다."

오늘날 우리가 효도하고 공경할 것을 강조하면 흔히 그것은 마치 일고의 가치도 없는 낡은 도덕인 양 경시하고 마는 경향이 없지 않다. 사실 효도나 공경이란 말은 너무도 많이 들어와서 삼척동자도 다 알고 있는 예의범절이기 때문에 그 말을 새삼스럽게 입에 올린다는 것 자체가 어떻게 보면 유치하고 어색하며 고리타분한 느낌마저 든다.

그러나 우리 인간 사회에서 도모하는 모든 일이 마치 벽돌 하나하

───────────────

\* 弟(제): 형과 어른을 잘 섬김. 悌(공경할 제)와 통용됨. 與(여): 단정하지 않는 겸손한 말투.

나가 쌓여서 만리장성이 되고, 천 리나 되는 먼 길도 한 걸음부터 시작해서 마침내 목적지에 도달할 수 있듯이 모두 시작이 있고 과정이 있고 그에 따라서 결과가 나타나는 것이라고 본다면, 인간의 선행이나 덕행과 같은 차원 높은 도덕적 행위가 아무에게서나 우발적으로 나타나는 것은 아닐 것이다. 끊임없이 자신을 수양하고 남을 배려하는 겸손하고도 희생적인 자애심(慈愛心)을 기른 사람에게서 비로소 어려운 이웃과 세상을 구제할 수 있는 위대한 힘과 마음이 생겨날 수 있다고 본다. 그렇다면 이와 같은 공경하는 마음은 궁극적으로 과연 어디에서 나오는가? 그 원천이 바로 효도하고 공경하는 마음에서 우러나오는 것이니 이것이야말로 어질고 착한 일을 실천하는 기본이 아니고 무엇이겠는가? 그렇기 때문에 효도하고 공경하라는 말은 단순히 그 말 자체에만 국한해서 생각할 것이 아니다. 그 행위가 원동력이 되어 나아가서는 인간의 예의염치, 봉사와 박애, 그리고 적선(積善)과 자비(慈悲)에 이르는 위대한 인간애로 발전한다는 것을 생각한다면, 그것은 극도로 변화된 사회라 할지라도 아무리 강조해도 지나치지 않는, 인성을 바로잡을 수 있는 중요한 덕목임에는 틀림이 없을 것이다.

오늘날 우리 사회의 비뚤어진 인성을 바로 세우고, 망가진 인류도덕을 다시금 반듯하게 가다듬기 위해서는 무엇보다도 가장 보편적인 실천윤리로서 '효제(孝悌)'부터 강력히 실천해야 할 것이다.

:: **출전** :: 『논어』「학이」
:: **내용소개** :: 정범진(전 성균관대 총장)

# 111

# 군자는 사람을 기르기 위해
# 사람을 해치지 않는다.

君子 不以其所以養人者害人

전국시대 약소국인 등나라는 강대국인 제나라와 초나라 사이에 위치하고 있었다. 이 때문에 등나라 군주인 문공(文公)에게는 고민이 많았다. 주변의 큰 나라를 섬겨도 전란을 피할 길이 없을 것 같기 때문이었다. 그러던 중 마침 맹자를 만났고, 어떻게 하면 좋을지 물었다. 맹자는 옛날 주(周)나라 초창기에 태왕(太王)이 이민족의 압력에서 벗어날 방법이 없다고 판단되었을 때 나라를 이민족에게 주고 떠났던 예를 들면서 위 이야기를 하고 있다. 즉 나라의 영토인 토지라는 것은 그 목적이 백성들을 먹여 살리기 위한 것인데 그 토지 때문에 전쟁을 해서 사람들을 다치게 할 수는 없다는 것이다. 그리고 당시 태왕의 이러한 행동에 감복한 백성들이 왕을 따라 함께 기(岐) 땅으로 이주한 것으로 알려져 있다.

맹자가 등나라 문공에게 이야기해 준 대처 방법이 지금의 입장에서 생각해 보면 참으로 허탈한 무대책이라고도 할 수 있다. 하지만

약육강식의 논리가 지배적이던 당시의 분위기에서 강대국이 마음만 먹으면 언제든지 침략할 수 있었던 점을 생각한다면 전혀 근거 없는 대책이라고만 말할 수는 없다. 차라리 나라를 과감하게 강대국에 넘겨주고 자기 백성들이 편안하게 살아가도록 해 주는 것이 나을 수도 있기 때문이다. 물론 이처럼 강대국에게 나라를 넘겨 버린다는 것은 현대의 국가 개념으로는 용납될 수 없는 내용이다. 다만 여기서 눈여겨 볼 수 있는 것은 무엇이 정치 혹은 국가 통치에서 우선시되어야 할 점인가 하는 것이다. 현대 사회에서도 국민의 안전과 복리가 최우선 목적인데도 오히려 그 수단에 불과할 수 있는 것을 과대평가하여 그 때문에 역으로 원래의 목적을 포기하는 경우가 적지 않다는 점을 고려한다면 맹자의 언급은 냉정하면서도 진솔한 방법을 제시한 것이라고 평가할 수 있을 듯하다.

::**출전**:: 『맹자』「양혜왕 하」
::**내용소개**:: 이강재(서울대 교수)

# 112

낡은 솜옷을 입고서 여우나 담비의 가죽으로 만든
가죽옷을 입은 사람과 서 있으면서도,
부끄러워하지 않을 자는 아마도 자로(子路)일 것이다.

衣敝縕袍 與衣狐貉者 立而不恥者 其由也與*

과거에 비해 경제력과 인권의 향상으로 부(富)와 귀(貴)를 소유한 이가 많아졌지만, 여전히 사람들은 상대적 박탈감에 시달리고 있다. 때문에 마음이 억센 사람들은 자신보다 더 많은 부귀를 소유한 사람들을 해치고서라도 그들의 부와 귀를 자신이 차지하고 싶어하며, 마음이 여린 사람들은 부귀한 이에게 빌붙어서라도 그 부귀의 작은 부분이나마 받기를 원한다. 이렇게 본다면 부귀의 불균형은 분배 그 자체의 불평등적인 요소보다는, 각 개인이 느끼는 박탈감과 그것을 더 얻고자 하는 심리 상태에서 기인하는 듯하다.

현대 자본주의 사회에서 부와 귀를 얻기 위하여 모두가 맹렬하게 질주하는 만큼, 그것을 얻기 위한 과정에서 어느 정도 남에게 피해를 준다거나 빌붙는다 할지라도 무턱대고 비난할 수는 없을 것이다.

---

＊敝(폐): 낡다. 弊와 통용. 縕(온): 헌 솜. 袍(포): 솜 옷. 狐(호): 여우. 貉(학): 담비.

그런데 부귀를 얻기 위해 이렇게 사는 것이 천성에 맞는다면 그런대로 괜찮겠지만, 이렇게 사는 것이 적성에 맞지 않는 이는 어떻게 살아야 할까?

아마 이런 사람들도 자신의 적성에 부합하는 나름의 방법들을 가지고 부와 귀를 마주할 것이지만, 좋은 방법 중의 하나로 자신의 정신을 집중시킬 대상 혹은 목표를 가질 것을 권하고 싶다. 이러한 대상과 목표를 향해 매진할 때 부와 귀가 따라온다면 금상첨화이겠지만, 혹 부귀를 얻지 못한다 하더라도 정신의 집중을 통한 일로매진은 그 나름의 삶의 성취감을 느끼게 해 줄 것이기 때문이다. 그리고 이 같은 성취감이 쌓이면 쌓일수록 그것은 바로 삶의 피로를 씻어 줄 단비가 될 것이며, 이 단비의 세례를 많이 받으면 받을수록 우리의 삶은 그 자체로 윤택해질 것이다. 그러면 더 이상 남의 부귀를 지나치게 부러워한다거나 그 주변에서 한없이 위축되는 자아는 사라질 것이다.

하지만 돈과 권력이 최상의 가치로 자리하고 있는 현실에서 이러한 삶을 실천하기란 쉽지만은 않을 것이다. 때문에 고금을 막론하고 이러한 삶을 살아간 사람을 보면 왠지 부러운 마음을 금할 수가 없다.

『논어』의 이 대목을 읽을 때마다, 허름한 옷을 입고 부귀한 이와 서 있으면서도 위축되지 않는 당당한 자로(子路)의 모습이 그려지는 것은 아마도 이 때문인가 보다.

::**출전**:: 『논어』「자한」
::**내용소개**:: 이영호(성균관대 교수)

# 【113】

## 군자는 푸주를 멀리한다

君子遠庖廚也*

옛날 맹자가 어진 임금을 찾아 유세(遊說)할 때 제나라 선왕을 만났다. 제 선왕은 지난날 큰 공업(功業)을 세운 제나라 환공과 진나라 문공의 일을 듣고자 했다. 즉 왕이 듣고자 한 것은 부국강병책이었다. 그러나 맹자는 그 속셈을 알아차리고 왕도정치를 자문해 주기로 작정했다.

　맹자가 제나라에 왔을 때, 그는 제 선왕의 신하로부터 전해 들은 '흔종(釁鍾)의 일'을 가지고 왕과 대화를 나누었다. 흔종이란 새로 종을 만들어 그 낙성식을 하는 의식이다. 전통적으로 이때 소를 희생으로 잡는다. 마침 왕이 그 희생으로 쓸 소가 끌려가는 것을 보고 불쌍하다고 하여 신하에게 양으로 바꾸라고 명하였다. 맹자는 이런 이야기를 왕에게 상기시키면서 "백성은 왕이 재물을 아낀다고 생각하겠지만, 중요한 것은 왕의 짐승을 불쌍히 여기는 마음입니다. 그것으로 정치를 한다면 좋은 정치를 할 수 있습니다."라고 하였다. 왕은 짐승

---

＊ 庖(포): 부엌. 廚(주): 부엌. 포주(庖廚)=푸주: 부엌 또는 고기 가게.

을 사랑하는 마음이 어진 정치도 할 수 있다고 한 의미를 알 수 없었다. 맹자는 임금이 소라는 희생물은 직접 그 소리도 듣고 눈으로 끌려가는 모습도 보았지만 양은 아직 보지 않았으니, 그것이 사랑을 베푸는 좋은 방법이라고 설명해 주었다.

동물을 사랑하기로 말하면 양도 잡지 말아야 한다. 그러나 인간의 생존을 위해서는 부득이 짐승을 죽이지 않을 수 없다. 이때 인간의 마음은 편하지 않다. 그러므로 맹자는 짐승을 사랑하는 하나의 좋은 방법으로 군자 혹은 지도자가 푸주를 멀리할 것을 이야기하였다. 푸주는 고기를 파는 가게, 또는 그것을 다루는 부엌을 말하는데, 그 짐승을 잡을 때를 생각하면 그 고기를 먹을 수 없기 때문에 멀리하라고 한 것이다.

오늘날 동물애호의 응용윤리가 있지만, 유교의 입장에서는 인간주의 입장을 취하되 욕망을 절제하여 동물도 함부로 다루지 않는 중용의 도를 중시하고 있다. 오늘날 지나친 애완동물 애호, 선진국의 광우병 소동 등은 지나친 문명의 병폐라고 할 수 있다.

::**출전**:: 『맹자』「양혜왕 상」
::**내용소개**:: 이동희(계명대 교수)

# 증삼이 말하였다.
## "선생님의 도(道)는 충(忠)과 서(恕)일 뿐이다."

曾子曰 夫子之道 忠恕而已矣

공자는 타인과 어떻게 관계를 맺는가에 대해서 '충서(忠恕)'라고 말하였다. '충'은 군주에 대한 충성보다는 자기에게 진실을 다하는 것이라고 볼 수 있다. '서'에 관해서 그는 "자기가 원하지 않는 것을 남에게 하지 말라."(「안연」, 「위령공」)와 "자기가 사회적 지위를 확보하고자하면 먼저 남의 지위를 확보해 주고, 자기가 지위를 올라가고자 하면먼저 남도 지위를 올라가게 하는 것이다."(「옹야」)라고 설명한다. 공자는 제자와의 관계 속에서 끊임없이 충서의 문제를 제기한다. 이는 공자가 그만큼 타인의 문제를 고민했다는 것을 뜻한다.

『대학』에서는 이 문제를 혈구(絜矩: 측정기준)로 설명한다. "네가 너의 윗사람에게 원하지 않는 것이 있거든 너의 아랫사람을 부리는 데에 사용하지 말라. 너의 아랫사람에게 원하지 않은 것이 있거든 너의 윗사람을 섬기는 데 사용하지 말라. 네가 너보다 나은 사람에게 원하지 않는 것이 있거든 너보다 못한 사람을 대할 때 사용하지 말라. 네가 너보다 못한 사람에게 원하지 않는 것이 있거든 너보다 나은 사람을 대할 때 사용하지 말라."에서 '충서'는 공자의 뜻을 부연설명하여 행위의 도덕적 기준을 남의 입장에서 생각해 보라고 말한다.

『맹자』와 『순자』에서는 '서'가 공자만큼 중시되지 않고 다만 언급하는 정도에 그친다. "만물은 이미 내 안에 있다. 내 자신을 돌이켜보아 성실해지는 것보다 더 큰 즐거움은 없다. 배려하는 마음을 가지고 힘써 행하는 것보다 인자함을 획득하는 더 빠른 방법은 없다."(『맹자』「진심 상」) "공자가 말하였다. '군자에게는 세 가지 서(恕)의 규칙이 있다. 자신의 군주를 섬기지 못하면서 자신을 섬길 하급자를 고용하려한다면 서(恕)가 아니다. 자신의 부모에게 보답하지 못하면서 자신의 아들에게 효성스럽기를 요구한다면 그것은 서(恕)가 아니다. 자신의 형을 공경하지 못하면서 자신의 동생에게 자기 명령 듣기를 요구한다면, 그것은 서(恕)가 아니다. 만일 학자들이 이 세 가지 종류의 '서'를 이해한다면 그들은 그들 자신을 곧게 할 수 있을 것이다."(『순자』「법행」)

맹자나 순자가 공자처럼 '서'의 문제를 본격적으로 다루지 않는이유는 공자의 사상을 체계화하려는 데 역점을 두기 때문이다. 즉 제자들과의 끊임없는 교류보다는 이론적 체계성에 매몰되었던 것이다. 따라서 '서'는 중요한 이론이긴 하지만 성선설이나 성악설에 비해 한등급 떨어지는 것으로 평가를 하였다.

일찍이 『성경』에서도 황금률로 이 문제를 정식화하였다. "그러므로 사람들이 너에게 마땅히 해 주어야 한다고 바라는 모든 것을 너도 그들에게 똑같이 해 주어라."(마태오 7:12), "그리고 남들이 네게 마땅히 해 주기를 바라는 방식대로 너도 또한 그들에게 그렇게 해 주어라."(루가 6:31), "너는 이웃을 너 자신처럼 사랑하라."(마태오 22:39).

황금률은 공자의 '서'와 깊은 관련이 있지만, '서'의 올바른 해석은 아니다. 황금률에서는 타인에 대한 애정과 헤아림이 신(神)의 명령이라는 형식이나 내 마음의 선천적 도덕법칙에 대한 존경으로 가능해진다. 그러나 공자의 충서는 이런 명령과 복종의 형식이 아니라 주체의 마음에서 우러나오는 자연적 정감으로부터 유래한다고 볼 수 있다. 한 마디로 황금률에는 '충'이란 부분의 중요성이 빠져 있다고 할 수 있다. 공자의 충서는 나와 타인과의 관계에서 양쪽 모두를 고려하고 하나로 관통하는 마음이라고 말할 수 있다.

::**출전**:: 『논어』「이인」
::**내용소개**:: 조남호(국제뇌교육종합대학원대학교 교수)

8

수
양

# 115

# 샘이 깊은 물은 콸콸 솟아
# 밤낮으로 웅덩이를 채운 뒤에 나아간다.

原泉混混 不舍晝夜 盈科而後進*

서자(徐子)가 물었다. "중니(仲尼)께서는 자주 물을 기려 '물이여! 물이여!' 하셨습니다. 물에서 무엇을 보신 걸까요?" 맹자(孟子)가 대답하였다. "샘이 깊은 물은 콸콸 솟아 밤낮으로 웅덩이를 채운 뒤에 나아가 사해(四海)에 이르나니, 뿌리가 있는 것이 이와 같은지라 이를 취하신 것이다. 참으로 뿌리가 없다면 여름철에 빗물이 모여 도랑마다 가득 찬다고 해도 그것이 마를 것은 서서도 기다릴 수 있을 것이다. 그러므로 들리는 말이 사실보다 지나친 것을 군자는 부끄러워하는 것이다."

누구나 지루하고 성과 없는 시간을 좋아하지 않는다. 학문만이 아니라 모든 일이 그렇다. 당장 눈에 보이는 것만을 찾게 마련이다. 일단 보여 주면서 뻐기고 싶은 마음뿐이다. 그것이 자신의 삶을 얼마나 값지고 만족스럽게 할지는 나중 문제다.

하지만 뿌리가 없으면 바닥이 곧 드러나고 만다. 뿌리가 있다고

---

\* 混(혼): 섞다. 舍(사): 머무르다. 盈(영): 가득차다. 채우다. 科(과): 과정. 구덩이.

해도 바로 저 위로 뛰어오를 수는 없다. 든든한 뿌리가 있어야 하고 자신의 그릇을 먼저 채워야 하는 것이다. 퇴계 선생은 머리만 좋은 어린 군주에게 이렇게 충고하였다.

아침저녁으로 변함없이 그렇게 하여야 하고 오늘과 내일, 매일매일 계속 하여야 합니다. 혹은 새벽녘 정신이 맑을 때에 되풀이하여 그 뜻을 음미하여 보기도 하고, 혹은 일상생활 속에서 사람들과 응대할 경우에도 그것들을 경험하면서 키워 가서야 하겠습니다. 그렇게 하시면 처음에는 마음대로 되지 않아서 모순되는 근심도 있고, 때로는 매우 고통스럽고 불쾌한 병폐도 면치 못할 것입니다. 그러나 이것이 바로 옛사람들이 말한 '장차 크게 나아갈 기미'이니 또한 좋은 소식의 단서가 됩니다. 절대로 이로 인하여 움츠러들지 말고 더욱 마땅히 자신을 가지고 계속 힘써서, 참된 것을 많이 쌓고 노력이 오래되면, 자연히 마음과 이치가 서로 함양되어 모르는 사이에 이해되고 관통하게 되고, 익힘과 일이 서로 익숙해져서 점점 순탄하고 편안하게 됨을 보아 …… 이것이 바로 "내면에서 우러난다면 어찌 그만둘 수 있겠는가?"의 체험입니다.

내 속에는 이미 깊은 샘이 있다. 그 샘을 보았다면 이제 나라고 하는 웅덩이를 채워야 한다. 삶을 값지게 하는 머나먼 여행은 그 이후의 일이다.

:: **출전** :: 『맹자』「이루 하」
:: **내용소개** :: 정도원(성균관대 연구원)

# 116

# 어진 사람을 보면 그와 같아질 것을 생각하고, 어질지 못한 사람을 보면 안으로 스스로를 반성하라.

見賢思齊焉 見不賢而內自省也*

훌륭한 사람을 보았을 때 사람들의 반응 양상은 다양하다. 어떤 사람은 시기하고 질투하며, 어떤 사람은 존경하나 그것으로 그치고, 어떤 사람은 본받고자 적극적으로 노력한다. 첫째 부류는 가장 어리석은 행동으로서, 시기하고 질투할수록 자신의 배만 더 아프게 될 것이다. 대부분 사람들의 반응 양상은 둘째 부류일 것이다. 남의 훌륭한 점을 시기하지 않고 존경한다면 그것만으로도 대단하다고 할 수 있겠으나, 이런 사람들의 삶에는 별로 발전이 없다. 발전은 대부분 남의 장점을 본받기 위해 적극적으로 노력할 때 이루어진다. 따라서 셋째 부류가 가장 현명한 행동이라 하겠다.

마찬가지로 남의 옳지 못한 행동을 보았을 때의 반응 양상도 셋으로 구분해 볼 수 있다. 어떤 사람들은 그의 잘못을 큰 소리로 떠벌리면서 비난하고, 어떤 사람들은 자신에게 관계된 것이 아니면 못 본

---

\* 賢(현): 현명하고 어질다. 齊(제): 가지런하고 고르게 한다. 省(성): 살피고 반성한다.

척 눈감으며, 어떤 사람들은 그 잘못을 바로잡기 위해 노력한다. 남의 잘못을 큰 소리로 떠벌리는 것은 일시적인 쾌감을 줄 수는 있으나 궁극적으로는 피차간에 득이 없다. 자신에게 관계된 것이 아니면 눈감는 것은 보신주의로서, 큰 소리로 떠벌리는 것보다 못할 수도 있다. 남의 과오를 보면, 궁극적으로는 그것을 시정하기 위해 노력해야 할 것이다. 그런데 공자는 먼저 자기에게는 그러한 과오가 없는지 반성하라고 말씀한 것이다. 자신도 같은 과오를 범하고 있다면, 남의 과오를 시정하겠다는 시도가 호소력을 잃게 되기 때문이다. 남의 과오를 보고서 자신을 반성하는 계기로 삼는다면, 그의 과오를 시정하지 못했다 하더라도 그것만으로도 값진 일일 것이다.

　『논어』에는 "세 사람이 함께 길을 가는데 반드시 나의 스승이 있으니, 그중에 착한 것은 골라서 따르고, 착하지 못한 것은 고칠지니라."(「술이(述而)」)라는 말씀도 보인다. 남의 장단점 또는 선·악을 접했을 때에는, 그것들을 항상 자기발전의 계기로 삼으라는 가르침이다.

::**출전**:: 『논어』 「이인」
::**내용소개**:: 이상익(영산대 교수)

# 117

# 군자는 남들이 보지 않음에 더 경계하고 삼가며, 남들이 듣지 않음에 더 두려워한다.

戒愼乎其所不睹 恐懼乎其所不聞*

우리들은 자고로 동방의 예의국가로 자부해 왔다. 그러나 현실은 그렇지 못하여 '견물생심(見物生心)'의 파행도 극복하지 못하는 어려움에 처해 있다. 국제투명성기구가 조사한 공공부문 부패인식지수에 따르면 우리나라는 2004년 146개국 가운데 47위로 평가되었다. 그런가 하면 최근의 수능시험 부정행위 사건은 우리의 미래를 더욱 암담하게 한다. 배움의 높고 낮음이나 나이의 많고 적음을 불문하고, 남들이 보지 않는다면 또 들키지 않는다면, 자신에게 유리한 행위는 언제 어디서고 자행해 볼 수 있다는 의식이 팽배하다. 이로 말미암아 우리가 겪게 되는 정신적·물질적 피해는 이루 헤아릴 수 없다. 더욱 심각한 것은 그와 같은 부정행위에 대하여 스스로 부끄러워하거나 미안한 마음을 갖지 못하고 있다는 점이다. 이로 인하여 부정행위는 반복되기 쉽고, 또 그 대응책이 고발과 처벌을 위주로 하는 것이어서

---

* 戒愼(계신): 경계하고 삼가다. 睹(도): 보다. 恐懼(공구): 두려워하다.

소모적일 뿐이다.

　어떻게 하면 그러한 소모적 한계를 극복할 수 있을까? 어떻게 하면 '사람들이 보지 않는다 하더라도' 부정하지 않을 수 있을까? 그것은 오직 우리 모두가 '자기 관리의 힘'을 키움으로써만이 가능할 것이다. 말하자면 '자기 감시력'을 강화해 가는 일이다. 이는 비단 부패 예방의 본질적 의의를 갖는 것일 뿐만 아니라 인간다운 품격을 갖추게 한다는 점에서 그 가치는 지대하다. 그와 같은 자기 감시의 기준으로서는 삶의 도리와 정의, 그리고 '견리사의(見利思義)'의 절제력이 전제되지 않을 수 없는 것이기 때문이다. 고전에서는 이 대목에서 '군자'를 말했다. 남들이 듣거나 보지 않는 경우일지라도 인간다운 도의와 정의로운 삶을 추구하고 스스로를 방치하지 않는, 자기 단속의 그 주인공을 '군자'로 보면서, '경계하고 삼가며, 더욱 두려워함'의 긴장감으로 표현했던 것이다. 남들이 보지 않는 상황에서는 흔히 흐트러지기 쉽다. 그러나 그 단계를 넘어설 때에 우리는 스스로에게 만족하고 남에게 떳떳하며 추잡스런 부정행위도 재론하지 않을 수 있게 될 것이다. 이것이 곧 동방 예의국가의 명성을 되찾는 길이요, 청렴도 1위의 핀란드와 대등한 경지에 이르는 첩경이 되리라.

::**출전**:: 『중용』
::**내용소개**:: 조남욱(부산대 교수)

【118】

# 바탕이 문채보다 나으면 투박하고
# 문채가 바탕보다 나으면 호화롭기 때문에
# 문채와 바탕이 잘 어울린 이후에야 군자라고 할 수 있다.

質勝文則野 文勝質則史 文質彬彬 然後君子*

문채란 사물의 바탕을 표현하는 형식으로, 바탕은 내용을 말하고 문채는 형식을 말한다. 사물의 바탕을 표현하는 문채란 문화와 학술 등의 범주에 포괄적으로 적용되는 광의의 개념이다. 바탕과 문채가 잘 어울린다는 것은 내용과 형식이 화해의 통일에 도달한 정점을 형용하는 말이다. 내용과 형식, 즉 바탕과 문채가 조화롭지 못하면 비루하고 거친 야만인처럼 투박하거나 내용에 비해 형식을 과장하는 사관(史官)과 같다. 따라서 군자란 문과 질을 겸비하고 내용과 형식을 통일적으로 사고하고 행동하는 인물을 지칭한다.

　내용과 형식이 통일된 군자의 경지? 참 어렵게만 느껴지면서도, 요즘과 같이 상이한 가치들이 난립하고 신구 세력간의 대립적 상황이 극명하게 연출되는 어려운 시대 상황에서는 누구나 한 번쯤은 절실하게

---

＊質(질): 바탕. 彬(빈): 빛나고 뚜렷하다.

생각해 봄직한 이상적 인간상이다. 우스갯소리 하나 소개한다. 이집트 고고문자만을 연구하는 유럽의 한 학자가 어느 날 5천여 년 전의 이집트 토판을 발견하고 2년에 걸친 각고의 노력 끝에 토판에 쓰여진 문자를 해독하였는데 그 내용은 요즘 애들 버릇없다는 것이다. 이는 오늘날에도 우리 주위에서 종종 들을 수 있는 표현이다. 이러한 예를 통해 신세대에 대한 도덕적 차원의 엄격한 정의를 내릴 필요는 없을 것 같다고 생각한다. 사실 50세기 전이나 지금이나 항상 사회 상황의 변화에 따라 신·구 세대간 의식의 차이는 존재하였고 어느 시대에나 기성세대들의 사고와 행위 양식의 울타리에서 벗어난 모범적이지 못한 젊은 군자들이 있어 왔다. 바탕이 변하면 문채 또한 상응하여 통일적으로 변화해야 한다. 진(陳)과 채(蔡)의 국경 사이에서 곤궁에 처해 있을 때, 공자는 왜 돌출적인 젊은이들을 규제할 방법이 없다고 한탄하면서도 그들의 에너지를 사랑하고 그들과 흔쾌히 행동을 같이하였는가? 당시의 혼란한 시대 상황을 헤쳐 나갈 버릇없는 젊은 애들, 아니 젊은 군자에 대한 공자의 믿음은 아랫사람에게도 묻기를 부끄러워하지 않으며 바탕과 문채를 통일하려는 군자적인 수양의 결과일 것이다. 어떤 의미에서 역사란 변화하는 시공간적인 바탕의 흐름과 상응하면서 문채 있는 분석을 시도한 버릇없는 젊은 군자들의 존재 연쇄이자 계속되는 바탕과 문채, 내용과 형식의 화해과정이라 할 수 있을 것이다.

::**출전**:: 『논어』 「옹야」
::**내용소개**:: 김예호(성균관대 연구교수)

# 119

# 흘러가는 것은 이와 같도다.
# 밤낮으로 멈추지 않는다.

逝者如斯夫 不舍晝夜*

공자가 제자들과 함께 세상을 주유하다가 강가에 이르러 밤낮으로 멈추지 않고 흐르는 물을 보고 감탄하였다. 후대의 현자들은 이 말을 놓고 해설이 구구하였다. 과거는 지나가고 항상 새로운 것이 이어지는 천지간의 이치를 말하기도 하며, 그러한 근본을 깨닫기 위해 수양을 게을리하지 말라는 뜻으로 이해하기도 한다.

맹자의 제자인 서자(徐子)도 이것이 궁금했다. 그래서 공자께서 물에 대해서 자주 말씀하시는데 물에서 무엇을 얻으려 한 것이냐고 맹자에게 물었다. 맹자는 공자의 말에 한술 더 떠서 이렇게 말하였다. "물은 샘에서 솟아 밤낮없이 흘러나온다. 그런데 웅덩이를 다 채운 후에야 넘쳐서 바다로 나아간다. 세상의 근본이 이와 같다는 뜻을 취한 것이니라."(『맹자』 「이루 하」)

---

\* 逝(서): 가다(과거, 세월). 斯(사): 이것. 夫(부): 감탄사. 舍(사): 그만두다, 버리다.

맹자의 해설로 본다면 물이 밤낮없이 흐른다는 것은 단순히 끊임없이 학업에 정진하라는 뜻만은 아닌 듯하다. 더구나 천지간의 이치를 순간의 계속된 반복만으로 이해하지도 않았다. 물의 흐름은 시작이 있고 과정이 있고 목표가 있다는 것으로, 고여서 멈추지 않고 끊임없이 흐르되 과정과 단계를 거치지 않고 뛰어넘어 갈 수는 없다는 뜻이리라.

공자가 말하는 '간다(逝)'는 것은 어쩌면 시간이나 역사의 흐름을 가리킬는지도 모른다. 역사를 보는 관점에서 '역사는 반복된다', '아니, 반복되지 않는다'는 논의는 서구에서도 오래전부터 있어 왔으며 아직도 유효하게 사용되고 있다. 순환론과 전진론이 그것이다. 공자나 맹자는 굳이 말하자면 시작과 끝이 있는 전진론 쪽이라고 여겨진다. 그러나 더욱 주목되는 것은 물의 흐름으로 비유된 시간의 개념이다. 공자와 맹자가 말하는 시간의 흐름도 기계적인 시간의 반복이 아니다. 때에 따라서는 시간의 속도가 다를 수도 있다. 경우에 따라 이완될 수 있는 그러한 시간 개념에 섰을 때에 장기적인 자연의 순환도 눈에 들어올 수 있다. 역사의 시간은 기계적으로 흐르지 않으며 단기적인 시간의 흐름과 장기적인 시간의 흐름이 병행된다고 보는 것이 근래에 제기된 역사관의 하나이다.

∷**출전**∷ 『논어』「자한」
∷**내용소개**∷ 손병규(성균관대 동아시아학술원 HK교수)

# 120

# 말을교묘하게꾸미고얼굴빛을좋게지어내는
# 사람중에는어진이가적다.

巧言令色 鮮矣仁*

말은 자신의 생각이나 느낌을 남에게 전달하는 수단이므로 그것을 효율적으로 전달할 수 있으면 충분하며, 얼굴빛은 자신의 감정을 밖으로 드러내는 것이므로 그것이 그대로 드러나게 하는 것이 좋다. 그런데 말과 얼굴빛의 이런 기본적인 기능을 무시하고, 말을 화려하게 꾸미고 얼굴빛을 좋게 지어내서 남을 기쁘게 하려고 노력하는 것은, 자신의 인격완성을 위한 것이 아니라 자신을 남에게 잘 보이려는 것이다. 그런데 말을 과장되게 하다 보면 거짓을 말하게 되며, 얼굴빛을 남에게 좋게 보이려고 노력하면 결국은 아첨하게 된다. 이처럼 거짓과 아첨을 일삼는 사람은 어진 사람일 수 없다.

그렇다면 말을 완곡하게 하고 표정을 부드럽게 하는 것이 모두 거짓과 아첨이 되는가? 그것은 아니다. 문제는 자연스러운 것인가, 아니면 억지로 꾸미고 지어낸 것인가 하는 것이다. 평소에 인격을 수

---

\* 巧(교): 교묘하다, 기교. 令(령): 좋다, 명령. 鮮(선): 드물다, 곱다.

양하여, 노력하지 않고도 저절로 그렇게 된 것이라면 매우 바람직한 것이다. 즉 사실을 왜곡하지 않고 자신의 감정을 숨기지 않으면서 말을 완곡하게 하고 표정을 부드럽게 하는 것이라면 교언영색 하는 것이 아니다. 결국 우리가 노력해야 할 것은 인격수양이지, 말과 얼굴빛을 듣기 좋고 보기 좋게 꾸미고 지어내는 것이 아니다.

공자의 이 말은 매우 짤막하지만, 조선시대에 미친 영향은 매우 커서 대인관계·군신관계·언론정책 등에 두루 영향을 미쳤다. 왜냐하면 교언영색 하는 것이 상대를 사랑하는 것이 아니라 그 반대인 직언정색(直言正色), 즉 말을 곧게 하고 얼굴빛을 엄정하게 하는 것이 상대를 사랑하는 것이므로, 친구에게는 언제나 충고를 해야 하고, 임금에게는 직간(直諫)을 해야 하고, 여론 형성에서는 말을 에두르지 말고 사실대로 말해야 했다. 또 상대가 잘못을 할 때는 언제나 정색을 하고 바른 말을 해야 했다.

이 한 마디 말은 조선조가 500여 년을 버틸 수 있었던 힘의 원천이었고, 동시에 유교를 대표하는 신념 중의 하나였다. 오늘날 우리는 화술을 배우고 표정을 관리하면서 상대에게 호감을 사는 법을 연구하지만, 자신의 인격을 어떻게 닦을 것인가에 대해서는 별로 관심이 없다. 겉치레에 빠져들기 쉬운 오늘의 우리를 되돌아보게 하는 말이다.

:: **출전** :: 『논어』 「학이」
:: **내용소개** :: 윤용남(성신여대 교수)

## 【121】

# 남이 한 번으로 잘하면 나는 백 번을,
# 남이 열 번으로 잘하면 나는 천 번이라도 도전한다.

人一能之 己百之 人十能之 己千之*

슬로베니아에서 열린 2006년 세계주니어 피겨스케이팅선수권 대회에서 낭보가 전해졌다. 김연아가 그 대회에서 금메달을 땄다는 내용이었다. 언론은 그이가 딴 메달의 색깔이나 일본 선수(아사다 마오)를 이긴 것에 관심을 집중하였다. 덩달아서 우리도 결과를 즐길 준비가 되어 있다.

한 분야에서 잘하게 되는 것 또는 최고가 되는 것은 결코 만만한 일이 아니다. 김연아는 7세 때부터 스케이팅을 시작했고 하루에 8시간 연습하여 새벽 1시에 일정을 끝낸다. 지금의 지위를 유지하고 더 나은 결과에 이르기 위해서 트리플 악셀 등을 익혀야 한다. 이제까지의 길도 쉽지 않아 그만두고자 했을 것이고 앞으로는 내려갈 수 없는 위치 때문에 더더욱 어려울 것이다.

우리는 피겨스케이팅만이 아니라 야구의 멋진 수비, 농구의 신들

---

* 人(인): 남(친구, 경쟁자). 能(능): 잘하다(can). 百(백): 백 번을 되풀이하다(repeat).

린 듯한 슛, 축구의 환상적인 돌파를 보면 흥분한다. 차분하게 한번 자신에게 물어보자. 우리가 어떤 분야에서 자신의 현 상황을 더 낫게 만들려고 할 때 무엇에 의존해야 할까? 부모의 아낌없는 지원, 공동체의 공정한 기회 제공 등이 답이 될 수 있다. 우리가 살아가는 길에는 이것이 잘 갖추어질 때보다 그렇지 않은 때가 더 많다. 어디에 기댈까? 이때만큼 범죄의 유혹이 강하게 느껴질 때도 없을 것이다. 또 나약한 인간으로서 절대자에게 기도할 수도 있다.

우리는 모든 것을 먹여 주는 상태에 놓일 수 없다. 밥이라면 내가 씹어서 넘겨야 한다. 우리는 헌신적인 노력에 주목하지 않을 수 없다. 누구는 좋은 선천적·후천적 조건이 갖추어져 있어서 한 번만에 성공을 할 수 있다. 그 사람이 할 수 있다면, 다른 조건이지만 같은 사람이기에 나도 할 수 있는 것이다. 나도 할 수 있으려면 희망에 기대기만 하고 절망에 울기만 할 것이 아니라 백 번이고 천 번이고 깨진 무릎을 일으켜 세워서 다시 하는 수밖에 없다. 물론 이때 100과 1000은 기계적으로 횟수를 채우는 숫자가 아니라 앞서 실패한 것을 끊임없이 분석하고 반성하는 과정을 거치면서 진행되는 영구적인 자기 교정의 횟수를 말하는 것이다.

::**출전**:: 『중용』
::**내용소개**:: 신정근(성균관대 교수)

# 사물의 이치를 연구하여 나의 지식을 이룬다.

格物致知*

'격물치지(格物致知)'의 원래 문구는 "치지는 격물에 있다[致知在格物]."
는 것이다. 이것은 『대학』의 교육지침인 수신·제가·치국·평천하
의 기본인 수신(修身)과 그 아래 조건으로 제시된 성의·정심의 가장
기초로 제시된 것이다. 그러므로 그 뜻을 성실히 하려는 자는 반드시
격물치지를 해야 한다는 것이고, 뜻(마음)을 성실히 하면 마음이 바르
게 되고 마음이 바르게 되면 수신이 된다는 것이다.

　주자는 성리학을 정립하면서 이 『대학』을 특별히 중시했는데, 그
것은 당시 전통사상인 유교와 대항 관계에 있던 불교·도교 및 노장
사상을 극복할 방법이 이 『대학』 속에 있고, 그 핵심이 바로 이 격물
치지라고 생각했기 때문이다. 현세적이고 정치적인 유교의 경우 나
라를 다스리는 일이 바로 종교적 행위에 가깝기 때문에 군주나 신하
들 모두 수신이 중요한 행위의 출발점이 되는 셈이다. 그런데 격물치
지가 왜 수신의 조건이 될까?

---

＊格(격): 탐구하다. 致(치): 이루다.

공자가 일찍이 '배우는 일'을 중시한 것은 우리가 잘 알고 있는 사실이다. 뿐만 아니라 공자 사상 하면 우리는 '사랑[仁]'을 떠올린다. 그런데 공자는 학문의 정신에 입각하여 인을 말하면서 반드시 '지식[知]'을 말하였다. 즉 지·인 병행을 강조했다. 공자는 제자들에게 자기는 많이 아는 사람이 아니라고 했지만, 이미 당시 사람들에게 박학다식한 사람으로 알려져 있었다. 또 공자는 인을 말하면서 여느 종교의 사랑과는 조금 다르게 말하였는데, 그 증거가 관중이라는 인물의 평에 잘 나타나 있다. 무조건적인 사랑이나 조그만 의리보다 천하나 백성을 위해서 큰 의리를 취하려는 남성다운 지혜와 용기도 인의 중요한 요소로 보았던 것이다. 주자 성리학에서도 이 정신을 계승·발전시켰는데, 그것이 바로 격물치지다. 주자학은 초목과 짐승의 이름까지도 아는 것을 중요하게 여겼다. 오늘날로 말하면 과학적 지식까지도 포괄했다. 그러나 유교가 도덕학이었으므로 윤리적 가치판단과 역사적 평가, 또는 오늘날의 법률적 판결과 같은 인간사에 국한되었다. 이것이 동아시아가 과학을 발전시키지 못한 중요 원인으로 보기도 한다. 오늘날 우수한 인재들이 고시를 통하여 정치와 법률적 판단을 내리지만, 아직까지도 수신·치국이 여전히 부족하다. 어려운 법률용어가 민본정치를 막고 있다. 우리는 격물치지 정신을 제대로 계승하지 못하였다고 볼 수 있다.

::**출전**:: 『대학』
::**내용소개**:: 이동희(계명대 교수)

【123】

# 공자가 칠조개에게 벼슬을 하게 하자
# "저는 아직 벼슬하기에는 부족합니다."라고 대답하니
# 공자가 기뻐하였다.

子使漆雕開仕 對曰 吾斯之未能信 子說*

공자가 제자인 칠조개의 인품과 능력을 인정하여 벼슬을 하라고 했는데도, 칠조개는 자신의 인품과 능력이 벼슬하기에 아직 모자란다고 하여 사양하였다. 그러자 공자는 그의 겸손함을 보고 기뻐하였다. 공자 자신이 "3년을 배우고서 봉급에 마음을 두지 않는 사람을 쉽게 얻을 수 없다."고 한 것을 보면, 공자의 제자들도 다른 사람들과 마찬가지로 벼슬하기에 급급했던 것을 알 수 있다. 그런데 칠조개는 스스로 벼슬을 담당하기에 부족하다고 생각하여 사양했기 때문에 공자가 기뻐한 것이다.

공자 당시 대부분의 사람들은 농업에 종사하고 소수의 인원이 벼슬을 했기 때문에 요즘의 취직이라는 개념으로 당시의 벼슬을 생각할 수는 없을 것이다. 오히려 대통령에게 천거해서 고위직에 등용하

---

* 斯(사): 이것. 說(설/열): 말하다/기쁘다.

도록 추천하는 것과 같았을 것이다. 이 대화가 있었던 것은 아마도 공자가 노나라에서 사구 벼슬을 했을 때인 것으로 추측된다. 공자가 칠조개에게 '벼슬을 하라고 권한 것'이 아니라 '하게 하였다[使]'라고 표현한 것을 보면 그럴 가능성이 많다고 하겠다. 공자가 52세에 사구 벼슬을 한 것으로 알려져 있고 칠조개는 공자보다 11세 연하였다고 『사기』에 기록하고 있으니, 당시에 칠조개의 나이는 벌써 40세를 넘겼다. 따라서 이미 벼슬할 때를 넘겼고 스승의 인정을 받았는데도 사양한 것이다. 칠조개가 스스로의 능력을 인정하고 겸손할 줄 아는 사람이었던 것을 알 수 있다.

감투가 너무 크면 그 감투가 흘러내려 눈과 귀를 가린다. 당연히 보아야 할 것도 보지 못하고 당연히 들어야 할 말도 듣지 못하게 된다. 그 사람이 어떻게 될 것이라는 것은 명약관화하지 않은가? 그것을 곁에서 보는 사람들은 또 얼마나 조마조마하겠는가?

맹자도 "오직 어진 사람이라야 마땅히 높은 자리에 있을 수 있으니, 어질지 않으면서 높은 자리에 있으면, 그것은 대중에게 악을 뿌리는 것이다."라고 하였다. 그런데 현실을 보면 맹자의 이 말에 귀를 기울이는 사람은 거의 없는 듯하다. 나부터 덕과 능력도 없이 높은 자리에 서고자 안달하고 있지 않나 반성해 보아야 하겠다. 자기 머리의 크기는 헤아려 보지도 않고 감투에만 눈독을 들이고 있지 않은가?

::**출전**::『논어』「공야장」
::**내용소개**:: 임옥균(성균관대 연구교수)

【124】

# 반드시 일을 하되 기필하지 말고,
# 마음속에 잊지도 말고,
# 조장(助長)하지도 말라.

必有事焉而勿正 心勿忘 勿助長*

공손추가 물었다. "선생님의 장점은 무엇입니까?" 맹자가 대답했다. "나는 말을 알며, 나의 호연지기를 잘 기른다." 여기에서 '말을 안다 [知言]'는 것은 사람들이 왜 그런 말을 하는지 안다는 뜻이요, 그 말의 시비득실(是非得失)을 판단할 수 있다는 의미이다.

공손추도 '말을 안다'는 것에 대해서는 쉽게 이해했다. 그러나 '호연지기'에 대해서는 알 수 없었던 모양이다. 공손추가 물었다. "호연지기란 무엇입니까?" 맹자가 대답했다. "호연지기는 지극히 크고 굳센 기운으로서 도(道)와 의(義)에 짝하는 기운이다. 이것은 의가 모여 생기는 기운이다. 행실이 하나라도 마음에 흡족하지 못하면 호연지기가 결핍된다." 한편 맹자는 호연지기를 기르는 방법으로서 "반드시 일삼음이 있되 기필하지 말고, 마음속에 잊지도 말고, 조장하지도 말

---

＊ 事(사): 일, 일삼다. 正(정): 바르다, 기필하다.

라.”고 주장한다.

'일삼음이 있다'는 것은 어떤 목표를 설정하고 추구하는 것을 말한다. 그러나 목표를 설정하고 그것을 추구하는 사람들은 결과를 미리 기필(期必)하는 경우가 많다. 예를 들어 “나는 이번 시험에 반드시 합격하여 ○○이 되고 말겠어!” 그런데 이렇게 기필하면 집착이 생기게 되고, 집착은 결국 일을 그르치게 만든다. 그러나 “기필하지 말라.”고 하면 사람들은 흔히 그 일을 잊어버리고 방치하곤 한다. 따라서 맹자는 다시 “마음속에 잊지도 말라.”고 한 것이다. 그런데 '잊지 말라'고 하면, 사람들은 '조장'하는 경우가 많다. '조장'을 글자 그대로 풀이하면 '자라남을 돕는다'는 말이지만, 이것은 '순리에 어긋나게 억지로 돕는 것'을 의미한다.

어떤 농사꾼이 밭의 싹이 빨리 자라지 않는 것을 안타깝게 생각하여 잘 자라나도록 돕고자 한 뼘씩 당겨 뽑았다고 한다. 맹자는 이것이 '조장'이라고 했다. 맹자는 “조장은 무익할 뿐만 아니라 오히려 해롭다.”고 했다.

자신의 목표를 설정하고 꾸준히 노력하되, 집착하지도 않고 망각하지도 않는 '중용'이 긴요하다는 것이 맹자의 가르침인 것이다.

::**출전**:: 『맹자』 「공손추 상」
::**내용소개**:: 이상익(영산대 교수)

# 나는아직 자신의 허물을 보고서
# 마음속으로 스스로 뉘우치는 사람을 보지 못했다.

吾未見能見其過而內自訟者也*

사람들은 무슨 일이 잘못되면 자기의 잘못은 돌아보지 않고 남을 원망하는 버릇이 있다. 이런 버릇은 자기 자신에게도 도움이 되지 않을 뿐만 아니라 남과의 관계도 망치게 만든다. 그렇다면 어떻게 해야 자신에게도 도움이 되고 남과의 관계도 원만하게 할 수 있을까?

공자는 그 해결책으로 허물을 보았을 때 남을 원망하지 말고 스스로를 꾸짖으라고 말한다. 자기의 허물을 보고 스스로 반성하지 않는다는 것은 곧 그 허물을 더욱 키우는 것이다. 결국 그런 사람은 자기의 허물에 의해 스스로 무너지고 만다. 그렇다면 어떠한 허물이 나를 무너지게 하는 것일까? 그것은 화를 잘 내는 것, 질투심, 탐욕심, 게으름 등이 아닐까? 이러한 것을 가지고 있으면 우선 마음속이 혼란스러워진다. 따라서 어떠한 일을 만났을 때 그 실체를 올바르게 인식하지 못하게 된다. 그 결과 그 일에 올바르게 대응하지 못해 결국은

---

\* 過(과): 허물, 잘못. 訟(송): 꾸짖다.

엉뚱한 결과를 초래하게 된다. 그러므로 어떠한 일을 바르게 인식하고 올바르게 대응하기 위해서는 내 마음의 허물을 제거하는 것이 가장 중요하다.

그렇다면 어떠한 방법으로 내 마음의 허물을 제거할까? 바로 하나에 집중[主一: 하나를 주장]해서 내 마음을 다른 곳으로 흐르지 않게 하는 것이다. 내 마음을 하나에 집중하면 다른 잡념들이 들어올 틈이 없다. 그러면 마음이 하나에 집중된 그곳에서 나를 살리게 하는 새로운 바람이 일어난다. 그 새로운 기운에 의해 나의 허물은 맥없이 사라지게 되고, 나의 마음은 청명한 가을 하늘처럼 맑게 되어 이후에 만나게 되는 일을 올바르게 인식하게 할 수 있으며, 결국은 좋은 결과를 가져오게 될 것이다.

그러므로 좋은 미래를 희망하는 사람은 멀리 볼 것이 아니라 지금 현재의 내 마음이 어떠한 상태인지를 항상 돌아보는 것이 가장 중요한 것이다.

::**출전**:: 『논어』 「공야장」
::**내용소개**:: 송봉구(영산대 교수)

【126】

# 군자는 자신에게서 찾고,
# 소인은 남에게서 찾는다.

◇◇◇◇◇◇◇◇◇◇◇◇◇◇◇◇◇◇◇◇◇◇◇◇◇◇◇◇◇◇◇◇◇◇◇◇◇◇◇◇◇◇◇◇

君子 求諸己 小人 求諸人*

가벼운 무게가 하늘을 / 생각하게 하는 / 자의 우아(優雅)는 무엇인가 //

무엇이든지 / 재어 볼 수 있는 마음은 / 아무것도 재지 못할 마음 //

삶에 지친 자여 / 자를 보라 / 너의 무게를 알 것이다.

— 김수영, 「자[針尺]」

　　마음이 심란해지거나 자신이 초라하다고 생각될 때면 꺼내 읽는
김수영의 시편 중 가장 좋아하는 시 전문(全文)이다. 뭐라고 해석하는
것이 군소리로 여겨질 정도로 폐부를 찌르는 아포리즘이기도 하다.
『논어』를 읽다 만나게 된 위 구절은 묘하게도 김수영의 「자」와 상통
하는 것 같다.

　　자신의 불행을 세상과 남 탓으로 돌리는 사람은 행복의 기준 또

─────────

\* 諸(저): 어조사.

한 세상과 남에게 있다. 그와 반대로 자기중심이 서 있는 사람에게 행복은 운(運)이요, 세상 탓이다. 행여 일이 안 풀리거나 고난에 직면하면 그것을 자신 탓으로 돌린다. 그렇게 세상과 조화를 이룬다.

그런데 묘한 일이다. 김수영은 전투적 자유주의자였다. 모더니스트로서 1950~1960년대의 봉건적 잔재와 가열차게 싸웠던 인물이다. 그런 자유주의자가 봉건제의 상부구조라 할 유교의 상징, 공자의 사상과 일맥상통하니 말이다.

김수영은 권력과 싸우지 못하고 설렁탕집 주인이나 야경꾼같이 힘없는 사람들과 다툼질하는 자신을 향해서, "모래야 나는 얼마큼 적으냐. / 바람아 먼지야 풀아 나는 얼마큼 적으냐. / 정말 얼마큼 적으냐……."며 치열한 자기반성을 했던 인물이기도 하다.

삶의 심오한 이치를 탐구하는 정신적 거인들은 그 사상적 지향이 어떠하든 모두 같은 길에서 만난다는 것을 새삼 느낀다.

::**출전**:: 『논어』「위령공」
::**내용소개**:: 최용범(역사 작가)

【127】

# 군자는 먹음에 배부름을 구하지 않고,
# 거처함에 편안함을 구하지 않는다.

君子 食無求飽 居無求安*

"제일의 부(富)는 건강이다."라는 R. W. 에머슨의 말을 예로 들지 않더라도 건강이 최고로 중요하다는 것을 모르는 사람은 없다. 문제는 어떻게 하면 건강할 수 있느냐는 것이다. 그래서 불후의 명저『논어』에 나오는 공자의 건강 비결을 소개해 본다.

공자께서 말씀하셨다. "군자로서 배부름을 구하지 않고, 몸 편하기를 구하지 않고, 일에는 민첩하고 말에는 신중하며, 사람의 도리를 좋아 바르게 하면, 비로소 공부하기를 좋아하는 사람이라 할 수 있다[子曰, 君子食無求飽, 居無求安, 敏於事而愼於言, 就有道而正焉, 可謂好學也已]."

여기 인용된 총 31자 가운데 '식무구포 거무구안(食無求飽 居無求安)' 여덟 글자를 뽑아 직역하면 "식생활[食]에 있어서는 배부르게 많이 먹는[飽] 것을 추구[求]하는 일이 없고[無], 육체적인 활동[居]에 있어서는 몸 편함[安]을 추구[求]하는 일이 없어야[無] 한다."는 뜻이다.

---

\* 飽(포): 배부르다.

명언답게 간단명료한 표현으로 의역하자면, "배부름을 좋아하지 말고, 안락을 좋아하지 말라!"라고 옮길 수 있다.

하루 세 끼 음식은 허기를 면하는 정도로 조금만 먹는 것이 공자의 첫 번째 건강 비결이다. 과식(過食)은 만병의 근원이고, 소식(小食)은 피를 맑게 한다고 한다. '살과의 전쟁'을 벌이고 있는 비만증 환자들에게는 '식무구포(食無求飽)' 네 글자가 최상의 처방이다. 별도의 비용이 한 푼도 더 들지 않으니 얼마나 좋은 처방인가!

공자가 귀띔해 준 두 번째 건강 비결은, 몸을 지나치게 아끼다가 도리어 몸을 망치는 일이 없도록 해야 한다는 것이다. 송나라 때 당시 천하의 문장가였던 구양수(歐陽修)가 "수고스레 일하는 자는 장수하지만, 안락하게 살아가는 자는 명이 짧다[勞其形者長年, 安其樂者短命]."라고 한 말은 공자의 '거무구안(居無求安)'을 더욱 구체적으로 실감나게 표현한 것이라 할 수 있다. 알기 쉽게 바꾸어 말하자면, '몸 편함을 좋아하지 말라'는 것은 곧 '운동을 많이 하라'는 것이다.

요약컨대 '식무구포 거무구안(食無求飽 居無求安)'은 건강 비결이자 다이어트 비결이요 장수 비결이기도 하니 누구나 반드시 마음에 새겨 둘 필요가 있을 것이다. 아무튼 건강이 최고의 부(富)라니 '식무구포 거무구안'을 하루도 빠짐없이 몸소 실천하여 우리 모두 최고의 부자가 되자!

:: **출전** :: 『논어』 「학이」
:: **내용소개** :: 전광진(성균관대 교수)

# 128

# 사람이 멀리 생각하는 것이 없으면
# 반드시 가까운 근심이 있다.

人無遠慮 必有近憂*

'원려(遠慮)'란 거시적이고 근본적인 차원에서 관심을 두고 있는 '지향'을 뜻한다. '근우(近憂)'란 우리가 일상 속에서 만나는 수많은 걱정거리를 의미한다. 사람에게 근원적인 차원의 근심이 없으면, 반드시 일상적인 차원의 근심거리가 가득하게 마련이다.

우리는 늘 수많은 걱정거리 속에서 살아간다. 우리가 하는 걱정거리 중 96%는 쓸데없는 것이라는 조사자료도 있지만, 우리는 걱정거리가 없으면 작은 불안을 느끼기도 한다. 때로는 만들어 가면서 즐기기도 하는 것 같다. 시험성적, 게임, 축구경기, 외모, 옷, 자동차, 신발, 심지어 드라마의 주인공이나 연예인에 대한 것들까지 말이다.

우리는 어쩌면 이러한 걱정거리들로부터 벗어날 수 없는 존재인 것 같다. 왜냐하면 걱정거리들을 통해 끊임없이 스스로의 정체성을 확인받을 수 있기 때문이다. 흔히 이야기하는 '엄마 친구 아들'이라

---

* 遠(원): 멀다. 慮(려): 생각하다. 근심하다. 憂(우): 근심하다.

는 말에서도 알 수 있듯이, 자신의 사회적 위치에 대한 비교 우위를 가지고 스스로의 존재가치를 매기고 또 확인하면서 걱정거리를 만들어 낸다. 내가 세상에 태어나 가지고 있는 것들, 지위, 명예, 재산, 사회적 관계 등이 고민의 대상이 된다. 마음을 비우고 걱정하지 말아야지 다짐하다가도 어느 순간 걱정거리 속으로 빠져들어 그것을 즐기고 있는 나를 발견하기도 한다.

그런데 우리 삶 속에서 만나는 이러한 걱정거리는 개개 삶의 그릇의 크기로도 연결된다. 예컨대 학점을 B+에서 A로 받으려고 전전긍긍할 때의 내 마음보다, 이성에게 멋있어 보이고 싶어 안달할 때의 내 마음보다, 좋은 옷, 좋은 차, 멋진 몸매와 얼굴, 멋진 춤과 노래 등으로 사람들에게 내 존재를 인정받기를 갈구할 때의 내 마음보다, 내 삶의 의미에 대해 근원적이고 근본적으로 질문을 던질 때의 내 마음과 국가적인 문제에 대해 혹은 인간적인 문제에 대해 걱정하고 속상해할 때의 내 마음은 분명히 그 크기와 깊이와 넓이 면에서 다를 수밖에 없다. 걱정을 통해 나의 의미를 확인하고 삶의 의미를 만들어 가는 것이 우리의 현존이라면, 우리는 그 걱정의 대상을 통해 우리의 삶을 한없이 위대한 것으로 만들어 갈 수도 있다. 나는 내 마음을 통해 나를 하염없이 작은 존재로 위축시킬 수도 있고, 내 마음을 통해 나를 한없이 넓고 큰 그릇으로 넓혀 갈 수도 있다.

::**출전**:: 『논어』「위령공」
::**내용소개**:: 김형석(성균관대 연구원)

# 129

# 사람의 병폐는 스승되기를 좋아하는 데 있다.

人之患在好爲人師

이 구절은 혼자서 너무 잘난 체하지 말라는 선각자의 경고다.

그 어떤 경우에도 인간은 각기 다른 측면에서 자신의 장점을 발휘할 수 있다. 지식이 풍부하여 이를 잘 전달할 수 있다면 남의 스승이 될 수 있고, 남다른 재주나 기능이 있어 이를 남들에게 전수하는 사람이 있다면 역시 스승이 될 수 있다. 그러나 지금 당장 기능과 지식이 좀 뒤진다 하여 그 됨됨이나 소양마저 남보다 뒤지란 법은 없다. 사람을 대할 때나 심성(心性)을 펼치는 데 있어서 가르치고 배워야 할 주체가 따로 정해져 있는 것은 아니다. 학력, 경력 혹은 신분을 구분하여 함부로 타인을 평가할 수 없듯이, 배움과 가르침에는 너·나 구분 없이 얼마든지 서로 그 입장이 뒤바뀔 수 있다.

"섣불리 남을 가르치려 들지 말라."는 맹자의 이 말을 뒤집어 보면 인간은 자신의 모자람을 반성하고 남을 통해 기꺼이 가르침을 청할 때 스스로의 과오를 최소화할 수 있다는 의미가 된다. 자신이 자각하지 못한 단점을 주변 사람의 지적을 통해 고치게 된다면 이 얼마나 고맙고 다행한 일인가. 본래 인간의 허물은 본인보다는 곁에 있는 제3자가 더 쉽게 찾아내게 마련이니 더더욱 그러하다.

그러나 문제는 자기 잘못이나 결점은 생각지 않고 남의 허물과 오류를 습관적으로 지적하는 태도이다. 살다 보면 때로 자신감이 결여되어 일을 그르치는 예가 없진 않지만, 그렇다고 자주 스승을 자처하면서 옳으니 그르니를 따지고 든다면 누가 곱게 받아들이겠는가. 지나친 자신감은 오히려 상대방의 반감을 사기도 하고 심하게는 자만심으로 비쳐지기 십상이다. 제 잘난 맛에 사는 거야 탓할 수 없지만 "너나 잘 하세요."라는 말을 들을 정도가 되면 사정이 딱해진다. 우월감이란, 문자 그대로 남보다 우월하지도 못하면서 우월하다고 생각하는 것이지 결코 우월함을 의미하지는 않는다. 흔쾌히 남에게 배움을 청하고 자기분발을 게을리하지 않는 태도야말로 자신감 못지않게 중요한 덕목이라는 것이 맹자 말씀 속에 담긴 또 다른 의미이다.

::**출전**:: 『맹자』「이루 상」
::**내용소개**:: 이준식(성균관대 교수)

## 【130】

# 나를 바르게 하여 다른 것들이 올바르게 된다.

正己而物正

내 곁의 사람이 못마땅하여 답답하고 애태우던 때가 있었다. 내가 그의 단점을 지적할수록, 화를 내고 고쳐 보려고 조급증을 낼수록 일은 더 꼬여만 갔다. 그러던 어느 날 문득 들려 오는 마음의 소리가 있었다. "너는 얼마나 잘난 사람이니? 네가 먼저 변해 보지 그래?"

그 사람을 바꾸려 애태우지 말고 내가 변하려고 노력하면 어느샌가 그 사람은 변화되어 있다는 것. 그것은 누구나 알지만 실천하기가 쉽지 않은 일이다. 그것은 사랑과 지혜와 용기가 모두 필요한 일이기 때문이다. 상대방을 포용하려는 인내와 사랑, 문제해결의 방향을 돌릴 수 있는 지혜, 문제해결의 열쇠가 내게 있다는 걸 인정하고 실천하는 용기가 필요한 것이다.

맹자는 이 평범한 이야기가 얼마나 고급한 경지인가를 들려 준다. 맹자 말의 전체 맥락은 이렇다. "주군의 마음에 들도록 잘 섬기는 그런 신하가 있고, 나라를 편안하게 하는 것을 기쁨으로 삼는 신하가 있고, 천하에 도를 행할 만한 시기에 나아가 행하는 사람, 즉 하늘 백성이 있고, 마지막으로 대인(大人)이 있는데, 자신을 바르게 하여 다른 것들이 바르게 되는 자이다."

나를 바르게 하여 다른 것들이 바르게 되는 것은 대인의 경지라고 최고점을 준 것이다. 여기에서 '다른 것들[物]'이란 다른 사람뿐 아니라 내가 만나는 모든 것을 의미한다. 내가 만나는 사람, 가정, 학교, 직장, 국가, 인류사회, 우주만물의 태초로부터 영원까지⋯⋯.

율곡 이이 선생이 20세에 쓴 「자경문(自警文)」에는 이러한 조항이 있다. "한 집안 사람들이 선하게 변하지 않는 것은 오직 나의 성의가 부족해서이다." 신사임당이 세상을 떠난 후 새로 들어온 어머니는 간혹 성질도 부리고, 술로 스트레스를 풀었던 모양이다. 새어머니가 과음을 한 다음 날이면 율곡은 손수 해장술을 데워 들고 갔다고 하며, 새어머니는 율곡이 49세로 일찍 세상을 떠나자 슬픔을 못 이겨 3년이나 소복을 입었다는 일화를 남기고 있다.

'수신제가치국평천하(修身齊家治國平天下)'라고 한다. 먼저 자기 자신을 잘 가다듬은 후에 집안을 잘 다스릴 수 있고, 그런 후에 나라를 잘 다스릴 수 있고, 그런 후에 천하를 평화롭게 잘 운영할 수 있다는 말이다. "나를 바로 하였는데 다른 것들이 바르게 된다."는 대인의 경지는 결국 '수신', 즉 '자기 중심 잡기'가 얼마나 중요한가를 말하고 있는 것이다.

::**출전**:: 『맹자』 「진심 상」
::**내용소개**:: 이선경(성균관대 연구원)

【131】

# 하늘이 장차 큰 임무를 이 사람에게 내리려 할 때
# 반드시 먼저 그 마음과 뜻을 고통스럽게 한다.

天將降大任於是人也 必先苦其心志

하늘이 사람에게 큰 임무를 내린다는 것은 그에게 큰일을 맡긴다는
것이다. 큰일은 아무에게나 맡기지 않는다. 그러니까 '이 사람'은 하
늘에 의해 선택된 중요한 사람이다. 그런데 왜 하늘은 그렇게 귀중한
사람을 지지하고 도와주지는 못할지언정 그의 마음을 괴롭히는 것일
까? 뒤따르는 구절들을 보면 하늘은 이 사람의 마음을 괴롭히는 정도
가 아니라 더 어려운 시련들을 연달아 내린다. 그의 몸을 힘들게 하
고, 그를 가난하게 만들며, 그가 하려는 일을 방해하기까지 한다. 마
음의 고통만 해도 감당하기 어려운데 몸도 상하게 만든다. 건강이 망
가지면 돈이라도 있어야 하는데 설상가상 가난까지 덮친다. 그것도
모자라서 (하늘은) 그가 하는 일을 따라다니며 사사건건 방해한다.

중국 고대의 유학자들이 이해한 하늘은 이렇게까지 심한 존재는
결코 아니었다. 맹자의 스승인 공자에게 하늘은 자신의 막중한 사명
감의 원천이었고, 맹자 또한 하늘을 역사를 주재하는 존재, 인간의 선

한 심성을 지지해 주는 존재로 생각했다. 그래서 맹자는 "사람이 자신의 마음을 알면 하늘을 알 수 있다."고까지 말했다. 그런데 이토록 정의롭고 자애로운 하늘이 돌변하여 이러한 어려움들을 연달아 주는가? 그 답은 첫 구절에 있다. 바로 '이 사람'이다. 이 사람은 하늘이 선택한 사람이다. 큰 임무를 맡을 사람은 어떤 일에도 주저앉지 말아야 하며 세상의 모든 일을 겪어 낸 사람이어야 한다. 그래서 하늘이 내린 갖가지 시련들을 견디고 완숙한 경지에 올라야 한다. 맹자는 마지막을 이렇게 마무리한다. "이는 그로 하여금 분발하게 하고 인내심을 키워서 그의 약점을 강하게 만들기 위함이다."

여러 가지 이유로 자기 생을 빨리 포기하고 마감하는 사람들이 있는데, 이들은 하늘을 원망하고 자신을 둘러싼 사람들과 환경을 원망하며 다른 사람들에게 아픔을 준다. 맹자의 이 구절은 중국의 유명한 성군(聖君)인 순(舜) 임금을 언급한 바로 뒤에 나온다. 문맥상으로 보면 '이 사람'은 아마도 '순 임금'일 가능성이 높다. 물론 평범한 사람들이 모두 순 임금이 될 수는 없겠지만 이 구절은 세상을 버겁게 살아가는 보통 사람들에게도 주는 울림이 있다. 인생에서 이러한 모든 어려움이 한꺼번에 몰려드는 경우는 그래도 드물지 않은가? 하지만 만에 하나 그런 일들이 닥친다면 자신이 바로 '이 사람'인지, 잠시 행복한 착각에 빠져 볼 수도 있지 않을까?

∷**출전**∷ 『맹자』 「고자 하」
∷**내용소개**∷ 최문형(성균관대 겸임교수)

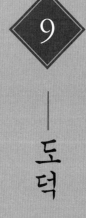

9

도
덕

# 132

# 군자는 몸을 닦아서 사람을 편안하게 한다.

君子 修己以安人

성균관대학교의 건학이념은 개인적으로는 인격을 함양하고 사회적으로는 인류와 더불어 평화롭게 공존한다는 지도자의 이념인 수기치인(修己治人)이며, 교시는 사랑·정의·예절·지혜를 뜻하는 인의예지(仁義禮智)이다. 수기치인이라는 성균관대학교 건학이념의 연원은 바로 공자의 말인 '수기안인(修己安人)'에서 비롯된 것이다.

공자의 문인 가운데에서 뛰어난 용기와 실천력으로 공자를 보필한 제자가 자로이다. 자로의 용맹은 정의를 실천하는 장점이 있으나 자칫 높은 학문과 올바른 판단에 기초되지 않을 때 맹목적 의협심이나 만용으로 떨어질 수 있는 단점이 있다. 그러므로 공자는 항상 자로가 천수(天壽)를 다하지 못할 것을 걱정하였다. 이 때문에 자로가 참된 지도자인 군자에 대하여 질문하자, 공자는 늘 공경의 자세로 수양할 것을 언급하여 자로의 단점을 보완하고자 하였다.

그러나 자로는 공자의 지극한 이 말을 하찮게 여기고 더 좋은 말을 청하자, 공자는 다시 자신의 수양이 깊어 흘러넘치면 자연히 남에게 미쳐 다른 사람을 편안하게 할 수 있음을 언급하였다. 그럼에도 재차 자로가 이 말에 만족하지 못하자 공자는 자신의 인격을 함양하여 세상의 모든 사람들을 편안하게 하여 구제하는 일까지 일러 주었다. 이는 자로가 높고 먼 곳을 향하는 마음을 억제하여 무엇보다도 먼저 가장 가까운 자신의 수양에서부터 힘써 올바른 실천의 발판을 삼도록 권면한 것이다.

수기안인은 모든 사람들의 본질에 있는 덕성을 계발하여 모든 인류가 더불어서 함께 살아가는 평화공존의 이상사회를 지향하는 넓은 의미를 담고 있다. 아울러 남을 편안하게 한다는 수기안인의 자세는 인(仁)의 실현으로 연결된다고 할 수 있다. 인간의 존엄성을 토대로 하여 자기완성과 인류평화의 달성을 목표로 하려는 자세는 오늘날에도 여전히 퇴색될 수 없는 지도자의 훌륭한 지침이라고 할 수 있다.

::**출전**:: 『논어』「헌문」
::**내용소개**:: 오석원(성균관대 교수)

# 133

# 남에게 화풀이 말고,
# 잘못은 되풀이 말라

不遷怒 不貳過

지금으로부터 약 2천500여 년 전, 어느 날 노나라 애공과 공자가 담론의 자리를 마련하였다. 애공이 물었다. "(귀하의) 제자들 가운데 누가 배우기를 좋아합니까?" 공자가 말했다. "안회라는 이가 있는데 배우기를 무척 좋아했습니다. (뿐만 아니라) 화가 나는 일이 있더라도 남에게 옮기질 않았고[不遷怒], 같은 잘못을 두 번 되풀이하는 일이 없었지요[不貳過]. (그런데) 불행하게도 단명하여 죽고 말았답니다. 지금은 (그가) 죽고 없으니, (그보다 더) 배우기를 좋아하는 자가 있는지는 들은 바가 없습니다."

공자의 제자는 3천 명에 달할 정도로 많았다고 한다. 그중에서 가장 뛰어난 제자 10명을 꼽아서 공문십철(孔門十哲)이라 부른다. 위의 대화에 등장하는 안회(顔回)는 그 10명 가운데 첫 번째로 거명되어 있고, 덕행 분야에 있어서도 가장 뛰어난 사람으로 손꼽히는 참으로 대단한 인물이다.

영어 속담에 "A little pot is soon hot."이란 말이 있다. 직역하면 '작은 질그릇이 빨리 끓는다.'는 뜻인데, 의역하면 '소인은 쉽사리 화를 잘 낸다.'는 말이 된다. 소인이 아니라면 버럭버럭 화내는 일이 없어야겠다. 우리 속담에 "돌부처도 꿈쩍인다." 또는 "지렁이도 밟으면 꿈틀한다."는 말이 있듯이 '아무리 순하고 착한 사람도 화를 낼 때가 있게' 마련이다. 화를 전혀 안 낼 수는 없다. 그러니 문제는 그것을 '어떻게 푸느냐'가 중요하다. 그에 따라 인품이 결정되기 때문이다. 보통 자신의 언짢은 마음을 남에게 화풀이하기 쉬운데, 그것은 자기가 수양이 덜 된 사람임을 만방에 공언하는 격이 되고 만다. 화풀이는 아니라 하더라도, 입을 열어 말하는 그 자체도 매우 위험천만한 일이다.

그렇다면 화가 났을 땐 어떻게 해야 좋으랴! 각자 나름대로 좋은 방안을 강구해야 할 것이다. 자기 방이나 책상을 깨끗하게 하는 '청소'가 묘안일 수도 있을 것 같다. 주위도 깨끗해지고 마음도 말끔해지니 '화'가 저절로 풀리지 않을까? 아무튼, 우리는 신이 아닌 이상 잘못이나 과오가 있을 수밖에 없다. 시행착오는 누구에게나 있을 수 있다. 그런데 세상에서 가장 어리석은 사람은 같은 잘못을 되풀이하는 사람이다.

화나는 일이 있어도 절대로 남에게 옮기는 일이 없고, 같은 잘못을 두 번 다시 거듭하는 일이 없어야 한다는 것이, 생각하기에 따라서는 그리 대단한 것이 못된다고 여길 수도 있겠다. 그러나 이 두 가지 덕목이 어떤 배경에서 나온 말인지를 고려해 보면, 그것이 우리 삶에 있어서 지극히 대단한 일임을 아무도 부인할 수 없을 것이다. 3천 명이 넘는 많은 제자들 가운데 가장 호학한 사람이 누구냐는 질문을 받은 공자께서 서슴없이 안회를 꼽고 그를 입이 마르도록 칭찬한 말에서 나온 것이라면, 그것의 진가를 짐작하고도 남음이 있을 것이다. 멀고 아득한 곳이 아니라 바로 가장 가까이에서 진리를 찾아낸 공자의 예지가 돋보이는 대목이기도 하다.

끝으로, "남에게 화풀이 말고, 잘못은 되풀이 말라!"는 16개 글자(음절)를 토씨 하나 안 틀리고 그대로 외우기가 어렵다면, 6개 글자밖에 안 되는 원문(不遷怒, 不貳過. 불천노, 불이과)을 통째로 머리에 넣어 두는 것이 더욱 쉽고 간편할 수도!

::**출전**:: 『논어』「옹야」
::**내용소개**:: 전광진(성균관대 교수)

【134】

# 근본을 밖으로 하고 말단을 안으로 하면, 백성을 다투게 하여 빼앗는 것을 가르치는 것이다.

外本內末 爭民施奪*

유학에서는 윤리와 경제의 관계를 본말(本末)로 이해한다. 즉 윤리를 근본, 경제를 윤리 다음이라고 본다. 그러나 유학은 윤리만을 중시하고 경제를 무시하지만은 않는다. 오히려 유학은 윤리와 경제의 구족(具足)을 바람직하게 생각한다.

인간에게 의식주는 가장 기초적인 요소이다. 유학은 경제와 윤리의 조화, 물질적 가치와 도덕적 가치의 균형을 이상(理想)으로 삼지만, 궁극적으로는 윤리적 가치에 우위를 인정한다. 여기에서 "근본을 밖으로 하고 말단을 안으로 한다."는 것은 도덕을 중시하고 경제를 경시한다는 의미로 보아도 좋다. 즉 위정자가 정치를 할 때 경제를 중시하고 윤리를 경시하는 경우의 문제점을 지적한 구절이다.

현대는 경제지상주의 시대이다. 즉 개인·가정·사회·국가, 나아가 국제사회에서도 경제적 가치가 우위에 있는 시대이다. 이러한 경

---

* 施(시): 베풀다. 奪(탈): 빼앗다.

제지상의 사회에서는 필연적으로 경쟁이 벌어진다. 현대 자본주의 사회는 이러한 인간의 본능적인 욕구와 욕망을 계발시켜 무한경쟁을 부추기고, 이를 통해 국부(國富)를 창출하고 경제발전을 추구한다. 그런데 문제는 그 무한경쟁에서 인간성이 파괴되고 적자생존의 살벌한 게임이 일상사가 되고 있다는 점이다. 빼앗고 또 빼앗기며, 남보다 앞서 가야 한다는 생존경쟁이 치열하게 벌어지고 있다.

현대 사회는 돈의 중요성을 강조하고, 돈 잘 버는 방법을 어릴 때부터 가르치고 있다. 이러한 조기 경제교육이 오히려 권장되고 있는 것이 현실이다. 그러나 한편으로는 치열한 경쟁이 불가피하며, 이러한 경쟁을 통해 우리 사회가 발전하는 것이 사실이다. 이렇게 볼 때 『대학』의 가르침은 이 시대에 맞지 않는 듯하다.

그러나 분명한 것은 이익을 위한 경쟁에서도 윤리와 도덕, 즉 바르게 벌고 바르게 쓰는 경제윤리의 확립이 중요하다는 점이다. 오늘날 우리는 기업의 비윤리적 행태, 빈부의 심화, 물질에 의한 인간성의 파괴 등 경제지상주의의 부작용과 문제점을 직시하고 있다. 이러한 의미에서 『대학』의 가르침은 우리 현대 사회가 가야 할 하나의 지남(指南)이 될 것이다.

::**출전**:: 『대학』
::**내용소개**:: 황의동(충남대 교수)

【135】

# 소는 보았고, 양은 아직 보지 못하였다.

見牛 未見羊也

어느 날 양혜왕은 마루에 앉아 있다가 흔종(釁鐘: 완성된 종에 소의 피를 바르는 의식)을 위해 끌려가는 소를 보게 된다. 죄 없이 사지(死地)로 끌려가며 두려워 우는 소를 본 양혜왕은 측은한 마음이 들어 소를 양으로 바꾸도록 명령한다. 많은 백성들이 그러한 양혜왕의 행동을 큰 소가 아까워 작은 양으로 바꾸었다고 하며 쩨쩨한 임금이라고 원망하였다. 하지만 맹자는 도리어 이러한 양혜왕의 마음이 바로 인을 행하는 방법이라고 말한다.

소를 양으로 바꾸라는 양혜왕의 명령은 분명 편파적이다. 두려워 울며 끌려가는 소가 불쌍한 만큼 양에게도 측은지심은 똑같이 발휘되어야 할 것이기 때문이다. 소의 생명권을 인정한다면 양의 생명권도 인정되어야 할 터이다. 그런데 왜 맹자는 소를 양으로 바꾸라는 양혜왕의 논리를 인을 행하는 방법, 왕도정치를 행할 수 있는 가능성이라고 판단한 걸까?

서구 근대 철학에 입각한 정의의 윤리에서 주체들은 모두 동등한 권리를 지닌 개별 존재로 이해되며, 어떤 주체도 특권을 가질 수 없다. 정의와 공평성을 도덕 원리로 채택하는 가운데 편애성(partiality)을 도덕적으로 정당화하려는 의도는 그 자체로 모순적이며 불순하다. 권리의 측면에서 정의의 문제를 논의할 때 특별한 관계에 있는 사람에게 특권을 부여하는 편애성은 결코 도덕적인 의미를 가질 수 없기 때문이다. 일반적으로 편애성은 공평무사함과는 상대되는 개념으로 이해된다. 편애성이 비판받는 이유는 공평무사하지 않다는 것, 공정하지 않다는 이유에서이다.

그런데 일상에서 과연 공평무사함은 언제나 공정하며 평등성을 담보하는가? 편애성은 항상 도덕적으로 정당화될 수 없는가? 여성 고용할당제 법안, 장애를 가진 사람들을 위한 특별한 법조항 등은 어떤 의미에서 분명히 편파적인 것이다. 하지만 이들이 공동체 전체의 이익을 우선으로 하는 무사공평(impartiality)의 원칙에 어긋나는 것은 아니며, 따라서 도덕적으로 정당화될 수도 있다. 특별한 관계에서 사적으로 일어나는 감정 모두를 평등성·불편부당성·상호성 등을 보장하는 보편적 원리와 정면으로 대치시킬 수 없음이 맹자가 말하는 왕도정치를 할 수 있는 마음, 인을 행하는 방법일 것이다.

맹자의 측은지심은 분명 눈앞의 광경에서부터 도덕심을 출발시키지만 그 도덕심이 단지 사적 감정의 측면에 제한되지는 않는다. 희생으로 쓰일 소가 두려워 벌벌 떠는 모습을 눈앞에서 보고 양으로 바꾸라고 명령하는 양혜왕에게 재물을 아낀다고 원망하는 백성들과는 달리 맹자는 그것이 바로 왕도정치를 할 수 있는 잠재적 가능성이라 평가한다. 이는 눈앞에서 벌어지는 사건에 대한 구체적 경험, 그리고 특별한 관계에 있는 존재를 특별한 위치에 놓고 특별한 대우를 하는 것 모두가 사적 감정에 기반한 제한된 도덕 지침을 마련하는 것은 아니라는 점을 보여 주는 하나의 예이다. 눈앞에서 두려워 떠는 소의 모습을 보고 불쌍하게 여기는 마음은 단지 사적 친밀함에 그치는 것이 아니라 그것을 기반으로 하여 좀 더 먼 관계, 공적 영역에까지 미치게 하는 도덕심의 발로가 되기 때문이다.

모든 사람에게 동일한 방식으로 도덕 원리를 적용하고자 할 때, 또는 비슷한 상황에 동일한 원리를 적용하고자 할 때 개인이 지니는 특수성이나 상황의 맥락에 따른 미묘한 차이들은 간과되어 버린다. 공평성과 보편성이 이상적이라는 생각은 어쩌면 허구일지 모른다. 공평성과 보편성의 이상에 따를 때 여성·유색인종·노약자·장애인·빈곤층 등 사회적 주변인의 생각이나 경험은 곧잘 무시되기 때문이다.

친친(親親)은 특정한 관계 안에서 당사자들의 필요를 고려하므로 편파적이 될 위험성이 많다. 하지만 공평성의 이상(理想)이 사람들을 동일한 개인으로 간주하고 그들을 공평하게 대우하는 것이 아니라, 구체적 개인들의 차이를 형평성 있게 고려하는 것이어야 하며 보편성 역시 개별적인 것과의 관계 속에서 생생한 방식으로 변형되어야 한다는 것을 인식하여야 한다.

::**출전**:: 『맹자』「양혜왕 상」
::**내용소개**:: 김세서리아 (성신여대 연구교수)

# 미인을 좋아하듯이 문화를 좋아하는 사람을 나는 아직 본 적이 없다.

吾未見好德如好色者也*

우리는 교정을 거닐다가 잘생긴 사람을 보면 다시 쳐다보게 된다. 한 번으로는 아쉬움이 남기 때문이다. 상대가 눈치 채지 않게끔 슬쩍 보며 자연스럽게 시선을 끌어야 한다. 요즘에는 이런 다시 보기가 집요하고도 상대가 불편할 정도가 되면 애정이 아니라 성희롱이 된다. '색(色)' 하면 여러 자루가 든 크레파스의 색깔을 떠올린다. 원래 '채(采)'가 이런 뜻으로 쓰였다. 한자의 원형인 갑골문에서 색(色)은 스킨십을 하듯이 가까이 다가서 있는 두 사람을 본뜬 글자이다. 즉 색은 성적 매력이 있는 사람(여자)을 나타냈다. 차츰 색은 얼굴색, 표정, 외적 성질의 뜻으로 쓰였지만 불교 언어의 영향으로 사물 일반을 가리키게 되었다. 봄날의 개나리도 우리의 시선을 끌 만큼 충분히 일정한 꼴을 갖추고 있고 나름의 빛깔을 띠고 있지 않은가?

　미인이나 개나리는 우리더러 자신을 봐 달라고 요구하지도 않고

* 如(여): …처럼 하다. 色(색): 미인.

보지 않는다고 눈을 흘기지도 않는다. 어떠한 강제나 위협이 없는데 나의 눈이 그쪽으로 가고 있다. 이것은 억지가 아니라 저절로 그렇게 되는 것이다. 그러나 우리에게는 여가 선용, 자기 계발, 문화 활동, 도덕적 삶처럼 노력과 의지가 필요한 영역이 있다. 자기 계발의 필요성에 충분히 동의하더라도 시간 내서 어학을 공부하기란 여간 어렵지 않다. 우리는 사랑의 가치에 수긍을 하면서도 그 이유를 찾는다. 현실에서 이 추궁 작업은 사랑을 더 잘하기 위해서가 아니라 사랑하지 않을 정당성을 제시하는 것으로 나타나기도 한다.

'본 적이 없다'는 말은 인간에 대한 실망의 표시가 아니라 인간의 한계에 대한 안타까운 토로이다. 우리가 현재의 나(what I am)에 완전히 만족하지 않고 미래의 나(what I will be)를 행복하고 긴장되게 맞이하려면 그 한계에 완전히 굴복하지 않고 어려운 걸음을 내딛어 봐야겠다. 걸음을 걷다 보면 익숙해지고, 익숙해지면 애초의 주저함은 많이 줄어들 것이다. 이 줄어듦이 바로 저절로 그렇게 되는 과정이다. 즉 도덕의 자연화가 일어난다. 세밑의 길을 걷다 빨간 냄비를 만나면 당신은 어쩌겠습니까?

::**출전**:: 『논어』「자한」
::**내용소개**:: 신정근(성균관대 교수)

## 【137】

# 사람이 배우지 않아도 할 수 있는 것은 양능이고, 생각하지 않아도 아는 것은 양지이다.

人之所不學而能者 其良能也 所不慮而知者 其良知也*

양지와 양능은 배우지 않고도 할 수 있고, 생각하지 않고서도 알 수 있는 본심의 작용이다. "배우지 않아도 할 수 있고, 생각하지 않아도 알 수 있다."는 것은 도덕이 후천적인 학습과 경험을 통해 배양된 능력이 아니라 선천적으로 갖추어져 있다는 의미이다.

본래 양지와 양능은 한 가지이지만 앎의 측면에서는 양지, 실천의 측면에서는 양능이라고 한다.

맹자는 말한다. "어린아이도 그 부모를 사랑해야 함을 알고, 자라서는 그 형을 공경해야 함을 안다." 아직 학습과 사고를 할 수 있는 단계에 진입하지 않은 2, 3세 된 코흘리개 어린아이도 자기 부모를 사랑하고 자기 형을 공경해야 함을 모르지 않는다. 이는 효와 공경의 도리는 경험적인 지식을 통해 얻어지는 것이 아니라 우리에게 내재되어 있음을 의미한다. 부모와 형을 보았을 때, 본심은 우리에게 효도

---

* 良(양): 어질다, 곧다, 훌륭하다, 아름답다.

할 것과 공경할 것을 명령한다. 그러므로 우리는 다만 이러한 본심을
자각하여 실천하기만 하면 되는 것이다.

만약 효도할 줄 알고 공경할 줄 아는 것이 경험을 통해 얻어지는
후천적인 지식이라고 가정해 보자. 그렇다면 교육을 받지 못하고 문
명의 혜택을 받지 못하는 오지에서 태어났거나, 불량한 환경에서 자
란 사람은 근본적으로 효도하고 공경하는 도리를 알 수 없고 따라서
도덕적인 실천이 불가능하게 된다. 하지만 현실은 그렇지 않다. 교육
과 문명의 혜택을 받은 사람이나 그렇지 못한 사람이나 어버이에게
효도하고 웃어른을 공경하는 행위에 있어서는 별다른 차이가 없다.

그러나 도덕 실천 능력이 모든 사람에게 보편적으로 갖추어져 있
다고는 하지만 모든 사람이 이를 실천할 수 있는 것은 아니다. 이를
실천할 수 있느냐 실천하지 못하느냐에 따라 성인과 같이 훌륭한 사
람이 될 수도 있고, 지극히 평범한 사람으로 일생을 마칠 수도 있는
것이다. 다시 말하여 성인이 되느냐 평범한 사람으로 머무느냐는 외
부적인 원인이나 조건에 달려 있는 것이 아니고 다만 자신을 자각하
고 이에 근거하여 실천하느냐 하지 않느냐 여부에 달려 있는 것이다.
그러므로 현재 이 사회를 살아가고 있는 우리 또한 각자에게 내재되
어 있는 양지 · 양능을 자각하고 그 명령에 따르는 실천이 요구되는
것이다.

::**출전**:: 『맹자』「진심 상」
::**내용소개**:: 임홍태(성균관대 강사)

# 138

# 나는 마흔이라서 마음이 동요하지 않는다.

我 四十 不動心

맹자의 제자 공손추가 물었다. "선생님께서 나라의 중책을 맡게 되면 마음이 동요되지 않겠습니까?" 맹자가 대답했다. "나는 마흔이라서 마음을 동요하지 않는다."

공자는 일찍이 나이 마흔을 '불혹(不惑)'이라고 했다. 불혹이란 어지간한 일에 마음이 흔들리거나 유혹당하지 않는다는 뜻이다. 공자보다 약 150년 뒤에 태어난 맹자는 평생 공자의 학문을 존경하고 계승하고자 노력했다. 따라서 그는 공자와 비슷한 화법으로 나이 사십을 '부동심(不動心)'이라고 말했다. 물론 제자의 물음에 답하는 형식이었지만, 이것은 그가 평생 마음에 두고 있었던 진심이었을 것이다.

맹자는 공자와 마찬가지로 나이 마흔에 어려운 생활을 할 수밖에 없었다. 사실 그러한 생활은 자신이 선택한 길이었다. 조금만이라도 자신의 뜻을 굽히고, 당시 실력자에게 잘 보였다면 그 역시 높은 자리에 올랐을 것이다. 그러나 맹자는 출세와 명성을 얻는 것에는 일체 관심이 없었다. 왜냐하면 그가 꿈꾸었던 세상은 현실에서의 부귀영

화보다 더 값진 것이었기 때문이다.

사람이 한평생을 살면서 마음에 품은 뜻을 이루기 위해 현실적인 욕망을 억제한다는 것은 쉽지 않은 일이다. 그것이 현실적인 고통을 수반하는 것이라면 더욱 그렇다. 우리가 공자와 맹자를 존경하는 것도 바로 이러한 이유에서이다.

세계적인 투자회사 버크서 해서웨이 회장이자 세계 2위 부자인 미국의 사업가 워렌 버핏은 투자의 달인, 세계적인 자선사업가로 유명하다. 특히 그는 2006년 6월, 빌 게이츠 마이크로소프트 회장이 운영하는 자선재단에 전 재산의 85%인 약 400억 달러(약 40조 원)를 기부한 것으로도 유명하다. 바로 그가 자신의 투자회사를 맡아 운영할 젊은 사람을 구할 때 후계자 조건으로 제시한 것은 다음의 3가지였다. (1) 위험을 가려낼 줄 아는 혜안, (2) 투자 관련 전문지식과 통찰력, (3) 독립적인 사고와 안정된 감성이었다. 이 중에서 앞선 두 가지 조건이 경영자로서의 전문적인 지식을 의미한다면, 세 번째 조건은 매우 의미심장하다. 이렇게 볼 때, 동서고금을 막론하고 지도자의 필수조건은 '독립심'과 '안정감', 즉 '불혹'과 '부동심'인 듯하다.

:: **출전**:: 『맹자』 「공손추 상」
:: **내용소개**:: 진성수(전북대 교수)

# 139

# 나의 노인을 노인으로 섬겨서
# 남의 노인에게까지 미친다.

老吾老 以及人之老

유가 철학에서 '친친(親親)'은 "친한 이는 친하게 대접받아야 한다."
를 기본 원리로 한다. 친친은 나와 가장 가까운 인간관계와 먼 인간
관계를 명확히 구분하며, 나와 가장 가까운 관계인 부모 · 자식 간의
사랑을 다른 어떤 인간관계의 사랑보다 우선적인 것으로 상정한다.
이 때문에 유교문화 내에서 내 부모는 무시한 채 남의 부모를 돌보는
행위나 내 형제의 처지는 아랑곳하지 않으면서 남의 형제를 돌보는
것은 인정되지 않으며 비도덕적인 것으로 간주된다.

특별한 관계의 사람들에게 특별한 대우를 하는 것은 당연한 것이
라는 유가 철학의 친친의 원리는 정직함의 의미도 상황에 따라 달라
질 수 있다고 말한다. 즉 친밀한 관계에 있는 사람들 사이에서의 정
직함이란 "아들에게 잘못이 있을 때는 아버지가 아들을 위하여 그 잘
못을 감추어 남이 알지 못하게 하고, 아버지에게 잘못이 있으면 아들
은 아버지를 위하여 그 잘못을 감추어 남이 알지 못하게 하는 것"(『논

어』「자로」)이다. 일반적인 상식 안에서 이러한 편애적 사고와 행위는 공평무사함과는 반대되며 비합리적·비도덕적이라 여겨진다. 따라서 특별한 관계에 있는 사람들에게 특별한 감정으로 대하는 것이 마땅하다고 보는 유가의 친친은 공평무사함이 강조되는 도덕 패러다임 안에서 보면 결코 도덕적 의미를 가질 수 없게 된다.

그러나 사적 영역에서 일어나는 감정들이 공적 영역과 관계된 평등성·불편부당성·상호성 등을 보장하는 보편적 원리와 정면으로 대치되는 것은 아니다. 비중립성·차별애·편애성을 비도덕적인 것으로, 공평무사함을 도덕적인 것으로 이해되는 것이 언제나 옳은 것은 아니기 때문이다. 예컨대 장애를 가진 사람에 대한 배려와 노약자에 대한 특별한 보살핌의 행위는 공평무사함의 원칙을 벗어나지 않으며 따라서 도덕적 행동으로 간주된다. 장애를 가진 자와 노약자들을 특별하게 대우하는 행위는 엄밀하게 따져 볼 때 분명 차별애이며 편애적인 것이지만, 이것이 공평무사함의 원칙을 무시하는 것은 아니다. 내 집안의 가족을 보살피는 마음은 단지 사적 친밀함에 그치는 것이 아니라 그것을 기반으로 하여 보다 먼 관계, 공적 영역에까지 미치게 하는 도덕심의 발로이다. 이러한 데에서 친친의 도덕적 유의미성이 발견되는 지점은 바로 내 가족을 사랑하는 마음을 미루어 남에게까지, 아니 좀 더 멀리 만물에까지 이르게 하는 것이다.

::**출전**:: 『맹자』「양혜왕 상」
::**내용소개**:: 김세서리아(성신여대 연구교수)

# 140

# 빌어야 할 대상이 아닌데 비는 것은
# 환심을 얻고자 하는 것이요,
# 옳은 줄 알면서도 하지 않는 것은 용기가 없어서이다.

非其鬼而祭之 諂也 見義不爲 無勇也

하지 말아야 할 일을 하는 것과 해야 할 일을 하지 않는 것, 이는 모두 자기만을 생각하는 욕심에서 나오는 것이다. 용기란 이런 마음을 끊어 내고 꿋꿋하게 할 일을 해 가는 것을 이른다.

사람들은 하지 말아야 할 일을 하고 해야 할 일을 하지 않는 경우가 있다. 하지 말아야 할 일을 하는 것은 그 일을 함으로써 뭔가 얻을 것이 있다고 생각해서이고, 해야 할 일을 하지 않는 것은 그 일을 하면 뭔가 잃을 것이 있다고 생각해서이다. 옳고 그름이나 자기 분수는 따지지 않고 그저 얻을 것이 있나 없나로만 판단한다.

부모들은 자기 자식이 좋은 대학, 원하는 전공을 가지기를 바란다. 하지만 아무리 대학이 많아도 누구나 가고 싶어하는 대학이 따로 있고, 아무리 가고 싶어도 냉정하게 실력으로 뽑아야 하는 것이 입시이다. 실수하지 않기를 바란다면 모를까 그 이상을 바라는 것은 모두

요행을 비는 것이다. 입시철이 되면 교회로 절로 가는 사람들이 있다. 그것이 자녀들에게 용기를 줄지는 모르겠으나 바람직해 보이지는 않는다.

사회정의를 실천하는 것만이 옳은 일이 아니라, 자신을 돌이켜 보아 하지 말아야 할 일을 하고 있다면 이를 단호히 끊어 내는 것도 옳은 일이다. 그러나 남의 잘못에 대해 큰 소리를 내는 사람도 자신의 잘못에는 슬쩍 눈을 돌리는 경우가 있다. 옳은 줄 알지만 하려 들지 않는 것이다. 이는 그 사람에게 옳은 일을 할 수 있다는 자신이 없어서이다. 용기란 옳은 일인 줄 알면 하려는 마음을 내고, 할 수 있다고 믿으며, 하려고 애쓰는 것이다. 이런 마음이 없다면 그저 수동적으로 주어지기만을 바라는 사람이 될 것이다.

이 구절은 『논어』「위정」편에 나오는 글귀이다. 이는 원래는 정치를 하는 사람들이 자신의 분수를 넘는 짓을 하거나 사심(私心) 때문에 정의에 눈 감는 것을 나무라는 말이기도 하고, 보통 사람들의 이기적인 구복(求福)이나 도덕 불감을 경계하는 말로도 해석된다. 보통은 두 가지 내용을 늘어놓은 것으로 보는 경향이 있지만, 가만 보면 이 둘은 한 마음의 두 모습을 보여 주는 것으로도 해석될 수 있을 것 같다. 쌀쌀하지만 깨끗하고 아름다운 하늘을 보면서 자신에게 투명한 사람이라면 당연히 이 두 가지가 없지 않을까 생각해 본다.

:: **출전** :: 『논어』「위정」
:: **내용소개** :: 정도원(성균관대 연구원)

【141】

# 공자께서 말씀하셨다.
# "미생고는 정직하지 못하다.
# 누가 식초를 달라고 하니 옆집에서 얻어다 주었다."

子曰 孰謂微生高直 或乞醯焉 乞諸其鄰而與之

공자와 같은 시대를 살았던 미생고는 정직하기로 유명한 사람이었다. 어느 날 이웃 사람이 미생고에게 와서 식초를 구걸했는데, 마침 식초가 떨어지고 없었던 미생고는 옆집에 가서 식초를 빌려 그에게 주었다. 이를 전해 들은 공자는 미생고가 정직하지 않다고 평가하였다. 『논어』의 이 대목을 읽는 사람은 잠시 생각에 잠기게 된다.

이런 경우에는 미생고의 정직을 따지기보다는 그 따뜻한 마음씨를 높이 사야 할 것이 아닌가? 내게 없다고 해서 그냥 없다고 돌려보내지 않고 옆집에 가서 구해 준 마음이야말로 이웃을 사랑하는 온정이 아닌가 하고 말이다.

이 대목에 대한 『주자집주』를 보면 미생고의 어떤 면이 정직하지 못한지 분명하지 않다. 단지 자신에게 없는 식초를 마치 있는 것처럼 하였으니 정직하지 않다고 해석하는 정도이다. 곧 있으면 있다고 하고,

없으면 없다고 하는 것이 정직인데 미생고는 그렇지 못했다는 것이다.

다산 정약용의 해석은 상대적으로 명료하다. 미생고가 이웃에 가서 식초를 빌릴 때, 남에게 줄 것이라고 말하기보다는 자신이 쓸 것처럼 했을 터이고, 이것이 정직하지 못한 점이라는 것이다. 어쨌거나 부러운 부분이다. 이처럼 정직함에 대해서 엄격한 잣대를 들이댄다는 것은 오늘 우리로서는 상상하기도 어려운 것이 아닌가?

국제투명성기구가 발표한 2008년 국가별 부패인식지수에서 우리나라가 10점 만점에 5.6점을 기록해 조사대상 180개국 가운데 40위에 올랐다. 경제 순위는 15위 안쪽일 텐데. 나라 안에 부정부패 사건이 끊이지 않고 전임 대통령도 수사 대상이 되는 현실이니 정치권에서 정직함을 기대하기란 정말 어려운 일인가 보다.

::**출전**:: 『논어』「공야장」
::**내용소개**:: 최일범(성균관대 교수)

【142】

# 공자가 말했다.
## "천명을 알지 못하면 군자가 될 수 없다."

子曰 不知命 無以爲君子

『중용』에서는 "천명을 성품이라 한다[天命之謂性]." 하였으니, '성품'을 알면 '천명'을 알 수 있을 것이다. 그런데 나의 '성품'은 과연 어떻게 알까? 맹자는 "그 마음을 온전하게 발휘하는 자는 그 성품을 알게 되고, 그 성품을 알면 천명을 안다[盡其心者, 知其性也, 知其性, 則知天矣]." (『맹자』「진심 상」)고 하였다. 자기 '성품'을 알려면 먼저 자기 마음을 온전하게 발휘해야 한다는 것이다. 자기 마음을 안다는 것도 역시 쉬운 일은 아니지만, 그래도 '천명'을 알거나 '성품'을 알기보다는 훨씬 구체적이고 현실적인 무엇을 붙잡을 수 있을 것 같다.

　마음이 무엇인지 알아보려 해도, 마음을 붙잡는 방법을 찾으려 해도 온갖 논리와 수행법 중 어느 것을 따라야 할지 판단할 길이 없다. 그렇다면 현실에서 순간순간 생겼다가 사라지는 생각과 감정이 소용돌이치는 이 마음을 직접 들여다보는 방법을 택할 수 있을 것이다.

　둘러보면 맹자가 내 마음을 찾아가는 길을 친절하게 가르쳐 주고 있음을 새삼스레 확인하게 된다. 맹자는 누구에게나 '남에게 차마 못하는 마음[不忍人之心]'이 있다 하고, 그 마음으로 '측은하게 여기는 마음', '악을 부끄러워하고 미워하는 마음', '사양하는 마음', '옳고 그름을 가리는 마음'의 4가지를 들고 있다. 이 4가지가 선한 성품에서 싹터 나오는 마음이니, 이 마음을 넓히고 채워 가면 바로 자기 마음을 온전하게 발휘할 수 있고, 따라서 '성품'을 알 수 있으며 바로 그 자리가 '천명'을 알 수 있는 자리라 하였다.

우리 마음에는 슬프고 기쁘고 노엽고 즐거운 감정의 파동이 쉬지 않고 일어나지만, 화평한 상태가 되었을 때 가장 행복해진다. 자기 가슴 속에 중심을 세워서 어지러운 감정이 일어날 때마다 마음을 다스려 화평하게 한다면 바로 여기에 성품의 선함이 생생하게 살아나고, 하늘의 명령이 밝게 비추어질 것이다.

그렇다면 내 마음을 온전하게 발휘한다는 것은 아무 감정도 일어나지 않는 무념무상의 정적 속이 아니요, 슬프고 노엽고 괴로운 감정이 격동하는 순간에도 자리 잡고 있는 '차마 못하는 마음', 바로 그 자리가 마음의 화평한 중심을 확실하게 세우는 자리일 것이다. 살면서 어떤 일에 부딪치거나 사람과 만나면서 억울하고 속상한 감정이 소용돌이치는 중에도 자기 내면에서 '차마 못하는 마음'의 소리가 들린다면, 바로 그 자리가 '천명'의 목소리가 들리는 자리일 것이다.

::**출전**:: 『논어』「요왈」
::**내용소개**:: 금장태(서울대 명예교수)

# 143

# 자기의 사욕을 이겨 예에 돌아가는 것이 인(仁)을 행하는 것이다.

克己復禮爲仁

이 구절은 「안연」편에 있는 내용으로서 공자의 수제자 안연이 인(仁)에 대해 묻자 공자가 대답한 것이다.

공자는 평소 이익과 천명(天命), 인(仁)에 대해서는 거의 말하지 않았다. 그 뜻을 이해할 만한 수준이 안 되는 제자에게는 아예 말하지 않았고, 또한 말하더라도 묻는 이의 학문과 인격의 역량에 맞게 응답하였다. 이를 인재시교(因材施敎)라고 표현하는데, 이는 또한 공자의 교육방법을 단적으로 보여 주는 말이기도 하다. 물론 몇몇 제자의 인에 관한 질문에 공자가 한 답변이 있기는 하다. 이런 가운데서 안자(顔子)의 질문에 대한 공자의 답변은 특별한 의미를 갖는다. 왜냐하면 안자는 공자 문하에서 자타가 인정하는 명실상부한 수제자였고 공자의 도통을 계승할 유일한 인물이었기 때문이다.

공자는 극기복례(克己復禮)가 인(仁)이 된다고 하였다. 극기복례는 크게 두 부분으로 나누어진다. 극기란 내 한 몸의 사리사욕을 이기는 것이요, 복례란 그것을 통해 바른 예로 돌아간다는 것을 의미한다. 전자와 후자는 별개의 것이 아니라 연속적이며 유기적인 연관성이 있다. 공자는 개개인이 모두 하루라도 나의 욕심을 이겨 예로 돌아간다면, 온 세상이 모두 인(仁)에 돌아갈 수 있다고 보았다. 그러나 이를 실행하는 것은 결국 나로부터 시작한다. 따라서 공자는 "인(仁)을 행하는 것은 나에게 달려 있는 것이지 남에게 달려 있는 것이겠는가?"라고 되묻는다.

다른 제자 같았으면 이 정도의 대답에 만족하고 더 이상 물어 보지 않았을 것이다. 그러나 역시 수제자답게 안자는 이를 실현하기 위해 필요한 조목과 방법을 질문한다. 이에 대해 공자는 사물(四勿)을 제시한다. 즉 "예가 아니면 보지 말고, 듣지도 말고, 말하지도 말고, 행동하지도 말라."는 것이다. 사람의 시청언동(視聽言動) 중에 보는 것이 거의 대부분을 차지한다. 따라서 공자 역시 보는 것을 제일 먼저 내세우고 있다.

극기복례는 이를 확대시키면 동양전통사상의 궁극적 목표인 자연과 인간이 조화를 이루는 천인합일(天人合一)의 경지를 가리킨다. 이것은 우리나라 동학(東學)의 인내천(人乃天) 사상과도 통하는 것이요, 기독교의 '아버지 속에 내가 있고 내 속에 아버지가 계신다.'는 사상과도 상통된다고 하겠다.

:: **출전** :: 『논어』 「안연」
:: **내용소개** :: 김영호(영산대 교수)

# 144

# 도가아울러 행해져 서로 어긋나지 않는다.

道並行而不相悖

이 말은 그 앞에 "만물이 함께 생육하되 서로 해치지 않는다[萬物竝育
而不相害]."가 있어 대구(對句)를 이룬다. 주희는 이 구절을 풀이하여
"하늘이 만물을 덮어 주고 땅이 실어 주는데 만물은 그 사이에서 함
께 생육하되 서로 해치지 않으며, 사계절과 해와 달은 교대로 운행하
고 교대로 밝음을 비추어서 서로 어긋나지 않는다."라고 하였다.

함께 운행하되 어긋나지 않는 것을 찾으려니 해와 달 사계절의
운행으로 설명하는 것이 적절할 것이지만, 물질 가운데는 서로 어긋
나는 관계에 있는 것이 많다. 인간 세상에서 말하는 도(道)에는 모순
된 것이 적지 않다. "만물이 천지 사이에서 함께 생육하여 해치지 않
는다."고 하지만 이 말은 더욱 실제 사실과 다른 듯하다. 호혜적 공생
관계에 있는 동물들도 있지만 개구리와 뱀처럼 천적관계도 많은데
어찌 "함께 생육하여 서로 해치지 않는다."를 사실적 명제로 이해할
수 있는가?

그렇다면 『중용』에서는 무엇 때문에 이런 말을 했을까? 이는 당

위성의 차원에서 해석하면 좋을 듯하다. 즉 "만물들아! 함께 생육하며 서로 해치지 말아라! 다 함께 걸어도 서로 어긋나지 않는 그런 길로 다녀라!"라고 말이다.

이마누엘 칸트는 누구든지 서로를 목적으로 대할 것이요, 결코 수단으로 대하지 말라는 원칙이 지배하는 사회를 염원했고 우리가 그 사회의 시민이기를 바랐다. 모두가 서로를 수단이 아닌 목적으로 삼는 그런 원칙을 가지고 산다면 그러한 도리는 서로 상충하는 일이 없을 것이고, 그 사회는 서로를 해치지 않을 것이다. 맹자는 세상 사람이 모두 각각의 이익을 위하여 출정하는 이른바 '상하교정리(上下交征利)'의 사회가 된다면 그곳에서는 결코 화평이 없을 것이라고 하였다. 그가 강조하는 공의(公義)는 결코 서로 어긋나지 않는 길이다. "네가 원하지 않는 일이면 그것을 남에게 시행하지 말라."는 명제가 예나 지금이나 실천에 있어서 황금율로 받아들여지는 것은 그것이 결코 누가 걸어도 어긋남이 없는 참된 길이기 때문이다.

:: **출전** :: 『중용』
:: **내용소개** :: 곽신환(숭실대 교수)

# 145

# 예(禮)의 쓰임은 조화를 귀중하게 여기니,
# 선왕(先王)의 도(道)는 이것을 아름답게 여겼다.

禮之用 和爲貴 先王之道 斯爲美＊

"핸드폰이 고장나셨군요." 우리 주변에서 심심치 않게 접하는 말투이다. 핸드폰에까지 존댓말을 쓰는 세상이다. 상업적 논리의 확장으로 각종 상품의 서비스가 강화되면서, 우리는 다양한 경로를 통해 각종 상담 서비스를 받는다. 고객을 위한다는 명목으로 개인은 물론 자신이 소유한 상품까지 극존칭의 접대를 받고 있는 실정이다. 우리말은 어렵다. 그리고 존댓말은 그 어려움을 더욱 배가시킨다. 할머니 앞에서 아버지 소식을 전하면서, 통상 "아버지는 바쁘셔서 오지 못하셨어요."라고 한다. 정말 깍듯하게 아버지를 높인다. 할머니 앞에서 말이다. 누가 더 높은 어른인지 헷갈린다.

유학에서 말하는 '예(禮)'는 크게 두 가지 의미를 가지고 있다. 보편적 질서로서의 의미와 규범과 제도로서의 의미이다. 보편적 질서가 자연의 법칙과 그 이면에 있는 형이상학적 원리를 아우른다고 한

---

＊ 斯(사): '이것'이란 뜻으로 '是'와 같은 의미로 사용됨.

다면, 규범과 제도는 일상생활에서 개인이나 집단의 행위를 규정한다고 할 수 있다. 우리가 일반적으로 알고 있는 '예'는 후자에 해당되며, 그것은 규범이고 제도인 만큼 엄격한 기준을 요구한다. 그런데 이 문장에서는 '예의 쓰임'을 말하면서 '조화'가 중요하다고 말한다. 왜일까? 사실 이 문장은 '예'만을 언급했지만 그 내면에는 '악(樂)'을 함께 얘기하고 있다. 예만을 가지고 사회를 지탱한다면 윤기 없는 세상일 수밖에 없을 것이다. 그래서 조화가 필요하고 그것이 '악(樂)'이다. 『예기』「악기」편에서는 예와 악을 천지의 질서와 조화로 규정한다. 즉 예가 질서로서 기능한다면, 악은 조화로서 기능한다는 것이다. 하지만 이 양자는 개별적으로 작용하는 범주가 아니다. 악에 조화를 이루기 위한 리듬과 박자라는 규칙이 필요하듯이 예에도 규범과 제도가 구현되는 조화로움이 요구된다. 공자의 성품이 온화하면서도 엄격했다는 것도 질서와 조화의 적절한 균형에서 가능했던 것이다.

대인관계의 중요성은 예나 지금이나 변함이 없고, 말 한마디의 위력은 실로 어마어마하다. 자신의 생각을 적절히 표현할 수 있는 것이 언어라면, 그 언어의 효과적인 사용방법은 상대방의 공감을 불러일으킬 수 있는 것이어야 한다. 그것이 가능하기 위해서는 마음에서 우러나오는 자발성과 그것이 표현되는 적실성이 원만한 균형을 이뤄야 할 것이다.

::**출전**:: 『논어』「학이」
::**내용소개**:: 조장연(성균관대 연구교수)

# 146

# 군자는 화합하되 뇌동하지 않으며,
# 소인은 뇌동하되 화합하지 못한다.

君子和而不同 小人同而不和

사람들 가운데 소인(小人)이 따로 있는 것은 아니다. 사람은 누구나 소인의 성향을 갖고 있다. 유교의 통상적인 관념에 따르면 소인은 이익 및 이권[利]을 좇는다. 자신에게 이로우면 옳다고 하고 지지하며, 자신에게 이로울 것이 없으면 방임하거나 반대한다. 인간의 이런 성향을 『논어』에서는 화이부동(和而不同)의 '동(同)'으로 말하고 있다. 『춘추좌전』 소공 20년조에는 '동(同)'과 '화(和)'의 차이에 관하여, 임금이 좋다고 하면 무조건 좋다고 말하고, 임금이 좋지 않다고 하면 무조건 좋지 않다고 말하는 것은 동(同)이고, 임금이 좋다고 하더라도 혹시 좋지 않은 면이 있을 때는 그것을 말하여 검토하거나 시정하게 하고, 임금이 좋지 않다고 하더라도 혹시 좋은 면이 있거든 그것을 말하여 그 좋지 않은 면을 제거하게 하는 것은 화(和)라고 설명하는 부분이 있다. 자신의 주견이나 나름의 공정한 기준에 의거하지 않고, 단지 상대방이 강자이기 때문에 아첨하거나 자신에게 이익을 줄 것이기 때문에 동조한다면, 필연적으로 편당을 짓게 되어 사회 전체의 구성원들 가운데 이 무리를 제외한 다른 구성원들에게는 설득력을 갖지 못하게 된다. 결국 다양한 입장의 경합과 공존이 아닌 '패거리 싸움'이 일어나게 된다. 이것이 불화(不和)이다.

때로는 '사람들이 다 그러는데 나 혼자만 고집 피울 필요 있을까.' 하는 상황에 직면하는 수가 있다. 이 경우엔 이것도 저것도 아닌 기권의 입장을 제외하면, 다음의 두 가지 중 하나의 길을 가게 된다. 하나는 '세상이 다 그러니까 나도 어쩔 수 없다.'로 흐르는 경우다. 『중용』에서는 이것을 화이불류(和而不流)의 유(流)로 말한다. 이렇게 자신의 기준을 포기하는 사태를 막으려면 내면으로 강함을 갖추고 있어야 한다. 『중용』에서 강함[强]을 자세히 논한 뒤에 "그러므로 군자는 화이부동(和而不同)하나니, 강재교(强哉矯)여!"라고 말한 것은 이 때문이라 하겠다. 다른 하나는 사회를 등지거나 사회를 부정하는 경우이다. '모난 사람'이 되는 것이다. 유교에서는 세상이 나를 알아주지 않는 것에는 개의치 않는 인격이 되기를 기대하지만, 지식인의 피세(避世)나 사회 부정의 태도에는 반대한다. 설사 세상이 아무리 엉망으로 돌아가더라도 사회 구성원의 한 사람으로서 사회 전체를 생각하는 화(和)의 정신은 지켜야 한다는 것이다.

:: **출전** :: 『논어』「자로」
:: **내용소개** :: 김기현(전남대 교수)

# 147

# 지혜로운 사람은 미혹되지 않고,
# 어진 사람은 걱정하지 않고,
# 용기 있는 사람은 두려워하지 않는다.

知者不惑 仁者不憂 勇者不懼*

지혜로운 사람은 미혹하지 않는다. 모든 것을 알고 있기 때문이다. 이미 알고 있는데 의심이 날 리 없다. 터득하고 이해가 되어 있으니 판단도 올바르게 선다. 무슨 일이고 맞닥뜨리는 대로 척척 해결해 나간다. 어진 사람은 근심 걱정이 없다. 태어난 성품 그대로 이 세상을 살면서 도덕 규범을 지키고 남에게 사랑을 베푸는데 근심이며 걱정이 끼어들 리 없다. 언제나 떳떳한 삶을 당당하게 살아간다. 용기 있는 사람은 두려워하지 않는다. 박력과 패기로 세상의 어려움을 헤쳐 나간다. 그러나 여기서 말하는 용기는 육체적인 용맹, 혈기에서 나오는 뚝심이나 배짱을 말하는 것은 아니다. 올바른 마음으로 올바르게 살아가는 데서 나오는 정정당당함이고 의리를 바탕으로 한 호연지기(浩然之氣)를 말한다.

---

* 惑(혹): 의심되다. 미혹하다.  憂(우): 걱정하다.  懼(구): 두려워하다.

세상을 살아가는 데는 지혜도 있어야 하고 선한 면도 있어야 하고, 그것이 뒷받침돼서 용기도 있어야 한다. 그러나 선하지 못하면서 지혜만 있다면 한갓 권모술수(權謀術數)나 덕이 부족한 사람일 수밖에 없고, 선하지 못하면서 용기만 휘두른다면 한낱 저돌적인 사람으로만 남의 눈에 비치게 될 것이다. 어디까지나 바탕에는 어진 기품이 깔려 있어야 할 것이다.

어쨌거나 지혜가 있다는 것은 기계문명의 발달에 의존하고 있는 현대 사회에 있어서는 대단히 바람직한 일이다. 흔히 '머리가 잘 도는 사람'이라고 하지만, 그런 사람이야말로 기계와 더불어 현대를 살아갈 수 있는 자격의 소지자인 것이다.

::**출전**:: 『논어』「자한」
::**내용소개**:: 최근덕(전 성균관장)

# 148

# 무릇 알려지는 사람은 겉으로는 참한 모습을 취하면서도 그 겉모습과 위배되는 행동을 한다.

夫聞也者 色取仁而行違*

자장과 스승 공자가 문답하였다. "선비가 어떻게 해야 달(達)했다고 말할 수 있습니까?" "네가 말하는 바의 달이란 무엇을 말하느냐?" "나라에서나 집에서나 반드시 알려지는[聞] 것을 말합니다." "그것은 알려지는 것이지 달한 것은 아니다. 무릇 달했다고 하는 것은 마음이 곧고 정의로우며, 남의 말이나 안색을 살펴서 이해하고, 언제나 양보하려는 마음을 가지니, 나라에서나 집에서나 반드시 달하게 되는 것이다. 무릇 알려진다는 것은 겉모습은 참하게 꾸미되 그 겉모습에 위배되는 행동을 하지만, 그런 허위성을 아무도 의심을 하지 않으니, 나라에서나 집에서나 반드시 알려지게 되는 것이다."

여기서 공자는 제자 자장에게 허명(虛名)을 경계하고, 실질적이고 공손한 생활태도를 권장하고 있다. 그러니까 문(聞)은 헛되게 나는 명성을 뜻하고, 달(達)은 언행에 신의가 있고 겸손해서 어디서나 통(通)

---

* 聞(문): 듣다, 알려지다. 色(색): 얼굴빛, 외모. 違(위): 어기다, 거스르다.

한다는 뜻이다. 마치 말에 충실함과 신의가 있고, 행실에 돈독함과 존경이 있으면 비록 미개인이 살고 있는 사회에서도 통한다고 할 때의 통한다는 말과 상통하는 말이다.

우리 사회에도 이름이 널리 알려진 사람은 많지만 그 알려진 명성만큼 각계각층의 사람들에게 통할 수 있는 사람은 거의 없다. 그들 대다수가 겉으로는 그럴듯하고 선량하게 치장을 하고 다니지만 그 행실은 정의롭지 못하고 양보나 관용도 모른다. 그러면서도 자신은 누구보다도 높은 특별한 자리에 있고, 덕망 있는 지도자의 대접을 받아야 한다는 착각을 하고 있다. 이런 위선자를 『논어』에서는 '향원(鄕愿)'이라 하였다. 향원이 결코 살인 등의 죄를 지은 것은 아니지만, 공자가 그런 부류를 무척이나 증오하고 경계하였던 것은 그들이 바로 덕(德)을 어지럽히는 작용을 했기 때문이다.

세상에서 가장 못난 놈은 바로 약한 자에게 군림하려는 자이다. 약한 자를 구하고 그들에게 희망을 줄 수 있는 자는 바로 '달야자(達也者)'이다. 향원이 덕을 해친다면 '문야자(聞也者)'는 곧 정의를 해친다. 그래서 중국 역사에서는 색인행위(色仁行違)하고 선덕후적(先德後賊)하는 왕망(王莽) 따위를 경계하고 있다.

::**출전**:: 『논어』「안연」
::**내용소개**:: 정범진(전 성균관대 총장)

# 149

# 잘못을 해도 고치지 않는 것,
# 이것을 진짜 잘못이라고 한다.

過而不改 是謂過矣*

동서고금을 막론하고 '잘못'을 범하지 않았던 사람은 아무도 없었고, 또 앞으로도 없을 것이다. 그렇다면 무엇을 '잘못'이라고 할까? 여러 가지 판단 기준이 있을 수 있다. 『논어』 「위령공」 편에서 공자는 "잘못[過]을 저지르고도[而] 고치지[改] 않는[不] 것, 그것을[是] 일러[謂] 잘못[過]이라 한다[矣]."고 정의하였다.

　'잘못'과 관련된 공자의 명언은 이것만이 아니다. 「학이」 편에서는 "잘못을 했으면 고치기를 겁내지 말아야 한다[過則勿憚改]."고 했다. 「옹야」편에는 "남에게 화풀이하는 일이 없고, 같은 잘못을 거듭하는 일이 없는[不遷怒, 不貳過]" 안회(顏回)를 3천 명이나 되는 많은 제자들 가운데 첫 손가락으로 꼽은 이야기가 나온다. 표현은 다르지만 그 깊은 뜻은 같은 맥락이라고 할 수 있다.

　서양의 경우를 보자. 셰익스피어는 "사람의 잘못은 좀처럼 자신

---

＊ 過(과): 지나치다, 허물. 改(개): 고치다. 謂(위): 말하다.

에게는 나타나지 않는다."고 했다. 남의 잘못은 금방 알면서도 자기
자신의 잘못은 좀처럼 인정하지 않는 사람이 영국에도 많았던가 보
다. 당나라 때의 대문장가 한유(韓愈)가 "세속의 사람들은 귀가 있어
도 스스로 제 잘못을 듣지 않으려 한다[俗人有耳, 不自聞其過]."라고 한
말도 이와 일맥상통한 점이 있다. 좀 더 직설적으로 표현한 이즈 테
일러는 "자기의 잘못을 인정하는 것만큼이나 어려운 것은 없다."라고
말했다.

그렇다. 잘못은 누구나 범할 수 있지만, 그것을 인정하는 것은 아
무나 할 수 있는 일이 아니다. 훌륭한 인품이 있는 사람만이 할 수 있
는 일이다. 그리고 그것을 고쳐서 같은 잘못을 두 번 다시 범하지 않
는다면 이미 성인의 반열에 오른 셈이다. 끝으로 명나라 때 대 선비
왕수인(王守仁)의 충고를 소개해 본다. "잘못을 범하지 않는 것이 고
귀한 것이 아니라, 잘못을 능히 고치는 것이 고귀한 것이다[不貴於無過
而貴於能改過]."

::**출전**:: 『논어』「위령공」
::**내용소개**:: 전광진(성균관대 교수)

엮은이 · 유교문화연구소

유교사상을 현대적으로 해석하여 인류가 지향해야 할 이념과 문화를 탐구하기 위해, 지난 2000년에 설립되었다. 그간 '유교와 사회과학의 만남'이라는 주제 하에 사회학, 경영학 등 여러 학문 분야와 소통하면서 유교를 현대적인 시각에서 재구성하는 작업을 진행해 오고 있다. 새로운 감각과 언어로 사서삼경을 번역해 낸 '유교경전번역총서'와 유교문화 전반에 걸쳐진 문제들을 폭넓게 탐색해 낸 '유교문화연구총서'도 모두 이의 소산이다.

아울러 유교문화의 대중화에도 힘써, 전문 연구자가 주관하는 대중 인문학 강좌, 유교문화 공모전 그리고 지역 네트워크와의 공동 작업 등 유교문화의 저변 확산에도 다양한 노력을 기울이고 있다. 이번에 상재하는 『유학의 문장을 읽는다』 역시 이러한 실천의 한 시도로서, 일반인들이 전통의 삶과 유교문화를 쉽게 접하고 이해할 수 있는 기회를 제공하고자 기획되었다.

동양 고전 다시 읽기 02

## 유학의 문장을 읽는다

1판 1쇄 인쇄 2014년 10월 10일
1판 1쇄 발행 2014년 10월 20일

엮은이 | 유교문화연구소
펴낸곳 | 사람의무늬 · 성균관대학교 출판부
등록 | 1975년 5월 21일 제1975-9호
주소 | 110-745 서울특별시 종로구 성균관로 25-2
전화 | 02)760-1252~4  팩스 | 02)762-7452
홈페이지 | http://press.skku.edu

ISBN 979-11-5550-085-9 03150   978-89-7986-949-1 (세트)
값 15,000원

＊ 사람의무늬는 성균관대학교 출판부의 인문·교양·대중 지향 브랜드의 새 이름입니다.
＊ 잘못된 책은 구입한 곳에서 교환해 드립니다.